Début d'une série de documents
en couleur

COUVERTURES SUPERIEURE ET INFERIEURE D'IMPRIMEUR.

LIBRAIRIE L. LAROSE
22, RUE SOUFFLOT, PARIS

OUVRAGES DE DROIT
SCIENCES, ARTS, LITTÉRATURE, ETC.

NEUFS ET D'OCCASION

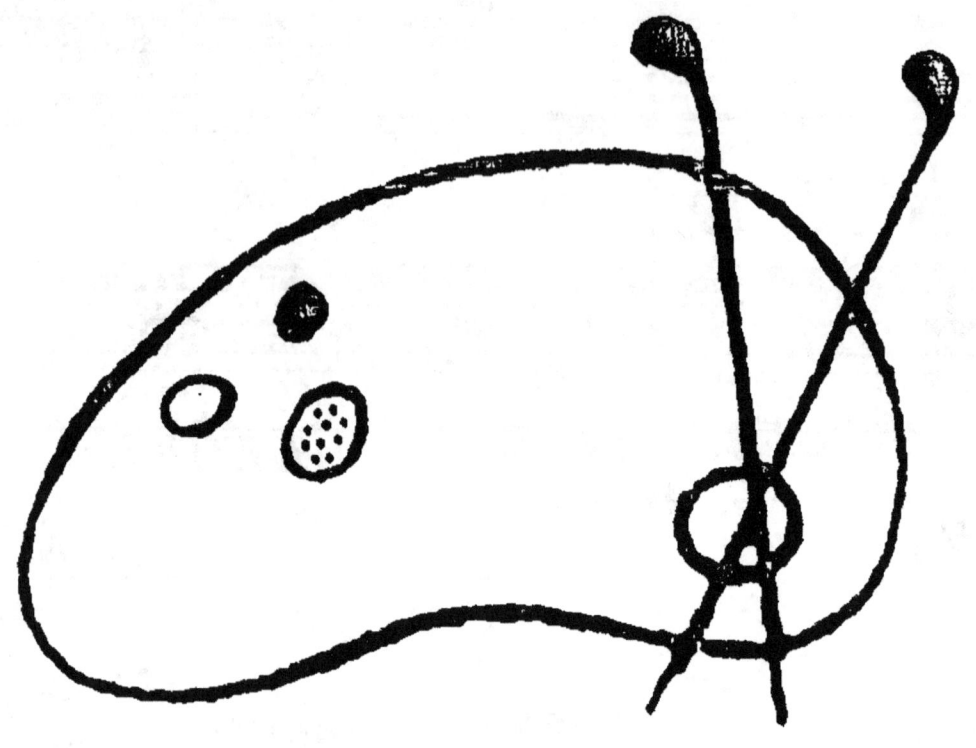

Fin d'une série de documents en couleur

LE
TRÉSOR DE L'ABBAYE

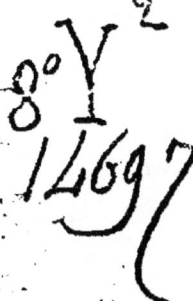

DU MÊME AUTEUR :

Les Idoles. 1 vol. in-12 .... 3 fr.
Les Drames de la misère. 2 vol. in-12 .... 6 fr.
Patira. 6ᵉ édition. 1 vol. in-12 .... 3 fr.
Le Trésor de l'abbaye (suite de Patira). 11ᵉ édition. 1 vol.
    in-12 .... 3 fr.
Jean Canada (suite du Trésor de l'abbaye). 1 vol. in-12. 3 fr.
Le Pardon du moine. 1 vol. in-12 .... 3 fr.
Zacharie le Maître d'École. 4ᵉ édition. 1 vol. in-12 ..... 3 fr.
Les Chevaliers de l'écritoire. 1 vol. in-12 .... 3 fr.
Les Parias de Paris. 2 vol. in-12 .... 6 fr.
Les Héritiers de Judas. 1 vol. in-12 .... 3 fr.
La Route de l'abîme. 6ᵉ édition. 1 vol. in-12 .... 3 fr.
Le Cloître Rouge. 4ᵉ édition. 1 vol. in-12 .... 3 fr.
La Maison du sabbat. 4ᵉ édition. 1 vol. in-12 .... 2 fr.
La Cendrillon du village. 1 vol. in-12 .... 2 fr.
La Fille au Coupeur de paille. 1 vol. in-12 .... 2 fr.
Le Capitaine aux mains rouges. 1 vol. in-12 .... 2 fr.
L'Odysée d'Antoine. 1 vol. in-12 .... 2 fr.
Comédies, Drames et Proverbes. Musique de M. Henri
    Cohen. 1 vol. in-12 .... 2 fr.
La musique se vend séparément :
Marthe et Marie-Madeleine (partition). — A brebis tondue Dieu
    mesure le vent (partition). — La Fille du roi d'Yvetot (par-
    tition).
Chaque partition : 1 fr. 50 c.
La Foi jurée. 1 vol. in-12 .... 3 fr.

LE TRÉSOR
DE L'ABBAYE

PAR

RAOUL DE NAVERY

ONZIÈME ÉDITION

PARIS

BLÉRIOT ET GAUTIER, LIBRAIRES-ÉDITEURS

55, QUAI DES GRANDS-AUGUSTINS, 55

1882

A MADAME ALIX DU BOISHAMON

Château de Monchoix.

A MADAME ALIX DU BOISHAMON

Château de Monchoix.

MADAME,

En écrivant le volume dont vous avez bien voulu accepter la dédicace, je n'ai cessé de me transporter par la pensée dans ce pays de Plancoët dont grâce à vous j'ai visité les plus beaux paysages et les ruines les plus majestueuses. Je souhaite que vous retrouviez dans le TRÉSOR DE L'ABBAYE, la note émue qui fit pour vous le succès de PATIRA.

Quelques lecteurs de ce premier volume, le trouvant un peu sombre, se sont demandé si l'auteur n'avait pas inventé le drame poignant dont le manoir de Coëtquen fut le théâtre. Vous qui connaissez d'une façon si complète l'histoire des environs de Dinan, et dont les armes s'écartellent des blasons des plus hautes familles, vous qui m'avez raconté d'un façon si saisissante ces chroniques et les légendes de cette partie de la Bretagne, vous savez mieux que personne que l'histoire de la marquise de Goëtquen est aussi véridique et aussi populaire que celle de Gilles de Retz, de sinistre mémoire ; malheureusement tous mes lecteurs ne sont pas comme nous de ce pays de landes, de granit et de chênes où la poésie rêveuse côtoie les épopées chevaleresques et les drames sanglants.

J'ai cueilli près des ruines du Guildo une fleur d'un violet pâle, battue par le vent, mouillée par l'eau de mer, et je la conserve dans l'herbier du souvenir ; le livre ne vaut pas la fleur sauvage, mais s'il vous rappelle un nom ami, je serai trop payé.

RAOUL DE NAVERY.

LE TRÉSOR DE L'ABBAYE

I

LES LOUPS DE COETQUEN

Le jour baisse et les derniers rayons du soleil enveloppent les futaies lointaines onduleuses comme une mer, la forêt de bouleaux qui bientôt se noiera dans une brume bleuâtre, et l'étang dont l'eau scintille autour du manoir, l'enroulant dans ses plis comme un serpent. Les clartés mourantes permettent à peine de distinguer dans la salle basse les personnages des tapisseries de Flandre courant une chasse fantastique sur les murailles, à travers les hauts dressoirs et les meubles ouvragés d'une époque reculée. Des panoplies aux armes ciselées, niellées, repoussées, accrochent çà et là un fugitif éclair, et les grands portraits d'aïeux suspendus en face de la fenêtre prennent sous le jour décroissant une expression de plus en plus grave.

Deux hommes se trouvent dans la vaste salle. L'un marche d'une façon saccadée et fait crier sous son pied éperonné les dalles de marbre noir, l'autre assis ou plutôt étendu, abandonné dans un fauteuil à dossier élevé, semble étranger à la présence de celui qui de temps en temps interrompt sa promenade monotone, et couve d'un regard ardent, implacable, le morne compagnon qu'il a devant les yeux. Les mains de celui-ci reposent sur les bras du siége d'ébène incrusté d'ivoire, son buste s'affaisse sous l'impression d'un découragement sans bornes, ses jambes allongées ne semblent plus avoir la force de le porter. Le front de cet homme est d'une lividité cadavérique, les lèvres frémissent sans prononcer de mots, et la prunelle paraît couverte d'un voile, comme si elle voyait en dedans un spectacle étrange, terrifiant, qu'elle n'essaie pas même de fuir. Cet homme est jeune, il n'a pas trente ans, et cependant une vieillesse précoce a ridé son visage et communiqué à ses membres un tremblement sénile. On dirait un condamné attendant que l'horloge résonne pour lui annoncer l'heure de l'expiation suprême.

Tout à coup, le promeneur s'arrête devant le fauteuil où rêve le visionnaire, le malade, le fou peut-être, et s'avançant de deux pas, il dit d'une voix sombre :

— Il faut en finir, Gaël, la vie que nous menons est intolérable...

Vous avez le domaine de Vaurufier, que ne l'habitez-vous ?

Le jeune homme fit un effort, se souleva sur son fauteuil, crispa ses deux mains sur l'appui de son siége, et répondit avec un accent plein d'ironie :

— Je vous gêne à Coëtquen, n'est-ce pas ? Je vous gêne et je vous effraie... Il vous semble que vous ne pouvez jouir de tous les biens qui sont votre partage, tant que je reste à vos côtés... Je projette une ombre sur votre bonheur... Ce domaine et celui de Combourg sont à peine assez vastes pour cacher vos terreurs... pour égarer vos pas sans but quand vous sortez durant les nuits noires... Vous me voudriez loin, bien loin, mais je reste, Florent, je reste...

Le visage de Florent se fronça en entendant ces mots; sa voix devint plus âpre, et d'un geste impérieux il sembla intimer un ordre à Gaël.

— Coëtquen est à moi ! dit-il.

— Vous vous trompez, Florent, répartit Gaël, il nous appartient à tous deux.

— Tanguy me l'a légué par testament.

— Vous savez bien que ce n'est pas le testament de Tanguy qui vous en a rendu héritier, mais l'absence de parents plus proches.

— On vous a fait large part en vous abandonnant la baronnie de Vaurufier à laquelle vous attachiez un grand prix.

— Je n'ai point cessé d'estimer Vaurufier à sa valeur ; cette terre me constitue un revenu suffisant, et me donne un titre et un rang dont je me contente ; mais je puis toucher les fermages de Vaurufier, sans habiter ce domaine... Je ne quitterai pas Coëtquen, mon frère...

Florent crispa ses poings avec rage

— Si je le voulais, cependant ?

— Vous n'oseriez l'exiger.

— Je n'oserais, dites-vous ? Ce mot me décide... Vous quitterez ce château, Gaël, vous le quitterez demain... Si le séjour de Vaurufier vous déplaît, la Bretagne est grande et la France plus vaste encore... C'est entendu, je le veux, il le faut !

Gaël se leva et s'appuya chancelant sur le dossier de son fauteuil :

— Je ne peux pas vous obéir, dit-il, je ne peux pas !

La sueur perlait à ses tempes et ses membres tressaillaient nerveusement comme s'il eût été en proie à un accès de fièvre.

Florent venait de reprendre sa marche saccadée. La nuit était devenue plus sombre ; dans le lointain la lune se levait derrière un rideau d'arbres balancés par une brise légère, l'eau des étangs clapotait avec des bruits singulièrement doux ; un chant d'oiseau montait des bosquets, et les rainettes jasaient dans les grands joncs.

Et rien ne semblait plus en désaccord avec la sérénité de cette belle soirée d'automne, que l'attitude hostile de ces deux hommes que Dieu avait créés frères et que leurs passions avaient rendus ennemis.

Pour la seconde fois Florent s'arrêta devant Gaël et lui demanda avec une sorte de crainte :

— Pourquoi dites-vous : « Je ne puis pas partir. »

— Parce que cela est, répondit Gaël avec égarement, il me semble que je ne pourrais respirer en dehors de ce domaine maudit... Ce départ que vous me conseillez, que vous m'imposez, j'ai vingt fois depuis cinq ans tenté de le réaliser... et au moment de quitter ces murailles, de franchir le pont-levis de Coëtquen, j'ai reculé, retenu par une force dont je ne me rends pas compte, et que je subis avec terreur... Cette Tour-Ronde, au fond de laquelle Blanche de Coëtquen est morte dans les affres du désespoir, captive fatalement mes yeux, elle me tient, elle me garde, elle me possède... Je ne puis pas plus la fuir que je ne puis cesser de respirer et de penser... Chaque nuit il me semble entendre des cris d'angoisse sortir du souterrain où par nous cette jeune et belle créature fut enfermée... des sanglots d'innocent parviennent à mon oreille, et me déchirent le cœur... Depuis longtemps j'ai perdu le sommeil, Florent, je ne me souviens même pas d'avoir reposé paisiblement une heure durant cinq années... la pâleur de mon teint, mes paupières rougies attestent assez mes insomnies et mes angoisses... Alors pour tromper les heures interminables de ces veilles, je m'appuie sur la fenêtre et je regarde... je regarde devant moi, sans rien fixer, sans chercher à rien voir, à rien reconnaître... Mais bientôt, à travers les brouillards du matin glisse une femme vêtue d'une robe bleue traînante et berçant sur son sein un enfant mort...

— Taisez-vous, Gaël, dit Florent d'une voix saccadée.

Le jeune homme ne parut pas entendre l'interruption de son frère, et il reprit :

— Cette ombre je la reconnais, c'est celle de Blanche Halgan, la fille du caboteur nantais, Blanche Halgan, marquise de Coëtquen, la femme de notre frère Tanguy...

— Assez ! assez ! répéta Florent.

— Vous me demandez une explication, je vous la donne, vous voulez savoir pourquoi je refuse de quitter Coëtquen, je vous l'apprends, mon frère... Chaque nuit, sans interruption, sans repos ni trêve, cette hallucination me reprend... Je souffre d'inimaginables tortures tandis que j'y suis en proie, et cependant tous les soirs je me penche au balcon, je l'attends, je l'appelle... Elle fait partie de ma vie, elle me prend mon âme pour la torturer, et je la lui apporte, et il me semble que je ne puis me séparer de ce fantôme.

Florent écoutait immobile, le front traversé d'une ride profonde, une main perdue dans sa poitrine et de l'autre tourmentant la poignée d'un couteau de chasse.

— Ce n'est pas tout, poursuivit Gaël qui semblait prendre un étrange plaisir à étaler devant son frère les secrètes misères de son âme et les angoisses de sa vie, souvent, dans le profond silence de minuit, une voix grêle s'élève, et cette voix répète la ballade de la *Dame de Coëtquen*... Je sors de mon appartement, je me précipite dans les escaliers, je fais lever les domestiques, je quitte le château pour courir sur les berges de l'étang... J'interroge l'espace, l'épée à la main, le blasphème aux lèvres, je fouille les taillis, je fauche les tallées de jonc, rien ! rien ! Le lendemain je questionne les gens, ils secouent la tête et me répondent : « — Monsieur le baron a entendu *Mourioche*. » C'est horrible, n'est-ce pas Florent ? Eh bien ! en dépit de ces hallucinations, en dépit de mes terreurs, de mes visions, je reste à Coëtquen, je ne me sépare pas de vous, mon frère...

Florent tressaillit à ce nom comme il l'eut fait en entendant proférer une sauvage menace.

— Et cependant, Gaël, dit-il, avouez-le franchement, vous me haïssez.

L'accent du baron de Vaurufler, qui s'était pour ainsi dire étouffé tandis qu'il dépeignait ses angoisses, reprit sa note stridente.

— Oui, je vous hais, Florent, dit-il, je vous hais de toute la puissance de mon âme..

— Que vous ai-je donc fait ? demanda le maître de Coëtquen, il me semble, dans tout ce qui s'est passé, avoir travaillé pour vous au moins autant que pour moi-même.

— Ce que vous m'avez fait, Florent ? Je me connais et je me juge... Sans m'absoudre, je sais cependant que la plus grande part du crime commis ne doit point retomber sur moi. Je suis né faible, presque craintif, nerveux comme une femme, irritable comme un être maladif... Il m'a suffi longtemps pour vivre dans un coin de ce manoir seigneurial où j'occupais peu de place, de la grande bibliothèque où je trouvais l'aliment de mon intelligence, de la présence et des entretiens du savant abbé Guéthenoc et des études que je poursuivais dans mon laboratoire de chimie... Ma faiblesse physique me permettait rarement de me livrer à de violents exercices, et ma destinée eut été de vivre pour la science comme notre voisin de la Garaye... Par malheur, je vis une jeune fille, et je m'en épris follement ; vous m'arrachâtes l'aveu de cette passion, et loin de me montrer l'impossibilité d'atteindre au but souhaité, vous me le montrâtes tout près, à portée de ma main... A partir de ce jour, Florent, vous devîntes mon tentateur plus encore que mon conseiller, et d'une tendresse pure et chaste comme une source vous réussîtes à faire un torrent bourbeux.

— Mensonge ! dit Florent, vous étiez capable de tout pour devenir le mari de Loïse de Matignon !

— Capable de tout ? moi ! ma main était sans force, mon esprit sans énergie, j'avais des désirs fous, et une volonté nulle ; je pouvais souffrir et pleurer comme un enfant, je restais dans l'impossibilité d'agir comme un homme. La pusillanimité de ma nature étouffait les aspirations de mon cœur. C'est alors que vous avez soufflé en moi la haine contre une créature innocente. En me montrant Loïse de Matignon pour but, vous m'avez associé à vos pensées sinistres, vous m'avez fait partager vos criminels projets... Vous le saviez cependant, Loïse ne pouvait jamais être ma femme ! Mais que vous importait ? Vous aviez bien souci de mon bonheur, vraiment ! Vous aviez hâte de vous débarrasser de la femme de Tanguy, de supprimer l'héritier de son nom et de ses domaines, et vous ne pouviez achever seul cette œuvre de damnation. Je luttai contre votre influence, je tentai de me réfugier près de Blanche, d'en faire mon alliée, mon amie ; j'ai reculé devant l'audace de vos conceptions diaboliques, et vous l'avez emporté.. Blanche a été jetée vivante dans sa tombe de pierre, l'enfant y est mort, et comme le témoignage de Simon l'intendant pouvait être dangereux, vous l'avez assassiné au coin d'un bois... Je crois toujours vous voir rentrer un soir d'orage, les habits teints du sang de notre misérable complice. Ce sang, il a rejailli jusqu'à moi... Avec vous j'ai tué Blanche dont

Tanguy n'a pu supporter la perte. Avec vous j'ai tué le légitime héritier de Coëtquen, et tué comme un bandit celui dont les révélations pouvaient nous perdre. Tout cela, je le reconnais, je l'avoue, frémissant de honte et de rage... mais vous avez dominé mon faible cerveau, étreint mon cœur, conduit mon bras, égaré ma raison, perdu mon âme... Et je vous quitterais, maintenant que j'ai spolié un héritage, conduit Tanguy au suicide, causé la mort de Simon, et la disparition inexplicable de Rosette? Non! non, Florent, n'y comptez pas! Je me venge à ma manière du mal que vous m'avez fait en me pervertissant... et si jamais, jamais, entendez-vous bien, vous essayiez d'employer la force pour me chasser de la demeure paternelle, je crierais si haut pour faire ouvrir les oubliettes de la Tour-Ronde que le squelette de Blanche apparaîtrait devant tous.

Florent comprit à l'accent de son frère que le malheureux disait vrai.

— Qui vous parle de cela? fit-il en haussant les épaules.

— Je sais tout! je devine tout! reprit le baron de Vaurufier; je vous connais assez pour me tenir sur mes gardes... et je le sens, vous vous défiez de moi comme je me défie de vous... Je suis faible, énervé, rendu plus incapable encore de lutter et de me défendre par suite de l'irritabilité nerveuse qui secoue mes membres appauvris... Je ne sortirais pas avec vous le soir, Florent, pour errer sur les rives de la Rance; je ne gravirais pas les roches surplombant les chemins ravinés, car vous êtes robuste, vous, et j'aurais peur de ces lourdes mains dont je connais l'étreinte...

Florent sourit:

— Croyez-vous donc, Gaël, demanda-t-il, que j'accepterais de votre main une coupe de vin ou n'importe quel breuvage... vous êtes habile dans l'art de connaître les plantes, et vous distillez merveilleusement les poisons dans votre alambic...

— Être frères et se dire de semblables choses ! s'écria Gaël ; avoir été bercés sur les genoux d'une mère qui était une sainte, et en être venus à ces extrémités épouvantables, voilà le premier de nos châtiments...

Gaël alla s'accouder à la fenêtre.

La lune venait de se cacher derrière de lourds nuages noirs, les étoiles scintillaient à peine, et le souffle qui ridait l'eau n'arrachait pas un soupir aux ramures.

— Écoutez ! écoutez ! dit Gaël, j'entends la ballade de la *Dame de Coëtquen*...

En effet, une voix douce et triste, d'une mélancolie inexprimable, répétait sur les rives de l'étang, en face de la salle dans laquelle se trouvaient les deux frères, cette ballade naïve que Patira avait tant de fois redite pour rassurer et consoler la captive de la Tour-Ronde.

— Quittez cette fenêtre, vous devenez fou, Gaël.

Le comte Florent marcha vers la croisée pour arracher son frère à l'hallucination qui s'emparait de lui ; mais lui-même s'arrêta surpris par ces accents empreints d'une tristesse poignante.

La voix s'élevait lente, désolée ; on eut dit l'appel des misères humaines montant vers le Dieu rémunérateur, la plainte suprême d'une créature à l'agonie...

Florent se sentit lui aussi envahi par la terreur, mais plus fort que Gaël il se roidit contre ses impressions, saisit brusquement le bras de son frère qu'un geste impérieux et brusque fit retomber sur son siége ; puis le comte ferma la croisée, tira le cordon d'une sonnette, et dit rapidement au valet qui vint prendre des ordres :

— Des flambeaux ! qu'on apporte des flambeaux !

1.

Les deux frères gardèrent un silence contraint tandis que Pierre posait sur la cheminée de lourds candélabres chargés de bougies roses.

Dès que les maîtres de Coëtquen se trouvèrent seuls, Florent dit à Gaël :

— Tout va changer ici ; l'isolement seul rend notre vie intolérable... Je voulais Coëtquen afin de le remplir du bruit des fêtes, il n'est pas trop tard pour égayer ces lourdes murailles.

— Ne vous y trompez pas, Florent, loin de nous rechercher, nos voisins nous fuient... les ombres de Blanche et de Tanguy se placent entre nous et les autres... nous effrayons même les enfants, et s'ils l'osaient, les mendiants repousseraient nos rares aumônes... Je ne vous l'apprends point, quand les gens des alentours nous aperçoivent, ils murmurent : « Voilà les loups de Coëtquen qui passent ! »

— Vous exagérez, Gaël.

— Je vois juste ; la société nous repousse de son sein, comme elle faisait jadis des lépreux.

— C'est plutôt nous qui la fuyons.

— Faute d'oser l'affronter, alors.

— Je vous le répète, tout cela changera, j'ouvrirai les portes de Coëtquen, la foule ne manquera pas d'accourir pour assister à mes fêtes...

Florent n'eut pas le temps d'achever cette phrase, la porte de la salle s'ouvrit, et la haute taille de l'abbé Guéthenoc se dessina dans la baie qu'illuminaient les clartés du vestibule.

Gaël se dirigea vers le prêtre avec une sorte d'empressement ; Florent fouilla dans son habit, en retira une bourse renfermant une dizaine de louis, et la tendit à vieillard :

— Vous venez nous parler des misères de vos pauvres, dit-il, distribuez-leur cette somme de ma part.

L'abbé Guéthenoc repoussa doucement la bourse et continua d'avancer. Gaël lui désigna un siége que l'aumônier refusa ; il resta debout au milieu de la grande salle, placé en pleine lumière sous le rayonnement des candélabres d'argent, tandis que Gaël et Florent s'enfonçaient dans l'ombre.

— Vous ne m'attendiez pas, dit-il avec une émotion douloureuse, on n'attend vraiment que ceux que l'on aime, et vous avez cessé de m'aimer. Il semble que le guide de vos jeunes années soit devenu un importun censeur, et peut-être n'aurais-je point franchi ce soir le seuil d'une maison que j'habitai vingt ans, si je n'eusse accepté de remplir près de vous un grave devoir.

Florent resta muet, Gaël s'inclina.

— N'avez-vous point reçu, reprit l'aumônier, la convocation du chevalier de Prémorvan ayant pour but de grouper autour de lui tous les gentilshommes prêts à tenter quelque chose pour le salut de Louis XVI ?

— Je l'ai reçue, répondit Florent ; mais si M. de Prémorvan n'a point daigné suivre nos dernières chasses, pourquoi nous rendrions-nous à son invitation ?

— Les chasses que vous donnez sont un plaisir, comte Florent, et la réunion indiquée par le chevalier renfermait un devoir. Tous les gentilshommes mandés par lui ont répondu à son appel. On voulait s'entretenir de la France menacée, du roi captif, et la noblesse de Bretagne tenait à honneur de prendre une décision à cet égard et d'arrêter un plan de conduite.

— Je ne me mêle point de politique, répondit Florent, je ne m'en mêlerai jamais... Je n'ai rien demandé au Roi, pourquoi exigerait-il de moi quelque chose ?

— Il n'exige rien ! dit l'abbé Guéthenoc d'une voix plus basse, ce sont vos alliés, vos amis, qui vous appellent... Louis XVI et sa famille sont prisonniers au Temple, il est du devoir de tous les grands cœurs de se dévouer pour le sauver... la France est en feu, les massacres s'organisent à Paris et dans les provinces, il est temps de mettre une digue au fléau qui pourrait vous atteindre jusqu'ici.

Le comte haussa les épaules.

— Une jacquerie ! dit-il, soit ! Eh bien ! je vous le déclare, je ne quitterai pas Coëtquen ; si l'on m'y attaque, je me défendrai avec l'aide de mes serviteurs ; je les paie largement, ils doivent m'être dévoués... J'ai déjà entendu parler des folies de l'émigration de Coblentz à la suite des Princes, et des aventuriers qui courent vers Paris où les attendent la proscription et la mort... N'ayant point sollicité de faveurs, je ne dois point de services.

L'abbé Guéthenoc sans répondre se dirigea vers une petite bibliothèque, y prit un livre qu'il savait sans nul doute trouver à la même place, puis il dit aux jeunes gens :

— Je fus votre maître pendant vingt ans, et cette fois encore je veux user de ce privilége en vous rappelant une leçon d'histoire. Si vous avez oublié ce que furent les Coëtquen, laissez-moi vous en faire souvenir. Vos aïeux, dont le manoir est la maison seigneuriale de Saint-Hélen, furent autrefois de puissants seigneurs. Le premier de vos ancêtres qui prit le nom de Coëtquen, s'appelait Raoul, fils de Rivallon, frère de Godefroy, comte de Dinan. Au douzième siècle, les Coëtquen tenaient un rang distingué parmi la noblesse de Bretagne. Ils se battaient si bien qu'ils eurent plus d'une fois l'honneur d'être pris en qualité d'otages à côté de leurs ducs, comme Jean Coëtquen, l'infortuné compagnon du pieux Charles de Blois. Avez-vous oublié que son fils Raoul fut gouverneur de Redon et de ce château de Léhon dont les tours dominent le clocher de l'Abbaye ? En 1408 un Coëtquen tenait haut sa bannière de banneret aux États de Vannes. Jean fut grand maistre de Bretagne, et c'est pour récompenser ses services que Henri III érigea sa terre en marquisat en 1575. Vous devez à son mariage avec Philippe d'Acigné le comté de Combourg tombé dans votre famille. Vos aïeux se sont alliés aux Malestroit, aux Rohan, aux Orléans ; ils ont marché toujours et partout à la suite de leur prince, payant de leur personne, versant leur sang et trouvant les joies de l'honneur dans les mâles exigences du sacrifice. Voulez-vous déchoir de cette race de preux en refusant de remplir un devoir ? Florent, Gaël, mes élèves, mes fils, vous m'avez mal entendu, mal compris : le trône est renversé, les Princes sont en exil, la Reine prisonnière, le Dauphin menacé... toute la noblesse bretonne se lève et vous crie de la rejoindre, resterez-vous sourds à ce suprême appel ?

— On nous a surnommés les loups de Coëtquen, répondit Florent, les loups resteront dans leur tanière.

— Non ! non ! c'est impossible ! dit l'abbé Guéthenoc, ce ne sont pas les enfants à qui j'ai enseigné l'amour du pays, le respect du trône, l'honneur de la race, qui me répondent de la sorte...

Votre esprit est troublé, Florent, vous devez souffrir, Gaël ! Parlez, que puis-je faire pour vous ?... Oh ! je le sais, vous avez cessé d'aimer le vieux prêtre qui vous dévoua sa vie, vous avez pu le voir s'éloigner de Coëtquen sans regret, tandis que des larmes montaient à ses paupières... Mais je vous pardonne l'oubli, l'ingratitude, la cruauté... Je ne veux me compter pour rien, quand il s'agit de vous et de ce vieil honneur des Coëtquen que je regarde presque comme le mien propre !

— Ne prenez point tant de souci, Monsieur l'abbé, répliqua Florent d'une voix âpre ; nous ne sommes pas des enfants à qui l'on fait peur de la férule, et si le respect que l'on doit à vos cheveux blancs ne m'avait retenu, croyez que je n'eusse point paisiblement entendu de semblables reproches. Gaël et moi, nous avons âge d'hommes, et vouloir d'hommes aussi, je le jure !

— Mais je plaide contre vous la cause de votre réputation.

— Voulez-vous dire qu'elle soit entachée ?

— Je vous conseille au moins d'en prendre plus de souci.

— Vous nous avez enseigné un peu de latin que nous nous sommes hâtés d'oublier, l'abbé, beaucoup d'histoire dont nous avons retenu une partie, et des prières que nos lèvres ne disent plus... Notre digne père vous laissa pour ces services une pension qui vous est, je crois, régulièrement payée, que voulez-vous de plus ?

— Ingrats ! ils sont ingrats ! murmura l'abbé.

— Avons-nous demandé vos leçons ?

— On a toujours besoin de celles d'un vieillard.

— Les vieillards radotent, dit Florent avec un mauvais rire.

— Et celui que vous insultez est un prêtre.

— Peut-être abuse-t-il de cette qualité pour nous fatiguer de sa morale.

L'abbé Guéthenoc quitta l'appui de la cheminée. Il était sévère, très-pâle, et des larmes brillaient au bord de ses cils.

— Adieu ! dit-il, pour jamais adieu ! Votre cruelle raillerie vient me frapper à une heure mauvaise...Encore quelques semaines, au plus quelques mois, et ces prêtres dont vous repoussez l'affection, dont vous méprisez les conseils, seront chassés de leurs églises, traqués sur les grands chemins, assassinés au pied de l'autel qu'ils auront refusé de profaner...On a mis sur le Roi une main criminelle, la nation ne s'arrêtera qu'après avoir entassé crime sur crime, sacrilége sur sacrilége... Les églises seront pillées, l'enceinte des couvents violée.

— On ouvrira les portes des monastères, s'écria Gaël dont un terrible espoir anima le pâle visage, eh bien !...

Gaël n'acheva pas et releva le visage d'un air de défi.

— Dieu vous pardonne cette coupable pensée, vicomte Gaël, au nom de votre mère qui fut une sainte, au nom de Blanche de Coëtquen qui fut un ange !

Et l'abbé Guéthenoc, le front courbé par la douleur, franchit le seuil de la salle, regarda une dernière fois les deux frères debout dans une farouche attitude, puis il laissa tomber les portières et s'éloigna d'un pas égal et mesuré.

Quand il eut dépassé le pont-levis, il se retourna vers le manoir sombre, puis il secoua par trois fois la poussière de ses pieds, et disparut dans le chemin creux.

II

LE FIGNOLEUR

La maison est basse, couverte en ardoises bleues miroitant au soleil d'une belle matinée d'octobre. Quatre grands ormes projettent leur ombrage sur un espace carré moins encombré que garni à droite et à gauche par des roues de charrettes, des moyeux de voitures, des socs de charrues. On dirait que le labeur est endormi dans ce coin paisible. Mais en face, la salle grande ouverte s'éclaire des feux de la forge, deux hommes robustes s'agitent comme de grandes ombres sur le fond rouge et flamboyant, tandis que de temps à autre une jeune femme portant un enfant sur les bras parle à l'un des compagnons, ou distribue des baisers à deux chérubins blonds qui se roulent sous les grands ormes en compagnie d'un chien fauve. La gaîté, la joie règnent sur tous ces honnêtes visages, et le beau paysage encadrant la maisonnette l'enveloppe de calme et de fraîcheur. La Rance coule à deux pas; la grosse horloge, chargée de régler les heures des moines, donne chez l'ouvrier le signal de la prière, du repas et du travail. Quelque chose de la sainteté du monastère paraît se refléter sur la demeure où règne la paisible activité d'une ruche d'abeilles.

Les chalands sont nombreux et une gigantesque figure de saint Éloi martelant le fer d'un bras robuste semble indiquer d'avance que le travail sera fait en conscience et vaudra le double du prix exigé.

Les *Forges de Saint-Éloi* en complète activité depuis deux années ne se sont point fondées sans peine, la concurrence qu'elles ne pouvaient manquer d'établir avec la forge de Jean l'Enclume présageait une lutte difficile, et qui pouvait devenir dangereuse. En effet, Jean s'était accoutumé à l'idée que les forges de Léhon formeraient un monopole lui appartenant en propre, et quand on vint lui apprendre que Servan, pauvre compagnon errant de village en village, avait l'intention de se fixer dans le voisinage, Jean l'Enclume leva ses poings énormes et les laissa retomber, comme s'il voulait exprimer par cette pantomime qu'il pulvériserait l'imprudent assez audacieux pour lui opposer une rivalité.

Lors d'une réunion tenue au cabaret de Corentin, la Fumade, Trécor le Borgne et Kadoc l'Encorné jurèrent par tous les pichets de cidre qu'ils venaient de boire, d'assassiner l'intrigant placé sous la protection immédiate du père Athanase.

Mais Servan, le nouveau forgeron, ne sembla nullement se mettre en peine des menaces de Jean l'Enclume ; il continua son installation intérieure, attira la clientèle par la modicité de ses prix et la franchise de son accueil, et ne tarda pas à voir affluer dans sa forge tous les paysans paisibles et les ouvriers plus curieux de travail que de scènes tapageuses.

Jean l'Enclume, désespérant de rencontrer son rival chez Corentin, l'attendit à la sortie de la chapelle de l'abbaye, et le provoqua dans les règles, mais le jeune travailleur se contenta de répondre au colossal forgeron:

— Ma famille a besoin de moi, et je garde mes bras pour ma tâche, ne me reconnaissant pas le droit de risquer mon existence lorsque quatre innocents comptent sur ce labeur pour y trouver le soutien de leur vie. Je croyais que vous aussi, l'Enclume, vous aviez une femme et des enfants !

Jean serra ses poings et lança une grossière insulte à la tête de l'ouvrier.

— Oh ! des injures ne sont pas des raisons, fit observer celui-ci ; rien ne me décidera à me mesurer avec vous.

— Parce que tu es lâche.

— Le plus lâche des deux est celui qui, loin de nourrir sa famille, la laisse mendier le long des chemins.

Jean l'Enclume bondit sous le reproche, et courut à Servan comme un taureau furieux ; Servan parut d'abord l'attendre, mais à l'instant précis où Jean l'Enclume devait l'atteindre, Servan se jeta de côté, et l'élan du forgeron le lança contre un tronc d'arbre. Sa tête porta en avant, des étincelles remplirent ses yeux troublés, il étouffa un blasphème, mais honteux de cette défaite il ne réitéra pas son agression. Il promit seulement à Servan de lui faire payer cher sa concurrence et sa victoire.

Il fut difficile à Jean l'Enclume de mettre ses menaces à exécution. Servan restait le soir chez lui, ne fréquentait point les cabarets, et passait rarement, même en plein jour, devant la salle souterraine où Kadoc et Trécor soufflaient la fournaise en chantant quelque refrain sentant plus encore le sang tiède que la boue fétide.

Il apercevait parfois dans le courtil en fleurs Claudie de plus en plus pâle, rapprochant de son cœur blessé Gwen, Françoise et Noll ; il la saluait d'un amical bonjour auquel se mêlait le respect ; cette femme lui semblait réellement digne et sainte dans sa patience et son courage.

Quand il revenait chez lui, le sourire de Mathée lui paraissait plus doux, le rire des enfants plus sonore, après avoir vu la morne tristesse de Claudie et la maladive pâleur de ses trois petits anges.

La maison des *Forges de Saint-Éloi* ne se compose pas seulement de la salle remplie par la fournaise, le soufflet, l'établi, les enclumes ; à gauche se trouve une porte de chêne garnie de ferrures ouvragées, et dans laquelle Servan pénètre rarement.

L'intérieur de cette pièce est plutôt la chambre d'un artiste que celle d'un ouvrier. Les outils eux-mêmes y affectent une élégance coquette ; les murailles sont décorées de dessins largement tracés représentant des balcons fleuronnés, des grilles de chœur se terminant en bouquets de lis comme celles de Saint-Sernin, des chaires en fer forgé semblables à celle de Josselin, une des merveilles de la Bretagne. Puis des bras supportant des lanternes merveilleuses comme on en voyait jadis accrochées aux palais de Venise, des dômes de fer rappelant le fameux puits de Quintin Metsys, et des braseros commandés en Espagne. Au fond de la pièce, sur une crédence arrangée avec goût, se mêlaient des landiers représentant une chimère pleine de fantaisie, des chandeliers ciselés comme des bijoux, et des coffrets de fer d'une inimitable grâce. Dans ces objets divers, le fini du travail faisait oublier la matière, et les travaux réunis dans cette pièce n'eussent point déparé les crédences et les murailles d'un palais.

A côté de la fenêtre dont le rideau bleu se relevait sur une patère chantournée, un adolescent, à l'expression rêveuse et douce, feuilletait un gros livre traitant de « *l'Art des forgerons et batteurs de fer au moyen âge.* »

De curieuses planches s'étalaient à côté du lourd volume, et de temps à autre le jeune homme, levant son regard des feuillets du livre aux étagères de son cabinet, soupirait à la façon d'un artiste qui rêve son chef-d'œuvre sans être encore parvenu à le réaliser.

Il n'avait cependant dans son maintien ni dans son visage, rien qui trahît les ambitions hautaines ou les désillusions amères ; une sérénité douce faisait le plus grand charme de sa physionomie ; la patience et la bonté devaient former le fond de cette nature aimante et dévouée. Son désir ardent de parvenir avait même, sans nul doute, sa source dans un sentiment profond dont son cœur gardait le secret.

Tout à coup il ferma le volume, rangea les gravures sur bois, prit du papier, un crayon et commença le dessin d'une clef dont l'anneau formé d'une salamandre était un véritable bijou. Quand il s'agit de la partie inférieure de la clef, l'adolescent éprouva quelques difficultés; il voulait trouver de l'imprévu, du nouveau, unir la solidité à la grâce, et mêler si complétement le chiffre prenant de la clef, que nulle autre ne pût jamais entrer dans la serrure qu'il combinerait ensuite.

Il chercha longtemps, puis il poussa un cri de joie :

— Allons ! dit-il, le père Athanase sera content.

Le jeune homme serra son dessin dans sa veste, prit son chapeau et quitta le cabinet de travail.

Au moment où il traversait l'atelier, Servan lui dit :

— Maître Patira, j'attends vos ordres.

— Servan, ne m'appelez pas « maître », répondit doucement le jeune homme, ne suis-je point ouvrier comme vous ?

— Non pas ! fit le forgeron, et la preuve, c'est que les gens du pays vous nomment trétous le *Fignoleur*. Moi et mon compagnon nous avons de rudes poings et des muscles solides, mais nos doigts sont lourds pour la fine besogne. Nous martelons, nous trempons le fer, et vous le ciselez... Aussi voyez quels sont le nombre et la qualité de votre clientèle.... Tous les seigneurs des environs vous donnent leur pratique; l'abbaye de Saint-Aubin se fournit ici ; les moines du Guildo ne feraient pas forger une clef ailleurs, et ceux mêmes de Saint-Jacut vous honorent de leur préférence. Je ne parle pas des pères de l'abbaye de Léhon qui vous aiment comme un novice et vous choient comme un enfant! Et quand je songe, maître Patira, qu'un jour, traînant ma femme malade et mes petits enfants dans une charrette, je me suis arrêté devant l'atelier de Jean l'Enclume pour lui demander de l'ouvrage.... Bonté du ciel! quel bonheur qu'il ne m'en ait pas donné ! Je me serais mangé le sang dans cette maison où Claudie est battue et les enfants affamés, où Trécor et Kadoc évoquent le diable ! Tenez, chaque fois que je passe devant cette forge cachée sous les roches comme une caverne de faux-monnoyeur, je remercie Dieu de m'en avoir éloigné, non qu'elle soit vide de clients, la maison de Jean l'Enclume, au contraire, elle en regorge... Mais quelles figures de bandits, quelles mines effrayantes on aperçoit à la lueur de la fournaise. Parfois on y bat le fer, plus souvent on y vide des pots ; et quand la porte de la boutique est fermée durant la nuit, c'est encore plus épouvantable, car on y tient des discours que Satan ne désapprouverait pas ! Ah ! si jamais Jean l'Enclume vous avait entre ses mains comme jadis....

Le regard de Patira rayonna doucement.

— Servan, répartit-il, l'Enclume m'a gardé chez lui pendant plusieurs années, petit, faible, craintif, il ne m'a point tué... pourquoi le ferait-il aujourd'hui que je vais compter mes dix-huit ans... Je ne suis guère robuste de corps, c'est vrai, mais l'esprit s'est aiguisé, l'âme s'est affermie, et à cette heure j'aurais moins peur que jamais du lourd marteau de Jean le Colosse !

— Qui vous donne un pareil courage ?

— Ma conscience d'abord, puis la certitude d'avoir à remplir une grande mission.

En ce moment une voix cassée se fit entendre sur le seuil :

— Dieu te bénisse en ce monde et en l'autre, mon fieu ! Tu as raison.... le Seigneur t'a préservé d'abord pour la consolation d'une sainte, il te réserve pour le salut d'un innocent !

— C'est vous, mère Jeanne ! c'est vous ! répondit Patira d'une voix joyeuse.

— Je viens chercher du pain et une écuellée de lait, mon enfant.... Mes pauvres doigts brûlés ne tournent plus le fuseau, c'est aux chrétiens charitables de me venir en aide.

— Chère Jeanne ! je ne vous paierai jamais ce que vous m'avez donné.... Et tenez, quand je vous vois refuser obstinément de vous installer ici et d'y vivre comme une aïeule, vous réchauffant au soleil, et berçant les petits de Servan, il me vient en idée que vous ne m'aimez point autant que vous le dites.... La maison est chaude et douce, allez ! Nous gagnons assez d'argent pour être utile à nos amis, et vous savez, mère Jeanne, si mon cœur a cessé de vous chérir...

En reconnaissant le son de voix cassée de la Fileuse, Mathée Servan était accourue et les enfants, abandonnant le grand chien avec lequel ils se roulaient sous les ormes, s'empressèrent autour de la pauvresse, lui tendant l'un ses pommes, l'autre ses noix, le dernier un bouquet odorant. Jeanne eut presque un sourire en regardant ces fronts purs, ces joues roses, ces regards candides. Elle prit des mains de Mathée la tasse de lait et le chanteau de pain qu'elle émietta, car la vieille femme n'avait plus de dents, puis après s'être dévotement signée, elle commença son frugal repas.

Depuis cinq ans elle s'était bien courbée, son dos formait un arc, et quand Jeanne voulait regarder quelqu'un, elle était obligée de s'appuyer fortement sur un bâton de cormier et de redresser sa maigre échine. Ses cheveux tout blancs dépassaient son béguin de toile rousse ; son cou sillonné de rides semblables à des cordes sortait d'un mouchoir de cotonnade déteinte. Sa jupe s'effiloquait, déchiquetée par les ajoncs et les ronces. A sa ceinture pendait un chapelet grossier, dont ses doigts noués, recroquevillés, parcouraient les grains dans les chemins creux. Elle ne semblait point une mendiante ordinaire ; son front hâve gardait quelque chose d'inspiré, de sibyllien, et ses yeux dardaient parfois des flammes sombres.

Depuis le jour où liée sur la table de sa cabane à laquelle Jean l'Enclume avait mis le feu, elle s'était vue environnée de flammes, quelques gens du pays affirmaient qu'elle avait un peu perdu la raison. A vrai dire, le langage de Jeanne n'était plus le même. Elle avait bien souvent employé, même durant sa jeunesse, un langage bizarre, mais on pensait qu'elle agissait de la sorte pour donner plus d'autorité à ses conseils quand elle ordonnait des remèdes ou imaginait des formules d'oraisons. D'ailleurs, à cette époque, rien d'amer ne se trahissait dans les paroles de la Fileuse ; la rebouteuse faisait son métier, rien de plus ; mais depuis l'incendie, l'accent de Jeanne était devenu mystérieux, ses paroles ambiguës ; elle trouvait en passant devant certaines gens des malédictions et des menaces. On l'avait vue étendre le poing en rôdant autour de certains domaines. Avait-elle donc une haine à assouvir, ou, voyante inconsciente, parlait-elle au hasard de son inspiration ? Elle surprenait jadis, maintenant elle effrayait. Dans la seule maison de Patira elle s'asseyait tranquillement sur le banc de la cheminée ; mais d'ordinaire elle s'arrêtait sur le seuil des fermes, son chapelet à la main. Si, après qu'elle avait récité dix *Avo*, on ne lui apportait point une aumône, elle s'éloignait sans parler, et le bruit mourant de sa prière se perdait dans le sentier isolé. Souvent on l'accueillait bien. Parfois en échange d'une galette de sarrazin elle donnait un conseil utile. Les vieilles gens l'estimaient, sachant qu'elle n'avait jamais commis de mal dans la paroisse de Saint-Hélen, mais les jeunes gens s'enfuyaient à son approche, comme si elle eût été capable de leur jeter un sort.

Jeanne la Fileuse ne semblait pas outragée par les terreurs qu'elle inspirait, ni affligée de sa solitude ; elle se suffisait à elle-même ; ses visions la réconfortaient ; elle entendait au fond de son âme des voix qui lui apportaient sinon la consolation, du moins l'énergie. Elle vivait de souvenirs, évoquant dans le passé des êtres chers, et voyant se dérouler sa longue existence, comme le tisserand étend sur le pré sa pièce de toile neuve.

Depuis de longues, bien longues années, Jeanne la Fileuse vivait dans la solitude des landes, manipulant ses remèdes, chantant de vieux poëmes gaëls et gardant son petit troupeau de chèvres en filant son éternelle quenouille. Les chèvres étaient mortes, Jeanne ne filait plus, elle mendiait, mais à la façon des mendiants de Bretagne qui commencent par prier pour vous et acceptent pour ainsi dire votre aumône comme le généreux échange des grâces du ciel avec les biens de la terre.

Près de Patira, de Servan, de Mathée, Jeanne se départait de sa rigidité glaciale.

Avait-elle pénétré le grand secret de l'Enfant-Bleu ?

Se regardait-elle comme liée au mystère de la Tour-Ronde ?

Faisait-elle de la destinée du souffre-douleurs de Jean l'Enclume une part de sa propre destinée, toujours est-il qu'elle lui gardait une affection vivace et tendre, et ne passait guère une semaine sans s'arrêter sous les grands ormes des *Forges de Saint-Éloi.*

Ce jour-là, elle se courba davantage pour embrasser les enfants de Mathée, puis se tournant vers Patira, elle lui dit d'une voix creuse :

— Le temps arrive... le ciel est tout noir de corbeaux, et ces corbeaux ont le bec rouge, les serres sanglantes... Nous traverserons le feu allumé par les hommes, et nous glisserons dans des flaques rouges... Je vois passer devant mes prunelles affaiblies des tableaux de batailles, et j'aperçois des amas de cadavres couvrant les grandes landes... Je reconnais tous ces morts, je les reconnais, Patira, je pourrais les nommer...

— Ne songez point à ces choses troublantes, Jeanne, ma vieille Jeanne, répondit le jeune homme, ne quittez pas cette maison où le pain et le coucher vous attendent... Cette vie errante est dure et mauvaise à votre âge.

— Je ne suis pas libre, reprit la Fileuse, non je ne suis pas libre d'accepter ce que tu m'offres... J'endormirais mon esprit dans la douceur de la vie, et je dois errer comme une âme en peine, priant dans les cimetières, faisant à genoux le tour des églises, passant devant certaines demeures pour en éloigner le danger, et l'appelant sur d'autres à travers la tempête... L'heure arrive, je l'ai dit, l'heure arrive...

Jeanne frappa le sol de son bâton durci au feu, comme si elle voulait davantage accentuer ses paroles, puis elle regarda Patira longuement, et sortit en reprenant de ses doigts noués le chapelet pendu à sa ceinture.

Patira la suivit du regard en murmurant :

— Pauvre femme !

Puis s'adressant à Servan, comme s'il avait hâte de secouer l'impression produite par les énigmatiques paroles de la pauvresse, le Fignoleur ajouta en prenant son rouleau de papiers :

— Je vais à l'abbaye.

Le chemin qui conduisait au monastère de Léhon était planté de peupliers se balançant en rideau vert au-dessus de la Rance. De hautes fleurs d'eau, des roseaux à grandes aigrettes mobiles, ajoutaient à la grâce du paysage. Les bois et les champs descendaient sur la rive du petit fleuve qui allait s'élargissant jusqu'à la haute mer.

Le cœur de Patira était en fête ; les sinistres paroles de la vieille Jeanne n'avaient pu détruire la sérénité de sa pensée ; d'ailleurs, l'adolescent l'eut-il sentie secrètement troublée, l'assurance d'être dans quelques instants au milieu des moines de Léhon et de se promener dans les grands cloîtres de sa chère abbaye aurait suffi pour la rasséréner.

Depuis le jour où Patira avait remis Hervé entre les mains du père Athanase, le vieillard et le souffre-douleurs de Jean l'Enclume s'étaient pris l'un pour l'autre d'une profonde tendresse. L'abbé de Léhon devinait un grand et modeste héroïsme dans la conduite de Patira, et celui-ci comprenait que son refuge ne pouvait désormais être ailleurs qu'entre ces murailles bénies.

L'apprenti avait demandé à revenir tous les jours, il se montra avide de profiter de cette faveur. Mais bientôt il s'aperçut que de nouvelles aspirations se faisaient jour dans son esprit ; il rougit de son ignorance, résolut d'en triompher, et demanda des leçons. Il apprit avec une facilité rare. Doué de mémoire il retenait à la fois l'idée et la forme ; il sut le dessin presque avant qu'on le lui enseignât. Mais en même temps, soit vocation réelle, soit habitude, il déclara qu'il ne voulait point exercer d'autre métier que celui de batteur de fer, et toutes ses études artistiques eurent pour but l'histoire et les progrès de l'art des forgerons qui s'éleva si souvent jusqu'à celui des ciseleurs, des émailleurs et des orfèvres.

Le père Athanase plaça Patira sous la direction de frère Malo, et l'enfant fit bientôt de si rapides progrès qu'il fallut s'occuper sérieusement de son avenir. Pendant deux ans il étudia, martela dans un coin perdu de l'immense maison, mais un jour le prieur s'entendit avec un forgeron nouveau, les *Forges de Saint-Éloi* s'installèrent sur les bords de la Rance, et Patira se trouva un matin maître et propriétaire d'un établissement qui ne demandait qu'à prospérer.

Le pauvre garçon, partagé entre l'attendrissement et la joie, pleurait de quitter les moines qui avaient adopté sa misère ; mais, d'un autre côté, la pensée de travailler chez lui, comme un homme, de devenir un artiste forgeron intelligent et habile, lui causait un naïf orgueil. S'il ne se fût pas cru obligé de protéger un jour Hervé contre des dangers vaguement pressentis, Patira eut borné son envie à revêtir la robe de bure des frères convers; mais il pensait être appelé à remplir de sérieux devoirs. Chaque fois qu'il regardait les hautes tours de Coëtquen, il se rappelait le supplice de la marquise Blanche, et jurait qu'un jour Hervé connaîtrait le secret de sa destinée, afin de faire justice des assassins et des traîtres.

Cependant, en acceptant de régner sur les *Forges de Saint-Éloi*, Patira stipula que chaque jour il viendrait passer une heure près de l'enfant que la Providence lui avait confié.

Dans l'atmosphère bénie du couvent, Hervé croissait à la façon des lis. C'était un enfant blond, élancé, très-grand pour son âge ; son front était pur, ses yeux humides, ses lèvres un peu graves. Quelque chose des tristesses suprêmes de sa mère semblait demeurer en lui. Quand l'enfant se trouvait seul dans le grand jardin, son front se penchait, ses mains cessaient de mêler les fleurs, il restait immobile et il songeait, l'œil perdu....

Mais un oiseau venait-il à chanter, un vieux moine en cheveux blancs apparaissait-il au détour d'une allée, le sourire revenait sur les lèvres de l'ange et il tendait les bras vers le vieillard, ou tentait d'imiter le chant de l'oiseau.

Si bon que chacun se montrât pour lui, Hervé gardait cependant des préférences. L'âge le rapprochait de Patira, le compagnon de ses premiers jeux. Il éprouvait pour lui une tendresse caressante et chaude. Les moines lui ayant raconté que Patira l'avait apporté dans l'abbaye pour l'arracher à un grand danger, Hervé ne l'oublia jamais, et souvent il répétait à l'adolescent :

— Sans toi je serais mort... sois tranquille, je t'aime.

— Plus que tout au monde ?

— Si tu voudrais encore une fois me prendre dans tes bras et me mener loin, bien loin, au bout du monde, j'irais.... Oh ! je n'aurais pas peur.... mais je pleurerais....

— Je comprends.... dit Patira, tu regretterais le père Athanase.

— Il est bien bon, murmura l'enfant ; l'autre jour encore il m'a fait don d'une crèche avec des moutons, des bergers, et un bel enfant Jésus... et cependant ce n'est pas le père Athanase que je pleurerais davantage.

— Qui donc ? demanda Patira en écartant les cheveux blonds de l'enfant.

— Frère Antoine.... répondit Hervé.

— Frère Antoine, répliqua l'adolescent, ce moine dont le capuchon couvre toujours le visage, et qui semble avoir oublié les paroles de ce monde.... Ceci me paraît fort étrange, mon chérubin, frère Malo te chante de belles antiennes, père Tivulce dessine pour toi des animaux fantastiques ; père Jacques te raconte des légendes.... mais frère Antoine....

— C'est que vois-tu, Patira....

— Apprends-moi pour quelle raison tu préfères ce moine à ses compagnons....

— Les autres trouvent que je les amuse, répondit Hervé, et frère Antoine dit que je le console....

Patira serra l'enfant sur sa poitrine.

— Cher ange, dit-il, ta mère t'a légué son âme.

A partir de cette heure, Patira, que semblait effrayer la rigidité de frère Antoine, se rapprocha du moine silencieux. Hervé l'aimait, donc il était bon, et Patira devait également le chérir. Il trouva d'ailleurs que l'accent grave et doux de frère Antoine prenait vite le chemin du cœur, et comme il savait le rencontrer souvent dans les jardins, il ne manquait jamais de les traverser. Parfois il apercevait le moine enseveli sous sa grande robe, tenant sur ses genoux Hervé endormi, et rien n'était plus touchant que le mouvement tendre et protecteur avec lequel le religieux rapprochait de sa poitrine le petit ange souriant à ses frères du paradis.

Un jour le moine interrogea Patira sur son enfance. Le pauvre enfant volé, torturé par les bohémiens, puis par Jean l'Enclume, raconta les diverses phases de douleurs par lesquelles il avait passé. Sans s'apitoyer sur lui-même, sans chercher à se grandir par les souffrances subies, il toucha profondément le pieux ami d'Hervé.

— Je ne me rappelle pas avoir souri, dit Patira, avant le jour où j'aperçus la dame de Coëtquen.... la marquise Blanche me regarda avec une douceur qui me réchauffa l'âme.... Je la vois encore, je la vois toujours, habillée de bleu, ses cheveux blonds flottant sur son dos .... elle me parla et il me sembla que toute ma vie changeait.

— Mon Dieu ! murmura le moine.

Patira ajouta :

— Ensuite elle me donna un souvenir....

— Un souvenir ? répéta frère Antoine d'une voix troublée.

— Et depuis ce jour je ne l'ai jamais quitté.

— Montre-le moi ! montre-le moi ! reprit le moine avec agitation.

Patira ouvrit sa veste et tira d'un sachet de toile suspendu à son cou les deux écus de six francs qu'il tenait de la marquise.

Le moine les saisit d'une main tremblante, les approcha bien près de son visage, et il parut à Patira que frère Antoine les portait à ses lèvres.

Au moment où l'adolescent replaçait les deux écus dans leur sachet, les yeux du frère tombèrent sur un crucifix d'argent également caché sous les habits du jeune forgeron.

— Et ce crucifix ? demanda-t-il.

— Oh ! ceci est l'héritage d'Hervé, répondit Patira d'un accent profondément ému ; nul n'y touche ! j'ai fait un serment.

Patira boutonna sa veste, et au même moment Hervé ouvrant les yeux jeta ses bras autour du cou de frère Antoine :

— Tu pleures, dit-il, tu pleures !

Les purs baisers de l'enfant essuyèrent les grosses larmes qui roulaient sur les joues du religieux.

— Emmène Hervé, dit le moine d'une voix étranglée ; emmène-le, Patira, il ne faut point attrister les enfants !

— Je ne veux pas te quitter, dit Hervé, je t'aime....

Mais sans doute l'émotion qu'il venait de ressentir était trop violente, car frère Antoine remit précipitamment Hervé dans les bras de Patira, et s'enfuit à travers le jardin.

— Et moi aussi, je l'aime, murmura l'apprenti de Jean l'Enclume, car il souffre....

Mais si souvent qu'il rencontrât frère Antoine, Patira n'en vit pas davantage son visage enseveli dans l'ombre du capuchon de bure. Il ne chercha point à comprendre ce mystère plein de tristesse, il lui suffit de deviner qu'un grand désespoir avait jeté dans le cloître cet homme dont la taille paraissait robuste et dont la voix conservait les inflexions sonores de la jeunesse.

Le jour où Jeanne la Fileuse avait par sa présence ravivé de terribles souvenirs, Patira arriva à Léhon avant la fin de l'office. En attendant le père Athanase, il courut au jardin, et y trouva Hervé jouant avec trois chevreaux blancs. En l'apercevant, l'enfant courut à lui :

— Tu ne sais pas, dit-il, j'ai envie d'une chose, oh! mais bien envie....

— Demande-la au père Athanase.

— C'est qu'il faut aussi ton consentement.

— Je te le donne d'avance.

— Merci, Patira, merci !

— Puis-je savoir, maintenant....

— Vois-tu, dit Hervé, le jardin est grand, très-grand, mais je le connais ; je pourrais te nommer tous les arbres, toutes les touffes de fleurs... j'ai fait le tour de l'enclos ; j'ai cueilli des fruits à tous les arbres du verger, et je voudrais aller loin, plus loin.... Les murailles empêchent de voir...

— Tu voudrais franchir les murailles....

— Avec toi.... Tu me conduirais dans la forêt de bouleaux blancs dont tu parlais un soir au père Athanase; tu me montrerais le grand château de Coëtquen avec ses tours sombres et ses grands étangs.... Les belles choses que tu me ferais voir, Patira, et combien je serais heureux....

Le front de l'apprenti s'était voilé d'un nuage :

— Pourquoi sortir d'ici ? lui demanda-t-il, nulle part ailleurs tu ne seras heureux....

Il ajouta plus bas :

— Nulle part ailleurs tu ne seras en sûreté

— C'est promis ! promis ! promis ! répéta Hervé bondissant autour de Patira avec les trois chevreaux blancs.

— Qu'est-ce qui est promis ? demanda subitement une voix grave.

Le père Athanase venait rejoindre les enfants.

— Hervé souhaite faire une promenade en dehors de l'abbaye, mon père, répondit l'apprenti, et je ne sais pourquoi cette idée m'effrayait.

— Elle est cependant très-naturelle, Patira.... L'Enfant-Bleu, comme nous l'appelons souvent, est de la famille des oiseaux qui de bonne heure ouvrent leurs ailes.... Montre-lui un coin du monde entourant Léhon.... Hervé n'a-t-il pas cinq ans....

— Je savais bien que vous consentiriez, dit Hervé, et prenant la main de l'abbé sur laquelle il colla sa joue....

— Oui, je le permets, cependant, Hervé, tu veux bien que Patira s'occupe d'une chose grave avant de songer à tes plaisirs.

— Je veux bien, dit l'enfant avec une condescendance souriante.

— Alors, viens, Patira, dit l'abbé de Léhon.

Le vieux moine entraîna l'adolescent sans parler, mais arrivé devant une petite porte masquée, il s'arrêta, et dit à Patira en le regardant bien en face :

— Songe que je vais te traiter en homme, et qu'il faudra mourir plutôt que de trahir le secret que tu vas apprendre.

— Je le sais, répondit simplement Patira.

III

LES SOUTERRAINS DE LÉHON

Plusieurs siècles avant les événements que nous racontons, quand Noménoë eut jeté son épée dans la balance servant à peser le tribut d'or et d'argent que les Bretons payaient aux Francs ; quand il eut conquis un territoire égalant un royaume, il comprit que son autorité serait de faible durée, s'il ne l'étayait sur la foi, et que la couronne tiendrait mal sur sa tête chevelue s'il ne la faisait oindre du chrême du sacre. Les rois de France avaient la cathédrale de Reims, Noménoë rêva l'église métropolitaine de Dol. Puis désireux de rallier à lui l'universalité du clergé breton, dont une partie tenait pour Tours et son archevêque, Noménoë résolut de couvrir d'abbayes et d'églises magnifiques le royaume dont Dieu et son épée l'avaient rendu maître.

Une foi sincère exaltait cette âme ardente et généreuse ; la politique ne mêla en rien ses prudentes questions à ce qu'entreprit le nouveau monarque. Le Seigneur avait béni le glaive de Noménoë dont le zèle pour l'Église ne se ralentit jamais, et ce prince fit germer autour de lui les grands cloîtres de granit que sculptaient les rudes piqueurs de pierre de son temps.

Noménoë était passionné pour la chasse ; les cerfs peuplaient les immenses forêts de l'Armorique, et peut-être y trouvait-on encore ces aurochs sauvages que Charlemagne se plaisait à poursuivre. Le roi breton partait souvent à l'aube sur un de ses coursiers de petite taille, aux yeux ardents, aux noires crinières ; ses courtisans, ses amis le suivaient ; les grandes trompes sonnaient à l'envi, et les clameurs des chiens retentissaient dans les forêts sombres. C'étaient des fêtes superbes que les chasses du roi Noménoë, et la noble jeunesse bretonne tenait à grand honneur de s'y distinguer. En attendant de recommencer la guerre contre le Franc, on traquait le sanglier, afin d'entretenir la vigueur des membres et l'amour de la lutte et le plaisir de voir luire au soleil le « glaive bleu » chanté par les bardes.

Un soir, la chasse du roi Noménoë rentrait suivie d'un char dans lequel s'entassaient les victimes de la journée, dont tout l'honneur revenait au roi. Celui-ci causait gaiement avec deux compagnons de bataille, quand il vit sortir de la lisière du bois six vieillards hâves, vêtus de longues robes brunes, et marchant pieds nus dans la poussière du chemin. Une courroie de cuir ceignait leurs reins et un crucifix de bois était passé dans leur ceinture. Sur leurs fronts chauves retombait un capuchon de bure, encadrant des visages ascétiques. Leur teint pâle, leurs yeux caves, racontaient une vie de pauvreté, d'austérités, de misères.

En les apercevant, le roi Noménoë arrêta son cheval.

— Où allez-vous, hommes de Dieu ? leur demanda-t-il.

Les vieux moines inclinèrent leurs têtes blanches.

— Père de la patrie, répondirent-ils, nous souhaitons consacrer notre vie à prier Dieu pour votre bonheur et l'accroissement de votre gloire..... Mais nous sommes pauvres, si pauvres que nous dormons dans les cavernes et les forêts.... Faites-nous don de terres que nous puissions cultiver, afin qu'il nous soit possible de vivre.

— Des terres, répondit Noménoë en embrassant d'un regard la vallée de la Rance, je puis vous en donner dans ce lieu même, un des plus charmants de l'antique Domnonnée... Je puiserai dans mes trésors pour vous bâtir un monastère, et, s'il le faut, je ferai de nouveau la guerre aux Francs afin de vous enrichir.

Les six moines levèrent leurs mains au ciel en signe d'action de grâces

Le roi reprit :

— Avez-vous des reliques ?

— Nous sommes dénués de tout, Père de la patrie.

— Cependant, reprit le roi, il est d'usage de placer une église, une abbaye, sous l'invocation d'un saint ; le corps d'un Bienheureux est la protection du cloître et de l'autel. Obtenez des reliques du Saint-Siége ou de l'un de nos monastères, et revenez demander à Noménoë l'exécution de sa parole royale.

Les moines s'inclinèrent plus bas encore, la chasse reprit sa course, et les vieillards immobiles et muets la regardèrent s'éloigner au milieu du flot de poussière soulevé par le galop des chevaux.

— Frère Condan, dit le moins âgé des cénobites, Noménoë nous a fait une objection grave ; il a raison, nous avons besoin d'un corps saint... Mais à qui le demander ? comment l'obtenir ? Exténués comme nous le sommes, irons-nous jusqu'au prince des Apôtres pour le supplier de nous accorder les reliques d'un martyr ? Hélas ! pas un de nous ne serait capable d'entreprendre un pareil voyage, ou, s'il en avait la témérité, il pourrait être certain à l'avance que ses os resteraient dans quelque bourgade ignorée.

— Vous avez raison, dit Condan d'une voix découragée, nul de nous ne reviendrait de Rome.

— Que faire ? que faire ? demanda frère Apothème.

— Je suis le plus jeune, reprit le moine qui avait déjà pris la parole, aussi je vous soumets une idée, sans garder la prétention de vous donner un conseil... Si vous n'êtes pas le plus robuste, frère Condan, vous possédez du moins une éloquence à laquelle il est difficile de résister. Dans la négociation qu'il s'agit d'entamer, la prudence et l'habileté sont tout. Partez, allez dans les monastères voisins de la côte, franchissez la Manche s'il le faut, persuadez à quelques moines de la Grande-Bretagne de quitter leurs brouillards pour ce pays admirable. Attirez ici des hommes de Dieu qui nous feront part de leurs trésors sacrés et recevront en échange une place dans la nouvelle abbaye.

— L'avis peut être bon, dit Condan, nous prierons durant toute la nuit pour que le ciel répande sur nous ses lumières.

Les moines se perdirent de nouveau sous l'ombre des grands chênes, et longtemps après que la terre eut apaisé ses bruits, leur voix s'éleva dans le silence pour appeler la bénédiction du ciel.

Le lendemain, dès l'aube, Condan dit à ses frères en bouclant sa ceinture de cuir :

— Je pars pour Jersey et, s'il plaît à Dieu, je vous rapporterai des reliques.

Le vieux moine chemina à pied jusqu'à la côte, obtint passage pour l'amour de Dieu dans une pauvre barque mal pontée et faisant tellement eau, qu'il devint indispensable de manier l'écope toute la nuit. Mais le vieillard se regardait comme trop certain d'accomplir une œuvre méritoire pour croire un naufrage possible. Il aborda heureusement sur la terre de la Grande-Bretagne, supplia le ciel de bénir les braves marins qui l'avaient conduit et se rendit au monastère le plus proche.

C'était plutôt une vaste maison qu'un couvent ; les

frères y étaient peu nombreux, pauvres, et les aumônes n'abondaient pas sur les roches au sommet desquelles leur demeure s'ouvrait vers le ciel. Mais en dépit des privations qu'ils s'imposaient, de leur existence mortifiée, l'esprit de charité vivant dans leurs âmes ne leur permettait jamais de négliger les lois de l'hospitalité ou de la charité. Les pauvres emportèrent plus d'une fois le maigre souper des moines, et lorsqu'un grand nombre de voyageurs imploraient leur hospitalité, il leur arriva souvent de dormir sur la terre nue de leurs cellules.

Ce fut à la porte de ce couvent véritablement apostolique que Condan frappa vers la fin d'une journée d'octobre.

Dans la Petite-Bretagne, à pareille heure, le soleil aurait à peine disparu derrière les montagnes d'Arhès, incendiant le ciel et baignant de clartés magiques la cime des grands bois ; mais à Jersey le brouillard enveloppait le monastère, le souffle d'un vent dur et froid courbait les maigres arbrisseaux grandis entre les roches, et les oiseaux effarés, au cri rauque, tournoyaient en gémissant autour du promontoire, paraissant répondre à l'appel des oiseaux messagers et prophètes de la tempête.

Condan, après avoir soulevé le marteau, se retourna pour embrasser d'un regard le paysage qui s'offrait à ses yeux. Il présentait l'image de la désolation.

— La nature elle-même se fait ma complice, pensa-t-il, Dieu veuille m'aider, maintenant, et la victoire est certaine.

Le bruit d'une sandale traînant sur les dalles apprit à Condan qu'un frère approchait, et une seconde après la porte s'ouvrit toute grande.

En reconnaissant un religieux dans le voyageur, le frère portier murmura une parole de remerciement à Dieu.

— Heureux le toit qui vous abritera, mon frère, dit-il d'une voix douce.

Condan récita un *Ave* sur le seuil, tandis que trois coups de cloche prévenaient le supérieur d'une visite importante.

Il se présenta bientôt.

C'était un homme grand et robuste, blanc de visage, aux cheveux formant une couronne touffue au-dessus d'un front magnifique; l'œil bleu, grand ouvert, annonçait à la fois la bonté et la franchise.

Condan se sentit tout de suite attiré vers lui.

Les frères devaient dans quelques instants se rendre au réfectoire, un couvert fut ajouté pour le voyageur et bientôt les religieux du couvent de Jersey et le moine mendiant de la forêt de Dinan se trouvèrent assis à la même table.

Durant le repas nul ne parla; un frère monté dans une haute chaire faisait une sainte lecture. Condan l'écouta peu, il se demandait comment il entamerait un entretien difficile, et dans sa hâte de revenir vers ses compagnons, il ne voulut pas même remettre au lendemain les ouvertures qu'il devait faire.

Les grâces dites, les moines passèrent dans la salle de la communauté.

Condan fut entouré, sinon questionné, et sans parler d'abord de lui et de ses projets, il amena l'entretien sur le magnanime Noménoë, à qui la Bretagne devait la liberté, la gloire et la richesse; il raconta les grandes choses accomplies par le vaillant Breton pour l'exaltation de la foi, compta les couvents bâtis par lui, les églises fondées, traça les plans magnifiques de nouvelles abbayes et sut exciter dans l'esprit des moines de Jersey une admiration profonde pour le libérateur de la Petite-Bretagne.

Puis, presque sans transition, il compara la situation des moines de Jersey et de leurs frères avec celle des religieux de France. Les Pictes et les Scots ne pouvaient déposer les armes; l'incendie et le pillage ruinaient chaque année des monastères ; d'ailleurs, même en temps de paix, la nature paraissait se déchaîner contre ceux qui avaient fait vœu de complet renoncement. Le couvent de Jersey semblait un nid de goëlands livré aux rafales de la tempête. Que récolter sur un rocher stérile où s'accrochaient le goëmon jaune et les larges fucus bruns ?

— Si vous connaissiez notre patrie ! s'écria Coudan en terminant, si vous aviez vu la Rance bleue comme le ciel, dont les berges fleurissent au souffle de mai ; si vous aviez pénétré dans les bois qui l'avoisinent, admiré les moissons que le soleil fait mûrir sur les pentes, compté les troupeaux paissant dans les prairies que baigne ce doux fleuve, vous comprendriez la Terre Promise, et vous vous écririez comme les apôtres : — « Seigneur, bâtissons-y notre tente ! »

Le supérieur poussa un soupir :

— Notre vie est dure, dit-il, notre récompense sera grande.

— Je la mesure à l'équité du Seigneur ! répartit Condan ; mais tout en acceptant le sacrifice de notre vie, l'immolation de notre volonté, les macérations de nos corps, le Seigneur souhaite que nous répandions autour de nous le plus de bien possible. Or dans ce lieu sauvage sur cette plage aride, que pouvez-vous faire ?

— Nous prions, dit un frère.

— Nous étudions, ajouta un novice.

— Mais pour vos études les documents mêmes doivent vous manquer. Dans les pays ravagés par la guerre, les manuscrits sont rares. La science a besoin de tranquillité, plus que la prière peut-être ; car toute place est bonne pour s'y agenouiller et crier son amour à Dieu, tandis qu'on ne peut compulser les chroniques sans pièces à l'appui, ni écrire l'histoire d'un pays sans preuves authentiques.

— Certes ! certes ! mon frère ! et si la pensée du Seigneur ne suffisait à remplir une vie terrestre, nous aurions souvent regretté d'avoir pour demeure un couvent disputant un rocher aux sauvages mouettes des grèves.

— Vous êtes peu nombreux ? demanda Condan.

— Dix seulement, mon frère ; oserai-je vous demander combien votre communauté compte de moines ?

— Moins encore, mon père, six.

— Cette maison fut fondée par deux frères résolus à donner à Dieu leur âme en ce monde afin d'être sûrs qu'elle fût heureuse dans l'autre. Ils se rendirent à Rome à pied, et le pape daigna les bénir et leur donner des reliques précieuses...

Le cœur de Condan battit dans sa poitrine.

— Quelles sont ces reliques ? demanda-t-il.

— Celles de saint Magloire ; elles ont jusqu'à ce jour protégé notre pauvre maison.

— Et je suis sûr, reprit Condan, qu'elles réaliseront pour vous quelque miracle. Je vois dans l'avenir, sur les bords de la Rance, s'élever une magnifique abbaye bâtie dans le style roman le plus pur ; une vingtaine de moines y partagent leur vie entre la méditation et le travail ; les terres de l'abbaye suffisent non-seulement à l'entretien des moines, mais au soulagement de tous les pauvres de la contrée. On y vient en pèlerinage autant pour honorer les reliques de saint Magloire que pour consulter les doctes moines de Léhon.

— Léhon ? répéta le supérieur.

— Oui, reprit Condan. Léhon est la plus poétique situation de la Bretagne : la rivière qui baigne ce territoire se perd dans la mer ; les montagnes d'Arhès le dominent, des bois l'environnent ; si le paradis peut être dans un coin de la terre, c'est à Léhon qu'on le doit trouver.

— Mon frère, dit le supérieur d'une voix émue, pensez-vous donc que le roi Noménoë...

— Noménoë, le père de la patrie, m'a promis Léhon, ses bois, ses terres, son fleuve ! Il fera démolir une ruine romaine pour construire les murs de l'abbaye ; nous sommes six, et nous vous offrons l'hospitalité.

— Eh bien ! mon frère, dit le supérieur, il nous sera peut-être possible de l'accepter quand l'abbaye sera bâtie.

Condan secoua la tête.

— Mon révérend, dit-il, ma situation est si délicate que sans votre charité je ne parviendrai point à triompher des difficultés qu'elle présente... Je vous offre la moitié de Léhon, mais à la condition que vous m'aiderez à fonder le monastère dont Noménoë m'a fait la promesse.

— Et que peuvent pour vous les moines de Jersey, mon frère ?

— Vous pouvez, répondit Condan en s'animant, quitter votre couvent abandonné aux vents du nord, et n'emportant avec vous que les vases sacrés et la châsse de saint Magloire, attendre avec nous que le roi ait tenu sa parole.

— C'est grave, bien grave ! répéta le supérieur.

— Songez combien peu de peine vous supporterez en échange d'un changement si grand dans la condition de vos frères. Le pays évangélisé par nos soins, la science cultivée, la charité répandue à profusion, vos noms bénis par les pauvres, la gloire du Seigneur exaltée. Ici, au milieu de ce peuple sauvage, que chaque bataille sanglante rejette dans la barbarie, il vous est impossible de travailler efficacement à la vigne du Seigneur ; mais dans la Petite-Bretagne, quelle différence ! Les Bretons ont accepté la foi avec enthousiasme. La croix s'est dressée sur leurs menhirs et désormais ils périraient jusqu'au dernier plutôt que de renoncer à leur croyance. La poésie austère de leur culte a fait place à la grâce chrétienne ; leurs bardes ont attendri les cordes saintes de leurs harpes pour chanter le fils de la Vierge Marie. L'harmonieux Merlin lui-même a courbé son front sous l'eau baptismale. Venez ! la Bretagne est le pays des montagnes de granit, des forêts mystérieuses, des nobles cœurs et des grands héros !

Le supérieur garda un moment le silence, puis il interrogea des yeux les moines de Jersey.

Le langage de Condan avait porté la conviction dans leurs esprits, et sur le visage de chacun d'eux se lisait l'expression de la curiosité.

— Allons au chœur, dit le supérieur.

Une heure après, Condan recevait une promesse formelle, et le départ des moines était fixé à la semaine suivante.

Il s'effectua avec une certaine pompe. La châsse de saint Magloire, portée sur les épaules des moines, étincelait aux rayons du soleil. Dans un coffre se trouvaient renfermés les vases et les ornements sacrés.

Condan marchait le dernier, le visage rayonnant de joie à la pensée qu'il verrait fonder pour lui et les moines de Jersey une des plus belles abbayes de la petite Bretagne.

En attendant qu'elle fût construite, le couvent de Saint-Jacut offrit l'hospitalité aux seize religieux que protégeait si visiblement saint Magloire.

Noménoé paya sa dette en roi ; les pierres de la tour romaine et du château démantelé fournirent les matériaux, une armée de tailleurs de pierre et de maçons s'installa sur les rives de la Rance, et pendant un demi-siècle on se souvint dans le pays de la magnificence des pompes déployées le jour de la bénédiction du monastère et de l'installation de la double famille monacale de Bretagne et de Jersey.

A partir de cette époque, les revenus de l'abbaye ne firent que grossir ; les comtes de Cornouailles la comblèrent de présents ; chaque famille noble s'empressa de lui léguer un souvenir, et quand on voulait parler de fabuleuses richesses, on citait celles de l'abbaye de Léhon.

L'histoire de la fondation du célèbre monastère était bien connue de Patira ; depuis qu'il venait étudier sous la direction du père Athanase, il avait lu assez de chartes, déchiffré assez de manuscrits pour connaître une partie des trésors possédés par ses moines.

Les jours de grandes fêtes, sur l'autel rayonnant, s'entassaient les chandeliers d'argent massif, les ostensoirs incrustés de pierreries, les coupes merveilleuses, les châsses royales. Sur le front des madones couronnées comme des reines étincelaient des diadèmes éblouissants, et, pour doubler la magnificence de ce spectacle, des lampes d'or descendant du plafond, balançaient leurs clartés et faisaient saillir les verts reflets de l'émeraude, les lueurs douces du saphir, les scintillements ardents du rubis, et les feux irisés des brillants montés en gerbes.

C'étaient ces merveilles qui, plus d'une fois, avaient excité la convoitise de Jean l'Enclume, et dont le souvenir troublait ses nuits jusqu'à lui faire souhaiter qu'un règne de sang et d'épouvante mit à sa discrétion les moines pantelants et les trésors qu'ils gardaient au Dieu dont ils étaient les dépositaires.

Quand Patira entendit le père Athanase réclamer de lui le secret, dût-il le payer de sa vie, il comprit qu'il s'agissait du trésor de Léhon, dont tant de fois devant lui on avait parlé durant les veillées.

L'apprenti de Jean l'Enclume le devait d'autant mieux croire que rien dans le couvent, dont il connaissait les moindres salles, ni dans la sacristie, dont il avait maintes fois ouvert les armoires, ne lui faisait soupçonner que les richesses du couvent fussent enfermées là. Un coup de main eût été trop facile, en vérité ; les protégés du roi Noménoë s'étaient prémunis d'avance contre les rapines des Normands toujours embusqués sur les côtes, ou la méchanceté sacrilége des bandits armés qui, depuis les Bagaudes, ne s'étaient jamais entièrement dispersés.

Le père Athanase ouvrit une porte, alluma une lanterne et, s'appuyant à la muraille, il descendit une vis dont l'extrémité se perdait dans des profondeurs insondables.

Mais depuis qu'il avait vu le cachot de Coëtquen, Patira ne pouvait ni s'étonner ni reculer. Il descendit sur les pas de l'abbé l'escalier de pierre se perdant au fond d'un abîme, et n'adressa pas même une question au père Athanase.

Celui-ci éleva sa lanterne en face d'une porte massive bardée de bandes de métal, boulonnée de clous, travaillée comme une porte espagnole, puis introduisant une forte clef dans la serrure il ouvrit et sans effort le lourd battant garni de bronze.

Le père Athanase passa le premier, alluma une torche scellée dans la muraille, puis il dit à Patira en lui désignant les panneaux de cette pièce immense :

— Regarde.

Tout autour de la grande salle souterraine étaient scellés à la muraille des coffres que nulle main n'était capable de soulever ; des cadenas énormes, des blindages de fer, paraissaient défier les audacieuses pesées. De hautes armoires alternaient avec les coffres, et il semblait aussi impossible d'ouvrir les unes que de forcer les autres.

Patira se crut arrivé dans la salle mystérieuse où les moines renfermaient le trésor de l'abbaye.

Le père Athanase comprit la pensée du jeune homme, sourit mystérieusement, lui fit signe de s'asseoir sur un des grands coffres et lui dit d'une voix grave :

— Pour quiconque tenterait de violer le secret de l'abbaye de Léhon, cette salle renferme nos richesses. Ces coffres immenses, ces armoires fabriquées avec tant de soin ne peuvent avoir d'autre destination que celle de contenir des valeurs incalculables... Quand le sage Condan dont tu connais l'histoire obtint du roi Noménoé les pierres d'un château démantelé pour élever nos murailles, la guerre passait et repassait sans fin sur la Bretagne dévastée. Il semblait que le sort des abbayes fût d'être régulièrement pillées, par chaque horde normande qui montait dans ses barques. La piété des fidèles avait-elle rendu aux couvents une part de leurs richesses, quelques années de repos permettaient-elles d'oublier les sacriléges, les pillages, les incendies, soudain le même fléau passait sur les côtes, ravageant et massacrant tour à tour.

Condan avait assez souffert par les Normands pour se mettre en garde contre leurs attaques ; il résolut de créer au-dessous de l'abbaye romane, une abbaye souterraine afin que les moines pussent en un jour de crise trouver un abri dans les entrailles mêmes du sol. Ce ne fut pas tout. Soucieux de la vie de ses enfants il se montra prévoyant dans la garde des richesses dont la munificence des princes les pouvait combler, et il traça le plan merveilleux des doubles souterrains de Léhon.

Le père Athanase prit un rouleau de parchemin dans sa poitrine :

— Vois, dit-il à Patira... tu reconnais l'escalier par lequel nous venons de descendre, la chambre dans laquelle nous sommes.

— Oui, mon père.

— Sonde maintenant les murailles, cherche avec la patience d'un Breton et l'habileté d'un ouvrier une issue quelconque dans ce souterrain.

L'adolescent prit la torche, mais il fit vivement résonner chaque pan de muraille, il ne trouva nulle part une sonorité plus grande indiquant l'existence d'une porte.

— Les anciens maçons étaient habiles! dit le père Athanase.

L'abbé posa son doigt sur le plan, de façon à désigner un point noir à Patira, puis se levant il compta les pierres de la muraille, plaça la main sur l'une d'elles en appuyant son pied sur une trappe invisible, et soudain un pan de muraille s'écarta de façon à livrer passage au vieillard et à son compagnon.

Un second escalier composé seulement d'une dizaine de marches se trouvait en face du père Athanase. Il le descendit, promena sa torche autour des murs, et sourit en entendant le cri que l'admiration arrachait à Patira.

— Quelque jour, mon enfant, dit le moine à l'adolescent, je te permettrai de voir en détail ces incomparables richesses. Il s'agit aujourd'hui de les défendre.

— Qui donc les convoite, mon père ?

— Je t'ai parlé des Normands semant jadis la ruine sur nos côtes ; eh bien ! mon fils, je te le jure, les crimes de ces misérables ne furent rien à côté de ceux qui se préparent. Tu es trop jeune encore pour comprendre la marche terrible que vont suivre les événements.... un roi captif, une prison démolie, qu'est-ce que cela ? disent quelques-uns ; la liberté sera rendue à Louis XVI et la France ne manque pas de donjons pour y enfermer les prisonniers de marque... Mais le peuple a secoué l'arbre mortel de la liberté ; il en a mordu les fruits vénéneux, le poison révolutionnaire coule dans ses veines, comme le venin s'infiltre dans le sang d'un homme piqué par un reptile... le tigre qui a goûté le sang ne s'arrête pas, et le peuple a massacré à Paris des hommes coupables seulement de remplir leur devoir. La révolution va s'abattre sur nous comme une trombe, elle ne laissera rien debout de ce qui fut grand, elle crachera sur tout ce qui faisait l'objet d'un culte, et les hordes d'Attila, les bandes normandes répandirent moins de sang que ne le feront des misérables poussés à tous les crimes par ceux qui espèrent en profiter.

— Mon Dieu ! mon Dieu ! murmura Patira.

— Jamais depuis que les guerres de pirates sont finies, nous n'avons sérieusement tremblé pour nous et pour nos trésors ; toutes les agitations n'aboutissent pas au sacrilége et à l'incendie ; nous avons souffert de bien des luttes et reçu le contre-coup de plus d'une défaite, mais depuis la pacification de la Normandie et la conquête de l'Angleterre par un duc français nul ne nous a sérieusement menacés. La vieille Jacquerie ne s'en prenait pas aux moines. Mais cette fois le peuple aveuglé va se ruer sur les châteaux et les monastères, chacun voudra sa part de butin, et si nous ne sommes pas massacrés au pied de l'autel, nous connaîtrons du moins toutes les misères de l'exil. Nous retrempons notre âme par la prière, et nous avons le devoir de protéger l'héritage que nous ont légué nos pères et que nous devons rendre intact à nos successeurs... Ici est renfermé le trésor de Léhon. Chaque duc de Bretagne, chaque gentilhomme revenant de terre sainte y déposa son offrande. Cette croix d'or d'un travail fruste, toute étincelante de cabochons de diamants et de pierreries, est un souvenir de Noménoë ; ce grand calice nous fut offert par un descendant du roi Grallon ; au pieux Charles de Blois nous devons cet ostensoir magnifique ; la crosse abbatiale à crosse garnie d'émeraudes fut un cadeau du maréchal de Retz qui finit à Nantes sur un bûcher. Te raconter l'origine de chacune de ces merveilles serait te faire un cours d'histoire de Bretagne. Je préfère te montrer quelque jour la liste de nos richesses copiée et peinte par un de mes frères. Oublie en ce moment les magnificences renfermées dans ce souterrain pour ne t'occuper que du souterrain même.

— J'écoute, mon père, dit Patira attentif.

— Sur le plan que je t'ai montré, une croix au centre de laquelle se trouve un disque de métal t'indique l'unique secret de notre défense. Il est aussi simple que puissant, il peut devenir terrible et mortel.

Patira leva les yeux sur le visage du père Athanase, puis il regarda de nouveau le plan et la croix de fer.

— Te souviens-tu de la légende du roi Grallon ? demanda l'abbé de Léhon.

— Oui, mon père... le roi Grallon souverain de la Cornouaille, et dont la capitale était la ville d'Is, la plus belle cité du monde, avait fait construire des digues destinées à protéger la cité contre les débordements de la mer. Grallon ne quittait jamais les clefs d'or des écluses ; le salut de tous en dépendait. Une nuit, sa fille Ahès les déroba pour les confier à un ennemi de son père, le misérable ouvrit les portes, et la ville d'Is se trouva submergée.

— L'histoire de la ville d'Is et celle de l'abbaye de Léhon sont semblables, sauf que l'écluse est encore fermée et que sans nul doute les gonds en sont rouillés.

Le père Athanase tira une clef de son sein.

— Rends-toi bien compte de la situation de cette pièce souterraine, dit-il à Patira ; nous nous trouvons au-dessous de la Rance : si je parviens à ouvrir la porte que tu vois, l'eau fera invasion dans la chambre du trésor... Troublé par des prévisions sinistres j'ai tenté l'autre jour de m'assurer du jeu de la clef et des gonds, tout est rouillé, souillé, usé. Tant d'années ont passé depuis qu'on a tenté de faire jouer ces mécanismes, chef-d'œuvre d'un artiste mort avec son secret et le nôtre...Essaie toi-même le *fignoleur*, si tu ne peux réussir à rendre son jeu à cette serrure, étudie s'il te serait possible de la remplacer et de forger une clef nouvelle.

— Le père Athanase remit à Patira une clef rouillée que le *fignoleur* tenta vainement d'introduire dans la serrure de la porte servant d'écluse souterraine à la Rance; la clef ne tourna pas.

L'ouvrier prit dans sa poche un morceau de cire, leva l'empreinte, puis il dit au père Athanase après un moment de réflexion :

Il ne s'agit point d'un mince labeur, mon père, mais d'une tâche difficile ; certes, je crois avoir laborieusement étudié les secrets de mon métier de forgeron ; mais subitement vous voulez faire de moi un mécanicien, et j'avoue en toute humilité manquer sinon de courage, du moins de confiance dans mes forces...

— L'intelligence suppléera à ce qui te fait défaut, mon enfant ; et puis, crois-le, Dieu viendra en aide à ton labeur ; ce que tu veux protéger c'est la fortune de sa maison, il te donnera le moyen de la défendre.

Le jeune artisan secoua la tête :

— Vous m'avez dit, mon père, en me désignant ces portes énormes servant d'écluse à la rivière : « quand elles s'ouvrent, la Rance se précipite dans cette pièce...»

— Oui, mon enfant, jusqu'à une hauteur de douze pieds; aussi vois-tu que le trésor est renfermé non dans des armoires, mais dans des excavations profondes, creusée en pleine pierre ; les ais de bois refermés, tout a disparu, et si, par impossible, des bandits découvraient cette cachette, ils ne pourraient ouvrir complétement les panneaux de bois qui les renferment, sans mettre en jeu le terrible ressort qui, ouvrant les portes de l'écluse, noierait infailliblement les sacriléges.

— C'est le secret de ce mécanisme qu'il s'agit de découvrir, reprit Patira ; oh ! je puis répondre de savoir le copier et le mettre en place quand je l'aurai trouvé, mais le trouverai-je jamais...? Dans tous les cas, le labeur sera long, je devrai exécuter des pièces compliquées, difficiles ; je redoute la perte du temps si je multiplie les courses des *Forges de Saint-Éloi* à l'abbaye ; si vous le permettez, mieux vaudrait ce me semble installer dans la salle des coffres de fer une enclume portative, et y travailler sans repos jusqu'à l'achèvement de ma tâche. De cette façon il me serait possible d'étudier sous vos yeux le plan que vous tenez à la main, et de chercher avec le père chargé du soin des livres, si quelque document très-ancien ne contient pas de détails sur le mécanisme de l'écluse.

— Bien, mon enfant, dit le père Athanase, ce moyen me semble en effet plus prudent, plus rapide et plus sûr. Préviens Servan que tu passeras deux semaines à l'abbaye, et reviens demain matin muni d'un attirail de forgeron.

Le père Athanase ajouta en se tournant vers l'angle droit de la salle du Trésor :

— Tu vas connaître le dernier des mystères de Léhon.

Après avoir cherché un boulon de fer dissimulé avec habileté, le vieillard y appuya la main et une ouverture assez large pour livrer passage à deux personnes se démasqua.

Un air froid souffla au visage de Patira, une chauve-souris aveuglée s'engouffra dans la salle.

— Ce souterrain aboutit à la forêt, dit le moine.

Il referma la porte, éteignit les torches et reprit le chemin du cloître suivi de Patira devenu songeur.

IV

L'ENFANT-BLEU

Au moment où le père Athanase et Patira passaient sous les arcades en ogive de la sainte maison, le bruit d'un galop de chevaux, de cris de joie lancés à plein cœur, de francs rires, de refrains de chansons galloises, parvint jusqu'à eux. Le vieillard secoua la tête en souriant, et se tournant vers Patira :

— C'est une *quintaine*, dit-il, va chercher l'Enfant-Bleu.

On appelait souvent de la sorte le petit Hervé qui, d'après le vœu de sa mère, n'avait jamais quitté ses habits couleur du ciel. La beauté, la grâce de l'enfant étaient un des bonheurs des bons pères ; ils prenaient un affectueux plaisir à le voir richement vêtu, beau comme une fleur, pur comme un ange ; rien n'était assez cher pour l'envoyé de la Providence, et vraiment on se sentait attendri en voyant ces moines qui n'usaient pas deux robes de bure durant leur vie s'occuper avec tant de condescendance et de bonté de la parure de leur orphelin. Il semblait que ce costume à part fît de l'enfant un être privilégié, quand on le voyait agenouillé sur les marches de l'autel, avec ses grands cheveux roulant en ondes sur son cou, ses mains jointes sur le cœur, ses yeux levés vers le tabernacle, on l'aurait pris pour un de ces anges adorateurs que le maître de Raphaël plaçait sur les degrés du trône de Marie. Dès qu'il eut assez d'intelligence et de mémoire pour remplir les fonctions d'enfant de chœur, Hervé balança l'encensoir devant l'autel, présenta les burettes d'or et répondit aux saintes prières. Sa voix était claire, sonore comme le cristal, une gravité charmante remplaçait alors le sourire sur son visage, et nul clerc bien savant n'aurait porté les moines à une piété plus tendre que cet enfant plus jeune que l'Eliacin de *la Bible*, comme lui proscrit, et comme lui innocent.

L'Enfant-Bleu exerçait une autorité dans le monastère. Les moines perdus dans les grandes méditations des vérités éternelles, terrifiés à la pensée des jugements divins, abandonnés aux saintes rigueurs de la pénitence, et placés face à face avec le crucifix, se sentaient toujours et comme involontairement attirés par la grâce de l'enfant. Un rayon de la crèche de Bethléem leur semble flotter sur les jeunes visages. Remarquez aussi que dans la plupart des visions dont les saints furent favorisés, ce n'est pas le Sauveur enseignant, souffrant, qui leur apparaît et les console. C'est Jésus enfant, le Jésus couché sur les genoux de Marie et que la Vierge-Mère dépose un moment dans leurs bras. Saint François d'Assise, saint Antoine de Padoue, Stanislas Kotska le serrent tout petit sur leur poitrine embrasée d'amour ; quand Jésus accepte pour épouse une des vierges privilégiées qu'enferment les cloîtres, c'est encore lui, l'Enfant divin, qui passe au doigt de sainte Catherine l'anneau des fiançailles éternelles. La majesté du Christ effrayerait peut-être ces justes ; la grâce divine de Jésus enfant les attire et les fortifie.

Les moines de Léhon chérissaient Hervé d'une affection puissante ; en le voyant grandir au milieu d'eux, ils songeaient que l'adolescent garderait cette candeur sans tache, et qu'un jour l'orphelin devenu novice ferait partie de la grande famille monacale.

Patira courut au jardin et retrouva Hervé au milieu du petit monde privé qui se pressait autour de lui ; les chevreaux, les chiens à taille colossale, les hôtes de la basse-cour.

— Viens vite ! cria Patira, viens vite !

— Nous partons pour la grande promenade ?

— Voyons la quintaine d'abord.

Hervé frappa bruyamment dans ses mains.

— La quintaine ! la quintaine ! ne perdons pas de temps, Patira... Viens, Molosse, et surtout n'aboie pas, tu ferais peur à la mariée.

Du côté de la porte extérieure du couvent les cris de joie, la mousqueterie éclataient avec un redoublement d'intensité.

Les moines se groupèrent en arrière du père Athanase ; sur un signe de celui-ci, la porte du monastère s'ouvrit à deux battants et un spectacle réjouissant frappa tous les regards.

Un groupe de jeunes gens aux chapeaux fleuris et portant des flots de rubans à leurs habits du dimanche agitaient en l'air leurs mouchoirs ou leurs fusils. Quelques jeunes femmes montées sur des petits chevaux du pays souriaient sous leur haute coiffure blanche. Un peu en avant, un vieillard courbé par l'âge donnait le bras à une paysanne en cheveux blancs et regardait avec une expression de tendre fierté un beau garçon à la figure fraîche, à la taille bien découplée, qui, à cheval sur une jument grise, et armé d'une gaule énorme, paraissait attendre un signal. A côté d'une jeune femme rougissant avec un petit air de confusion, le sénéchal de Léhon en grand costume paraissait pénétré de l'importance du rôle qu'il devait jouer dans la cérémonie.

Au moment où les portes de l'abbaye s'ouvrirent, un immense cri de joie s'éleva du sein de la foule, le sénéchal fit un signe de la main, le jeune homme à cheval sur la jument grise prit champ, brandit sa gaule comme il aurait fait d'une lance, et heurta l'écusson de pierre du couvent.

De nouvelles acclamations retentirent, le jeune homme sauta à bas de son cheval, alla prendre la main de la petite femme qui rougissait de plus en plus et l'amena gravement devant le supérieur.

— Mon révérend père, dit-il, j'ai pris il y a huit jours la Mariolle pour femme... nous vivrons tous deux dans l'amour de Dieu et le respect de l'Église.

— Bien, Brunau, bien, mon garçon.

— C'est pourquoi, reprit le marié, nous venons en signe de vasselage nous présenter devant vous, courir la *quintaine* et demander votre bénédiction.

Brunau prononça cette phrase rapidement, sans respirer, comme s'il eut craint d'en oublier un mot.

Un murmure approbateur circula dans les groupes, Brunau s'éloigna à reculons, et prit place à côté de la vieille paysanne qui pleurait d'attendrissement, tandis que la nouvelle mariée de plus en plus troublée regardait avec une angoisse comique le paysan qui souriait, et le sénéchal de plus en plus grave.

Celui-ci poussa légèrement la jeune femme, la Mariolle comprit qu'il fallait s'armer de hardiesse; elle s'avança seule au milieu de l'espace resté libre entre les moines et les gens de la noce, et avec une grâce pudique elle exécuta un pas ressemblant moins à une danse qu'à une marche rhythmée tandis qu'elle chantait d'une voix un peu tremblante :

Je suis mariée, vous le savez bien ;
Si je suis mal à l'aise, vous n'en savez rien ;
Ma chanson est dite ; je ne vous dois plus rien !

Mariolle termina son couplet par une belle révérence et allait se jeter dans les bras de son père, quand le sénéchal s'écria :

— Vous devez encore l'*accolée*.

Brunau se rapprocha de Mariolle.

Au même instant le père Athanase souleva l'Enfant-Bleu dans ses bras et le présenta à la nouvelle mariée qui l'embrassa sur les deux joues.

— Que le baiser d'un ange vous porte bonheur, mes enfants, dit l'abbé.

— Joignez-y la bénédiction d'un saint, Monseigneur, ajouta Mariolle.

Le père Athanase leva les doigts, traça le signe de la croix au-dessus des fronts penchés des époux, puis tous deux regagnèrent la cavalcade au milieu de l'explosion des vivats, des coups de fusil et des éclats de rire. La porte du monastère allait se refermer quand l'abbé dit à Patira :

— Emmène l'Enfant-Bleu, j'ai promis.

Hervé saisit la main de Patira :

— Viens, dit-il, viens !

— Non point de la sorte, répondit Patira, tes petites jambes ne sauraient te porter jusqu'à la Forêt-Blanche....

Le jeune forgeron parcourut du regard les groupes des invités de Mariolle et de Brunau.

Il aperçut un grand garçon aux cheveux filasse, aux grands bras, qui avait enfourché un tout petit cheval dont les étriers de corde battaient presque le sol ; hissé sur cette monture Godichon faisait la plus drôle de mine du monde.

— Hé ! Godichon, cria Patira, m'est avis que nous avons un petit compte à régler ensemble.

Le jeune gars rougit jusqu'aux oreilles :

— La bourse est à sec, dit-il, et si tu voulais attendre....

— Jamais, dit Patira en souriant, nous allons en finir tout de suite....

Godichon devint pâle et tira ses cheveux jaunes

— Tu as de bonnes jambes ? reprit Patira.

— Je crois bien !

— Eh bien ! fais-moi le plaisir de reconduire à pied chez eux Brunau et la Mariolle, demain je te ramènerai ton bidet et nous serons quittes.

— Tope-là ! dit Godichon, voilà un fier marché, car je ne te devais pas moins d'un gros écu.

Le gars aux cheveux filasse descendit de cheval, Patira enleva l'Enfant-Bleu, le plaça sur le cou de la docile monture, puis sautant à son tour lestement sur le dos de la bête, il la talonna, tandis que Godichon achevait de raccourcir les étriers.

— Mon bidet s'appelle Rustaud, cria Godichon en rejoignant la noce.

Mais déjà Rustaud courait de toute la vitesse de ses jambes, tandis que Patira serrait Hervé sur sa poitrine à faire crier le cher petit. Il ne lui était jamais arrivé de l'avoir bien à lui, tout à lui, depuis l'heure où redoutant les ennemis de Blanche il l'avait emporté du chêne des *Douze-Archers* au monastère de Léhon.

A cinq ans d'intervalle il recommençait avec l'enfant de la Providence une course rapide, et Patira reprenait complétement possession de cette paternité d'adoption qui lui avait fait accomplir tant de prodiges.

Hervé ne se possédait pas de joie; la course du cheval filant dans la campagne comme un destrier fantôme, les aspects changeants du paysage, la vue des grands troupeaux paissant dans les prairies vertes, les chansons des fileuses, tout contribuait à le réjouir. Il lui semblait découvrir un monde. Son regard ne rencontrait d'autre muraille que celle des hauts peupliers et des grands chênes émondés couronnant les talus. Incapable de traduire ses sensations par des paroles, il se tournait de temps en temps vers Patira, lui jetait ses bras autour du cou et collait ses lèvres roses à la joue brune de son compagnon.

Au moment où Rustaud et ses deux cavaliers passèrent devant la forge de Jean l'Enclume, celui-ci accoté contre le montant de la porte fouillait la route du regard comme s'il attendait un client; il reconnut son ancien apprenti, et jura comme un possédé, tandis que la Flamme aboyait pour lui faire fête, et que Claudie soutenant Françoise dans ses bras faisait un signe amical à son jeune protégé.

La route sinueuse variait incessamment d'aspect; aux amas de roches supportant des tallées d'arbrisseaux, comme un cimier porterait un lourd panache, succédaient les prairies vertes, coupées de ruisseaux, égayées par des touffes de roseaux dont le feuillage gardait le velouté des fleurs. Les ondulations du terrain permettaient à la nature de revêtir des grâces nouvelles; les arbres étalaient sous le soleil leur verdure chaude sur laquelle venait de passer le premier frisson des nuits.

Patira retrouvait avec une émotion puissante l'enivrement oublié des courses rapides à travers la campagne. Il lui semblait être au temps déjà lointain où mystérieusement il quittait la forge de Jean l'Enclume, afin d'aspirer l'air pur et de reposer au sein d'une nature consolatrice et fortifiante ses membres endoloris et son front brûlant.

Mais quelle différence entre ce qu'il était alors et ce que l'avaient fait le travail, l'étude, la prière, ces trois degrés qui servent à nous rapprocher du ciel. Il était alors un enfant humilié, pauvre, tremblant, redoutant les coups du maître et se méfiant de la destinée qui le traitait en marâtre; à peine les furtifs baisers de Claudie se posaient-ils sur son front, et il avait fallu qu'une infortune grande comme un martyre l'appelât à son aide pour que le paria enfant devînt un héros d'humble dévouement. Placé en face d'une voie nouvelle, chargé d'une existence à défendre, il n'avait plus reculé et chaque heure de sa vie adolescente se trouvait marquée par un progrès, par une vertu.

Ce jour même, tandis qu'il lui révélait le secret du trésor de l'abbaye, le père Athanase le traitait en homme, et l'enfant serré dans ses bras paraissait lui dire par chaque mot affectueux, chaque caresse : « Je te dois la vie et tu me donneras le bonheur ! »

Un sentiment de fierté tendre envahissait l'âme de Patira, il trouvait dans cette promenade avec l'Enfant-Bleu les sensations d'une satisfaction profonde ; un peu de fierté s'y mêlait sans doute, mais c'était cette honnête fierté qui jaillit du cœur avec l'approbation de la conscience.

Hervé battait des mains, poussait des cris d'oiseau voletant hors du nid, étendait les bras vers les grappes noires des mûriers. Ses cheveux flottaient, sa bouche riait, il lui semblait avoir des ailes tant le petit cheval noir l'emportait d'une façon rapide.

Enfin la silhouette d'un calvaire se dressa sur la route, Patira serra la bride de Rustaud qui ralentit son allure, et dès qu'il ne se trouva plus qu'à vingt pas de la croix de granit, l'adolescent dit à Hervé en le replaçant sur le cou du cheval...

— Cramponne-toi à la crinière, tandis que je mettrai pied à terre, c'est ici que nous descendons.

L'enfant sourit, plongea ses petites mains dans les

crins noirs de Rustaud, et Patira sauta lestement sur la route.

Une minute après, la bride de Rustaud passée dans son bras et l'Enfant-Bleu marchant à ses côtés, Patira se dirigea vers le calvaire.

Une masse sombre était couchée au travers de la première marche.

En s'approchant davantage, Patira distingua des sabots usés dans lesquels flottaient des pieds endurcis à la fatigue, une culotte matelassée de pièces de couleurs diverses, une veste dont les boutons manquaient et que retenaient sur la poitrine des bouts de ficelle ; à travers une déchirure apparaissaient sur la peau brune un scapulaire et des médailles de cuivre ; un chapeau de paille couvrait le visage du dormeur, dont les longs cheveux blancs roulaient sur le degré de pierre.

Patira toucha l'épaule du vieillard.

— Kadou, dit-il, mon vieux Kadou, si tu restes à cette place jusqu'à ce soir, rends-moi le service de garder mon cheval, je le reprendrai au retour d'un pèlerinage que je dois faire, et en échange de ta complaisance je te donnerai une pièce de douze sous.

Le dormeur s'était secoué, puis redressé.

Il tourna son visage sans regard du côté de l'adolescent.

— J'accepterais de toi un morceau de pain, Patira, car de tout le jour je n'ai rien mangé ; pour ce qui est d'un salaire, je le refuse, tu m'as trop souvent obligé pour que je veuille prendre ton argent.

Patira lia la bride de Rustaud à l'arbre voisin et ajouta :

— Je viendrai le chercher dans trois heures.

— Tu n'es pas seul ? demanda l'aveugle.

— Non, répondit Patira, l'Enfant-Bleu m'accompagne.

— J'aurais voulu le voir, murmura Kadou, oui, vraiment, j'aurais voulu le voir... On parle souvent de lui dans les veillées des fermes où l'on m'accorde le souper et la couchée, et plus d'un paysan affirme qu'il prie de meilleur cœur quand le chérubin a servi la messe des pères de l'abbaye.

Patira poussa doucement Hervé du côté de l'aveugle.

— Cher pauvre, lui dit l'enfant, voulez-vous que je prie le père abbé de vous garder à dîner tous les jours ?

Le visage de Kadou exprima une extrême surprise, ses lèvres s'agitèrent sans qu'il prononçât de paroles, ses mains s'étendirent en avant et ses doigts maigres effleuraient la chevelure blonde de l'enfant.

— Cette voix, murmura-t-il enfin, je l'ai entendue déjà, dans le passé... je la reconnais... celle-ci est plus jeune et moins douloureuse, mais sûrement, sur les marches de ce même calvaire, ce timbre si doux a remué mon vieux cœur... La voix était celle d'une femme, d'une femme très-jeune et fort triste ! Une larme jaillissait de ses yeux quand un mot tombait de ses lèvres... Elle avait faim, la chère créature, elle était tombée à demi morte sur les degrés de ce calvaire, et ses petites mains fines et blanches se tendirent pour accepter le morceau de pain bis de Kadou l'aveugle... De quoi me parlait-elle donc ? En vérité, quoique cela soit déjà loin dans ma mémoire, je me le rappelle, cette voyageuse défaillante m'interrogeait sur le sort du marquis Tanguy de Coëtquen... et l'Enfant-Bleu a sa voix, sa voix qui résonne toujours à mon oreille.

Patira passa vivement la main sur ses yeux, puis s'adressant à Hervé :

— Baise la main de ce pauvre homme, lui dit-il, car jadis il fit l'aumône à ta mère...

Avec une grâce et une émotion touchantes, Hervé prit

la main de l'aveugle et la porta à ses lèvres, puis de cette même voix d'argent qui remuait si fort le cœur du vieillard, il ajouta :

— Dieu vous bénisse, cher pauvre, oui, Dieu vous bénisse !

Kadou se leva tout tremblant.

— Patira, que signifie ?...

— Silence, fit l'adolescent, c'est encore le secret du Seigneur.

Et, prenant la petite main de l'enfant, il l'entraîna loin du calvaire.

— Où allons-nous ? demanda Hervé.

— Au manoir de Coëtquen, répondit l'ancien saltimbanque, qui entraîna rapidement Hervé.

Au détour du chemin, les hautes tours du manoir apparurent au-dessus de la double ceinture bleue que lui formait l'étang. Ce ne fut pas sans un battement de cœur terrible que Patira se trouva en face du château, que la mort et la douleur semblaient couvrir d'un double deuil. Sans qu'il fût possible de définir pourquoi, l'aspect de la demeure des Coëtquen n'était plus le même ; les murailles paraissaient plus sombres, l'eau plus froide, le pont-levis d'un accès moins facile.

Le château reprenait son air de forteresse batailleuse ; on ne s'attendait plus à en voir sortir des gentilshommes vêtus de soie, mais des guerriers bardés de fer, prêts à la défense et disposés pour l'attaque.

Le regard cherchait des veilleurs sur la plate-forme et des couleuvrines dans les embrâsures. On écoutait si le bruit des armures et des trompettes ne retentissait point dans les grandes cours, et lorsque la chasse des messieurs de Coëtquen passait, les paysans se signaient comme font dans certaines contrées ceux qui croient voir glisser dans l'ombre des nuits le fantôme du *Chasseur noir*.

Depuis les dramatiques événements dont il avait été le théâtre, Patira évitait soigneusement de jouer près du manoir maudit; ce jour-là, au contraire, il s'était promis de suivre avec l'Enfant-Bleu les stations de la vie et du martyre de la pauvre Blanche. Sans doute Hervé ne comprendrait pas complétement le récit dans lequel Patira se trouvait obligé de laisser de mystérieuses lacunes, mais un jour, quand la vérité lui serait dévoilée, il se rappellerait le pèlerinage pieux fait en compagnie de l'humble héros de cette lamentable histoire.

Avant de parler à Hervé des douleurs de sa mère, Patira voulut lui montrer les œuvres créées par Blanche et par Tanguy. Il s'achemina vers le village bâti par la marquise, afin de laisser d'abord dans l'esprit de son enfant les traces d'une vénération touchante.

L'œuvre subsistait en dépit d'un double trépas. Les maisons des pauvres gens, bâties d'après les plans de Blanche, après avoir perdu la crudité des murs neufs, s'harmonisaient avec le paysage; la mousse couvrait le toit, le lierre drapait les murs; la haie fleurissait au printemps, et à l'automne semblait couverte des grains de corail de l'aubépine et des baies de ronce, des fruits violâtres des prunelliers, des grappes de l'épine-vinette. Chaque arbrisseau donnait son fruit aux oiseaux du ciel après avoir offert sa fleur aux abeilles. Dans les courtils, les pommiers s'arrondissaient, les choux s'étalaient dans le jardin, tandis qu'une plante rare encore et que Louis XVI avait appelée le « pain du pauvre » laissait jaunir ses fanes et montrait à fleur de terre ses tubercules dorés. Des femmes passaient et repassaient, des vases de lait plein les bras, ou bien placées sous l'auvent de la maisonnette, elles battaient le beurre en cadence, tandis que les enfants sautaient autour de la baratte.

L'homme n'était pas loin, il façonnait sa terre. Si peu

qu'il en possédât, elle ne devait rien à personne, pas même aux receveurs d'impôts, Blanche, en fondant le village, l'avait à l'avance exempté de tout droit. Le marquis Tanguy, avant de disparaître, n'oublia point d'achever l'œuvre de la sainte qu'il avait tant pleurée, et des arrangements spéciaux mirent à l'abri les pauvres gens en garantissant leur enclos contre tout envahissement.

Tanguy s'était montré prudent. Sans doute Gaël et Florent ne lui inspiraient point assez de confiance pour qu'il les chargeât de continuer l'œuvre de la marquise, car le village des pauvres de Coëtquen demeurait indépendant au milieu de la seigneurie. Sans cela, Dieu sait quel souffle de haine pour tout ce qui tenait au souvenir de Blanche eut passé sur les maisonnettes de chaume ! Combien de fois les loups de Coëtquen ne s'étaient-ils pas demandé comment ils se débarrasseraient de ces ménages pieux et modestes dont la joie contrastait avec leurs terreurs et leurs défiances.

Le village gênait le château, les laboureurs humiliaient les maîtres.

Quand les loups de Coëtquen regardaient le dimanche s'en aller à travers les prés, afin de se rendre à l'église de Saint-Hélen, les hommes graves, les femmes recueillies, les enfants rieurs, une fleur au chapeau, Florent et Gaël sentaient leur âme déborder d'amertume.

Le spectacle du bonheur est une souffrance pour le malheureux ; l'incrédule qui raille des croyances sacrées s'irrite en face de ceux qui gardent une sainte espérance.

Les deux frères, qui sentaient peser sur eux la malédiction de Caïn, auraient parfois payé d'une partie de leur fortune la destruction de l'humble village. La croix surmontant l'hospice des vieillards les accusait ; les chansons des enfants au sortir de l'école les jetaient dans une irritation profonde ; l'œuvre de Blanche, le testament de Tanguy lançaient sans trêve un reproche sanglant aux fratricides.

Bien différente fut l'émotion ressentie par Patira au moment où il pénétra dans le village. Tout s'animait pour lui du souvenir d'une martyre, et ce fut d'un accent troublé par les larmes que l'adolescent dit à l'Enfant-Bleu :

— Écoute ceci, non comme un conte inventé à plaisir, mais comme une histoire d'autant plus touchante qu'elle est plus vraie... Les buissons d'aubépine n'ont pas fleuri cinq fois depuis que ce village est bâti... Un femme angélique, à qui appartenait le château, se dit un jour que l'hiver les vieillards avaient grand froid dans leurs cabanes mal closes... Elle pensa que les petits enfants ne connaissaient pas assez leurs devoirs envers Dieu, l'histoire de leur pays, le moyen de rendre la terre fertile ; ils ne savaient pas lire comme toi, cher Hervé, la marquise Blanche voulut qu'on le leur enseignât. Elle pensait qu'un peu de science aide à l'homme, et qu'il faut lui apprendre non pas seulement à courber la tête vers le sillon qu'il ensemence, mais encore à regarder le ciel. Alors, mon enfant, au lieu d'aller à la cour étaler sa beauté et ses parures, au lieu d'acheter des pierreries, elle créa cette colonie de pauvres qui lui doivent l'air qu'ils respirent, le toit qui les abrite, le champ qui les nourrit, le jardin qui les égaie.

— Elle avait bon cœur, la marquise Blanche, dit Hervé d'une voix douce, et, dis-moi, Patira, en échange du bien qu'elle faisait, le bon Dieu lui donna de longs jours de bonheur ?

L'apprenti de Jean l'Enclume n'eut pas le temps de répondre, quelques femmes, l'ayant reconnu, coururent au devant de lui.

— Quelle joie de vous voir, dit l'une ; je n'ai pu vous remercier pour la bêche dont vous avez fait cadeau à mon homme.

— Vous ne me direz donc jamais combien je vous dois pour la serrure de mon coffre ? ajouta une autre.

— Comment ! s'écria une troisième, l'Enfant-Bleu vous accompagne ? C'est pas moins vrai qu'il est beau comme un chérubin, avec ses cheveux bouclés et ses grands yeux bleus... Faut que le vénérable abbé de Léhon ait en vous une confiance sans pareille pour vous confier cet agneau-là !

En un instant un groupe se forma autour d'Hervé et de son jeune guide, et au milieu de ces braves gens se dressa la haute taille de l'ancien du village.

— Père Suliac, dit le Fignoleur en guidant l'enfant vers le vieillard, tous ceux qui s'approchent de l'éternité ont droit de bénir ! Étendez vos mains sur le front de l'Enfant-Bleu et recommandez-le au Seigneur au nom de la marquise Blanche.

— Que ta vie soit plus longue, cher petit ! fit le vieillard en effleurant la tête bouclée de l'enfant, et puisses-tu être pleuré comme tu nous vois pleurer notre bienfaitrice.

Le visage d'Hervé avait pris une gravité inaccoutumée et ses yeux brillaient tandis qu'il répondait à Suliac :

— Moi aussi, j'aimerai les pauvres gens !

Patira l'entraîna rapidement du côté de l'étang.

— Où allons-nous ? demanda l'Enfant-Bleu.

— Regarde, regarde bien, Hervé, mon trésor... Vois-tu les grosses tours de Coëtquen droites, sombres et menaçantes... regarde l'eau froide qui lui fait une ceinture, et plus bas, tout au ras de l'eau, distingues-tu la fenêtre étroite aux croisillons de fer à demi arrachés ?

— Je vois, ami Patira, je vois...

4.

— C'est la fenêtre d'un cachot, reprit Patira d'une voix qui s'étranglait dans sa gorge, d'un cachot sans clarté, sans air... le vent y souffle la froidure, l'étang y jette ses nappes d'eau, c'est horrible, épouvantable.

— Oui, bien épouvantable.

— C'est là qu'on jeta la marquise Blanche, reprit Patira, là qu'elle languit, là qu'elle devait mourir....

— Et un ange ne la sauva pas ?

— Ce ne fut pas un ange, mais un petit malheureux qui vint à son aide... Dieu le permit pour donner du courage à l'enfant.

— Les gens du village ne pouvaient donc la défendre? reprit Hervé.

— On leur avait fait croire qu'elle était morte...

— Et dis-moi, Patira, quand elle sortit du cachot où les méchants l'avaient jetée, que fit-elle, la pauvre femme ?

— Elle avait semé l'aumône, elle tendit la main... Dieu permit que Kadou l'aveugle lui fît l'aumône d'un morceau de pain.

— Et après ? après ? demanda encore l'enfant.

Le Fignoleur souleva Hervé dans ses bras.

— Tes pieds ne pourraient me suivre, dit-il, et je veux qu'aujourd'hui tu gravisses avec moi les stations de ce calvaire.

Et quittant les rives de l'étang de Coëtquen, Patira se mit à courir en pressant Hervé sur son cœur, tandis que le son des trompes de chasse s'élevait de la cour du château, et que le comte Florent monté sur un cheval noir traversait le pont-levis suivi par les piqueurs et la meute.

— Je t'ai raconté l'histoire d'une autre sainte, reprit Patira tout en gravissant un âpre sentier, elle s'appelait Geneviève, et fut condamné par des misérables elle et son innocent enfant... Eh, bien ! la marquise Blanche berça elle aussi un petit ange et le remit dans les mains du seul être à qui elle osât se confier... Les bourreaux étaient là, veillant, menaçant le nouveau-né... Il fallait le cacher à tous les yeux, et l'humble défenseur de la marquise l'emporta plus haut que les champs de genêts, plus haut que la colline pierreuse, il le cacha dans le fond d'une grotte, comme jadis la Vierge-Mère avait caché son Jésus !

— Je voudrais voir la grotte, reprit Hervé.

— Nous y arriverons, sois tranquille... l'histoire de ce pauvre enfant t'intéresse donc ?

— Oh ! oui, va ! répondit Hervé, si des méchants avaient voulu ma mort, est-ce que je n'aurais pas eu besoin d'un protecteur ?

Le chemin devenait rapide, difficile ; Patira ne parlait plus ; enfin la route tourna sur la gauche et au milieu des touffes de jeunes chênes, l'excavation de la grotte s'ouvrit toute sombre comme l'entrée d'un mystérieux abîme.

Patira s'élança d'un bond sur les pierres croulantes, puis tombant à terre, et gardant Hervé sur ses genoux, il murmura :

— Je crois être encore à cette heure d'épouvante où Jean l'Enclume me trouva ici... l'enfant venait de s'éveiller en poussant un cri... et le misérable était là brandissant une arme... Je renversai la lanterne et j'escaladai les roches.... Nul n'est revenu ici depuis lors, l'éboulement de pierres marque la place où Jean cachait ses économies ; en cherchant bien on trouverait sans doute le pic et la pioche de Trécor et de Kadoc, et me revoilà, moi, Patira, grandi, atteignant l'âge d'homme, et pressant encore sur mon cœur celui qu'une morte m'a légué.

— Dis-moi, demanda l'Enfant-Bleu, le petit innocent est-il resté longtemps dans la grotte ? comment vivait-il ? les anges venaient-ils le bercer ?

— Il y vécut quelques jours entre son ami, une chèvre et son chevreau ; il dormait sans crainte comme s'il avait su que son gardien aurait pour lui donné sa vie.

— Elle est sombre et triste cette grotte, j'ai froid, viens-nous en, dit Hervé, et puis laisse-moi marcher un peu, Patira. Où allons-nous maintenant ?

— Dans la grande lande, répondit le Fignoleur.

Hervé allongeait le pas et tentait parfois de dépasser son ami ; tout à coup l'Enfant-Bleu s'arrêta et murmura d'une voix craintive en se serrant contre Patira :

— J'ai peur !

— De quoi donc, cher petit ?

— Regarde ! dit-il, regarde la vieille femme !

Le Fignoleur suivit l'indication d'Hervé et distingua la haute silhouette de Jeanne la Fileuse qui, debout au milieu d'un espace débarrassé de genêts et de bruyères, agitait ses bras maigres en prononçant des mots d'une voix gutturale dont le sens ne parvenait point à Patira.

Hervé tremblant venait de saisir la main de son guide en répétant :

— J'ai peur ! Patira, j'ai peur !

— Tais-toi, mon mignon, répliqua le Fignoleur... Souviens-toi que cette pauvresse t'a sauvé jadis d'un grand danger quand les bourreaux te cherchaient... les doigts de la Jeanne sont devenus inhabiles au travail, mais la pauvre Fileuse a jadis accompli sa tâche ; elle a donné sa chèvre et son chevreau pour nourrir l'enfant dont tout à l'heure je te racontais l'histoire.

En ce moment les yeux de la mendiante qui un instant auparavant regardaient fixement les tours de Coëtquen se tournèrent vers Patira et son jeune compagnon.

— Le nid de l'oiseau semblait vide, dit-elle, mais l'oiseau reviendra... Il étendra ses ailes bleues et nous l'entendrons encore chanter... Pauvre petit oiseau poursuivi par le milan, qui donc t'a protégé, couvé, sauvé des serres des bêtes de proie ? Je vois l'enfant pur et beau comme un ange, et j'entends au loin la voix du père pleurant l'enfant qu'il croit perdu....

— Silence ! fit Patira en posant sa main sur le bras de la vieille femme.

— Toi ! fit celle-ci comme si elle sortait d'un rêve, et l'enfant qui t'accompagne...

— Est celui que tu sauvas de la mort.

Hervé se jeta dans les bras de Jeanne.

— Les cendres de ma cabane ont engraissé la lande, dit-elle, les jusquiames, les digitales grandissent sur la place où je dormais...

— Donne-moi ces fleurs, ces fleurs rouges, demanda l'enfant en étendant les mains.

— Pas celles-ci ! pas celles-ci ! s'écria Patira, leur suc est vénéneux et terrible, le champ du crime ne produit que des poisons.

— Où as-tu conduit cet enfant ? demanda la Fileuse.

— Du village de la marquise à la Tour-Ronde, de la grotte aux Poulpiquets à la place où nous sommes....

— C'est un chemin d'épines et de larmes, murmura la pauvresse... Tu n'as plus besoin de me dire de quel côté vont se diriger tes pas... Je te suivrai jusqu'au chêne des *Douze-Archers.*

— Jeanne ! s'écria Patira.

— Crois-tu que j'ignore rien ? demanda la Fileuse. Tout à l'heure j'appelais la vengeance sur les loups de Coëtquen au nom de celle dont tu consolas l'agonie.

— Cette fois, dit l'enfant, je marcherai comme un homme.

— Ce n'est pas loin, murmura le Fignoleur, tu vois d'ici les troncs blancs des bouleaux de la forêt de Coëtquen... la *forêt blanche*, comme on dit, pour rendre l'effet de ces colonnes de neige sous une voûte de verdure.

Cinq ans s'étaient écoulés depuis que Patira avait descendu le chemin raviné par les pluies, en entraînant vers le bois la marquise Blanche et la pauvre Fileuse. Les souvenirs du passé oppressaient l'adolescent qui marchait la tête penchée. Jeanne récitait son chapelet, Hervé bondissait dans le sentier pierreux.

Le jour déclinait; l'embrasement du soleil couchant teintait parfois de pourpre vive les grands troncs blancs qui semblaient perdre leur sang par une blessure. Sous un bouquet d'arbres dans equel frissonnait le vent, une hutte de sabotier achevait de tomber en débris; à quelques pas de là un chêne vigoureux quoique frappé par la foudre dressait sa grande cime au-dessus des bouleaux blancs. Sur l'écorce rugueuse de l'arbre une main inhabile avait à l'aide d'un couteau creusé profondément les mots de cette devise: «Que mon supplice est doux!» Au pied du chêne et comme s'ils tentaient de masquer ces cicatrices, croissaient des rosiers dont les hautes tiges s'accrochaient aux dernières branches du roi de la forêt de Coëtquen.

La Fileuse tomba sur ses genoux, tandis que Patira disait à Hervé :

— Ici est la tombe de la marquise Blanche, il faut prier, mon ange !

L'enfant obéit. A demi caché dans les rosiers, les yeux levés vers le ciel, les mains jointes, il paraissait la plus pure incarnation de la prière. Que disait-il à Dieu ? les élus le savaient. Sans doute il n'avait pas absolument compris la légende de la jeune marquise et de son enfant, mais il lui suffisait de savoir que Blanche avait pleuré et que son enfant avait eu faim, pour se sentir ému.

Tout à coup, tandis que ces trois êtres si différents d'âges et de conditions se perdaient dans le sentiment d'un immense regret et d'une fervente prière, un galop furieux retentit dans la forêt blanche, et deux cavaliers courbés sur des chevaux couverts d'écume se glissèrent à travers les troncs des bouleaux. Leurs éperons labouraient les flancs de leur monture, leurs yeux brillaient d'une animation fiévreuse ; ils allaient, enivrés par leur course même, sans rien entendre, sans rien voir...

Un cri d'angoisse s'éleva, puis un blasphème...

Hervé, atteint par le sabot du cheval de Florent de Combourg, venait de rouler dans la poussière, et Patira s'était élancé à la bride du cheval.

— Arrière, manant ! cria le comte Florent.

Hervé venait de se relever ; l'enfant était sans blessure.

Jeanne saisit Florent par les basques de son habit de chasseur :

— Va, dit-elle, va maudit ! ton cheval a les sabots rouges... Rentre dans le manoir de Coëtquen, et tâche d'y dormir si les fantômes ne le hantent pas !... Les tombes parlent souvent et révèlent les secrets de la mort...

— Arrière ! cria Florent, arrière, vieille folle !

— Oh ! tu donnerais cher pour être débarrassé de la mendiante qui crache sur ton aumône et te jette sa malédiction ! Tu ne peux la faire brancher comme une voleuse, et le recteur de Saint-Hélen sait bien qu'elle n'est point sorcière. Si tu osais tu la fouetterais comme tes chiens de chasse, mais tu as peur, Coëtquen, tu as peur.

Le fouet de Florent cingla les mains crispées de la vieille femme qui lâcha prise en poussant un hurlement de douleur.

Mais les sons des trompes, le bruit furieux de la chasse couvrirent les sourdes menaces de Jeanne. Quant à Patira, adossé contre le grand chêne, et tenant Hervé dans ses bras il semblait montrer ce bel enfant comme une promesse et un défi.

— Madame Blanche, pensait Patira, ai-je bien fait, et trouvez-vous votre ange assez beau, assez pur, assez digne de tendresse ?... Et vous, loups de Coëtquen, ne croyez-vous pas que si Dieu lui prête vie, il appellera le châtiment sur le front de ceux qui creusèrent la tombe de sa mère, et où vous avez failli l'écraser.

La nuit venait, les chasseurs maudits venaient de disparaître, Hervé jeta ses bras autour du cou de Patira et posa son front sur son épaule ; Jeanne refusa de souper aux *Forges de Saint-Éloi*, et le Fignoleur reprit seul avec l'Enfant-Bleu le chemin du Calvaire sur les marches duquel attendait Kadou l'aveugle.

Rustaud creusait le sol en baissant la tête, il hennissait, il semblait fouiller la campagne de ses yeux clairs.

— Nous voici, ami Kadou, dit Patira ; m'est avis que le plus sûr est de vous amener à la maison où Mathée vous donnera un gîte.

— Je veux bien ! dit l'aveugle, je veux bien, et tandis que tu détacheras la bête, je chanterai à l'Enfant-Bleu la plus belle complainte du pays.

— Oh ! dites ! dites, cher pauvre ! s'écria Hervé.

D'une voix gémissante Kadou commença la ballade de la *Dame de Coëtquen*. Hervé l'écoutait attentif, les mains croisées sur ses genoux, les yeux remplis de larmes.

— Je veux la savoir aussi, moi, dit-il, vous me l'apprendrez, cher pauvre ! Les moines de l'abbaye sont si bons, ils vous laisseront entrer ; d'ailleurs Patira vient quand il veut, il vous amènera... Je veux apprendre la belle complainte.

— En route ! dit le Fignoleur ; je vais vous aider, père Kadou, vous monterez sur la bête et vous garderez Hervé entre vos bras. Je suivrai à pied, menant Rustaud par la bride, et le caniche fermera la marche.

Une minute après, Rustaud trottait, tandis que l'aveugle recommençait la ballade de la *Dame de Coëtquen*.

Une demi-heure après, Patira sonnait à la porte de l'abbaye.

Frère Antoine se trouvait dans la cour, et Patira lui remit Hervé après l'avoir couvert de baisers.

— Voyons, demanda le moine à l'enfant, as-tu vu de bien belles choses pendant cette promenade ?

— Oui, répondit Hervé, d'abord le village fondé par la sainte..., ensuite le grand château triste, et puis la forêt de bouleaux et les chasseurs maudits... oh ! les vilains hommes ! le cheval du comte Florent m'a jeté à terre...

— Toi ! s'écria le moine en serrant convulsivement l'enfant sur sa poitrine.

— Patira était là... ajouta gravement l'enfant, et puis, vous savez, je suis voué à Notre-Dame de Nazareth...

Le même jour, la prière de frère Antoine se prolongea bien avant dans la nuit, et il répéta au milieu de déchirants sanglots :

— Ayez pitié de mes frères ! Seigneur ! ayez pitié de mes frères !

V

DANS LA FOURNAISE

Le long de la route descendant de Dinan à Léhon se pressaient par une nuit de décembre des groupes d'hommes qu'une même pensée paraissait animer. Tantôt ils parlaient à voix basse, comme si le mystère était indispensable à leurs projets, tantôt des exclamations furibondes s'élevaient, coupées par des éclats de rire, des refrains de chansons parlant de sang, de vengeance, et des menaces prononcées d'un accent tel que ceux qui en étaient l'objet pouvaient tressaillir de terreur.

Le petit chemin raviné laissait rouler ses cailloux sous les sabots des misérables dont la plupart avaient troqué le chapeau du paysan pour un bonnet de couleur rouge, et l'humble costume des gens du pays pour une sorte de veste appelée carmagnole.

Arrivés sur les bords de la Rance, la bande des révolutionnaires pressa le pas. Debout sur sa porte Jean l'Enclume guettait les jacobins comme une proie.

Il les reconnut à leurs cris, à leurs chants, à leurs blasphèmes, et se frottant les mains d'une façon joyeuse, il répéta :

— Arrivez ! arrivez donc !

Une minute après la forge se trouvait envahie.

Quelques hommes demeurèrent debout, d'autres prirent place sur les bancs, les derniers s'assirent sur l'établi. Trois chandelles de résine fichées dans des fourches de bois jetaient une lueur terne dans cette vaste pièce. Les têtes sortaient à peine de l'ombre, et ce fourmillement d'individus dans cet étroit espace, les passions mauvaises que l'on sentait bouillonner dans leur cœur pouvaient inspirer à qui aurait vu les amis du forgeron, les craintes les mieux justifiées.

Jean l'Enclume monta sur le fourneau afin de dominer de tout le torse ceux qu'il recrutait pour son œuvre. Trécor le Borgne et Kadoc l'Encorné se tenaient à peu de distance comme des lieutenants prêts à exécuter ses ordres.

— Je vous l'avais dit, les gars, s'écria Jean l'Enclume, le peuple attendait son heure et son heure est venue. Le peuple est le maître, le peuple est souverain ! Tout nous est permis, nous avons pour nous la sainte République une et indivisible. A Paris on a formé des tribunaux pour juger et condamner ceux qui nous opprimaient. On supprime les nobles; on supprime les prêtres qui nous abrutissaient de mômeries. Nous avons la Raison et la Liberté, et avec cela nous irons loin. Les puissants et les riches peuvent trembler, le peuple est le plus fort, ça suffit. De la justice il s'en moque pas mal. Il veut sa revanche et il l'aura. De Paris on envoie dans les provinces des hommes chargés d'organiser des comités républicains, les comités comptent sur nous, mes amis, et je vous ai réunis ce soir pour savoir si vous êtes de bons patriotes, prêts à vous dévouer pour vos frères.

— Oui ! oui ! s'écria Kadoc, nous sommes patriotes, si ça nous permet de vivre sans rien faire et de boire à volonté.

— Vive la République si cela met dans nos mains le bien des autres, ajouta Trécor.

Ces deux exclamations eurent un puissant écho dans la salle. Parmi les hommes qui s'y trouvaient réunis, il n'en était pas un dont le passé ne fut lourd d'un méfait en face de la justice ou d'un crime devant sa conscience. Braconniers pour ne pas dire plus, voleurs à l'occasion, capables de jouer du couteau comme de retourner les poches d'un riche marchand, sans moyens d'existence, sans demeure fixe pour la plupart, ils composaient la partie dangereuse de la population de Dinan et des alentours. N'ayant rien à perdre, pas même leur honneur, ils étaient prêts à se jeter dans toutes les aventures, pourvu qu'elles offrissent un butin à recueillir. Les âges de ces misérables variaient autant que leurs visages. Quelques-uns portaient des cheveux blancs, et leurs poignets gardaient la trace des chaînes dont on les serrait sur les galères du Roi. Chez d'autres l'adolescence rendait plus odieuse l'expression d'une perversité précoce. Ces teints pâles, ces lèvres bleues, ces regards fuyants, causaient un secret effroi. Si un petit nombre de ces hommes pouvait affirmer qu'il exerçait un état, on était sûr qu'il faisait partie de ces bandes de moissonneurs ou de faneurs étrangers que l'on n'accueille point sans terreur dans la campagne. Du reste s'ils hantaient le pays ils ne l'habitaient point d'une façon absolue. Jean l'Enclume les avait trouvés qui dans les cabarets, qui sur les routes, et les jugeant propres à son entreprise il leur avait donné rendez-vous dans la salle de la forge, afin de savoir s'il pouvait compter sur leur zèle.

— Tu parles de boire, Kadoc! reprit Jean l'Enclume, mais au nom de la Liberté tu choisiras dans les caves des aristocrates des bouteilles de vin dont chacune vaut un louis d'or. Toi qui t'enivrais de cidre, Kadoc, tu te griseras des meilleurs crûs de France. Et pour ce qui est du pillage, Trécor, ce n'est pas une concession qui te sera faite, tu jouiras d'un droit. La République veut le bonheur de ses enfants ; elle châtie ses ennemis, et comme de juste elle récompense ceux qui les lui livrent. Vous n'êtes pas au courant comme moi, vous tous ! Je n'arrive pas seulement de Dinan, j'ai fait une tournée par Rennes, Quimper et Nantes. La révolution y va moins vite qu'à Paris, mais enfin elle marche, et d'abord la loi sur les émigrés a passé.

— Qu'est-ce que cette loi-là ? demanda Trécor le Borgne.

— La République déclare traîtres à la patrie ceux qui vont rejoindre les frères du Roi.... leurs biens sont saisis au profit des bons patriotes, et deviennent des biens nationaux, voilà ce qui s'appelle de l'égalité. Les femmes et les filles d'aristocrates sont décrétées de complicité, on les traînera devant les tribunaux, et si on les traite comme à Paris, les prisons seront bientôt trop petites pour les contenir.

— Et les prêtres ? demanda Kadoc l'Encorné.

— Ça, c'est autre chose ! fit l'Enclume d'une voix tonnante. Il y a trop longtemps qu'ils me font souffrir, et je vais enfin me venger.

Un long éclat de rire accueillit cette phrase du forgeron.

— Riez ! riez ! répéta le colosse ; vous croyez peut-être que je n'ai point sujet de m'en plaindre, parce que je me moque d'eux et de leurs prières ? Ils ont fait le tourment de ma vie, cependant. C'est grâce à leurs conseils que Claudie supporte mes injures et mes coups sans se venger, sans même m'adresser un reproche, comme si sa douceur ne devait pas m'exaspérer davantage. Mais la nation va mettre ordre à cela ; les prêtres devront désormais prêter serment à la République, ou nous serons libres de les traquer comme des sangliers. Oh ! je sais bien qu'ils résisteront! Est-ce que l'évêque de Quimper, Conan de Saint-Luc, malade, agonisant, n'a pas trouvé assez de force pour fanatiser son clergé et l'empêcher de prêter serment à la Constitution? Il est bon pour l'échafaud, celui-là, en compagnie de plusieurs autres... On les abandonne aux patriotes avec les aristocrates. Et ce n'est pas tout, les abbayes poussaient jadis comme le chiendent dans notre terre de Bretagne; eh bien! nous chasserons les moines et nous nous emparerons des trésors de leurs sacristies. Qui sait combien de tonnes d'or se cachent dans les souterrains de Saint-Aubin, de Léhon, de Guildo, de Saint-Jacut? Tout cela sera pour nous, tout! si nous nous montrons bons patriotes, et zélés pour la chose publique.

— Que faut-il faire pour se montrer bons patriotes? demandèrent vingt voix.

— C'est bien simple, répondit Jean l'Enclume, dénoncer, dénoncer encore, dénoncer toujours; ceux qui seront innocents se tireront d'affaire.

— On nous comptera des primes? demanda Trécor.

— Des primes! on vous donnera des fortunes.

— Quand commencerons-nous?

— Le citoyen Brutus est annoncé à Dinan. C'est le comité de Nantes qui l'envoie; la direction de la justice lui sera laissée dans le pays; et c'est avec lui que je devrai m'entendre.

— Tu nous recommanderas? demanda Trécor.

— De ce moment nous sommes associés.

— Et nous partagerons les bénéfices?

— Oui, dans une proportion juste; je suis le chef, j'aurai double part.

— Que ferions-nous bien ce soir? demanda l'Encorné.

— Allons chez le curé de Saint-Hélen, répondit le Borgne.

— Pourquoi faire ? demanda un ancien bateleur.

— D'abord nous nous informerons s'il est ami de la République et s'il compte prêter serment à la Constitution.

— Et s'il refuse ? reprit Kadoc.

— Jour de Dieu ! s'il refuse, reprit Jean l'Enclume, son affaire est bonne.

— Chez le curé de Saint-Hélen ! hurla l'assemblée.

Jean sauta à bas de son fourneau de briques, prit un marteau sur l'établi et ouvrit violemment la porte en criant :

— Suivez-moi ! nous allons rire !

Se heurtant, se poussant, jouant des poings et des coudes, les misérables auditeurs du forgeron s'élancent sur la route.

Le dernier venait de disparaître quand la porte de la salle basse s'ouvrait et le visage livide de Claudie se montra.

La malheureuse avait tout entendu. Elle chancelait ; l'horreur la clouait sur le seuil. Que faire ? que devenir ? comment prévenir ce crime et sauver un innocent ? Elle était isolée, faible, épuisée par la maladie et le chagrin. Si encore elle avait pu demander conseil à Patira...... Mais elle était seule, toute seule, et si malade, la pauvre âme !

Cependant le sentiment du devoir parlait assez haut dans cette humble créature pour qu'elle se roidît contre sa souffrance. Elle courut près de ses enfants endormis, cacha dans leur lit la statuette de la Mère *pleine de grâce* devant laquelle ils avaient coutume de s'agenouiller, puis après s'être signée, elle croisa son mouchoir de cotonnade sur sa poitrine, affermit les liens de ses sabots remplis de paille, puis, courant autant que le lui permettaient ses forces, elle se dirigea vers le presbytère de Saint-Hélen.

Ce soir-là, l'abbé Guéthenoc était venu passer quelques heures avec son ami. Depuis que le vent d'une sanglante tempête soufflait sur la France, depuis que la persécution frappait à la fois le trône et l'autel, les prêtres, comme les martyrs aux premiers siècles de l'Église, éprouvaient le besoin de se rapprocher, de s'encourager fraternellement à soutenir une lutte inégale qui se devait terminer par leur mort. Si leur âme demeurait ferme, leur cœur éprouvait parfois les défaillances que subit le Sauveur la veille de sa passion. Alors ils se cherchaient, se consolaient, échangeaient l'assurance d'espérances célestes, et se sentaient plus forts après avoir médité ensemble les paroles du Sauveur promettant à la fois à ses apôtres la paix et la persécution pour la justice. Du reste, tous deux se trouvaient à la fin de cette journée sous une impression de profonde douleur.

Une scène odieuse s'était passée la veille dans les environs, et le souvenir de ce sacrilège désolait le cœur de l'abbé Guéthenoc et du curé de Saint-Hélen.

Un des amis de celui-ci, vénérable prêtre vieilli dans le sacerdoce, usé par les austérités, était tombé dangereusement malade. Il avait lutté contre la défaillance et la douleur, opposant la force d'âme à l'évanouissement des forces physiques, mais enfin la souffrance le clouant sur son lit, il lui devint impossible de se rendre dans sa chère église. Il sentait venir la mort, et regrettait doublement la vie, à la pensée de l'isolement dans lequel il laissait son troupeau. Quelques braves gens du pays l'entouraient, il leur parlait des espérances célestes et des compensations divines, quand tout à coup la porte de sa chambre s'ouvrit, et cinq soldats y pénétrèrent en armes, amenant avec eux l'intrus qui devait occuper sa place dès que le pauvre recteur aurait rendu le dernier soupir.

Le curé pressentit un danger, il se souleva sur son lit et demanda avec le plus grand calme :

— Que voulez-vous, mes amis ?

— Nous assurer de la personne de ceux qui vous entourent, répondit un des soldats. Leur présence les dénonce suffisamment comme des ennemis de la sainte République.

Le misérable qui convoitait la cure de Plancoët s'approcha du lit du vieux prêtre.

— Je viens, lui dit-il, vous apporter les secours de la religion.

— Retirez-vous, dit le recteur de Plancoët en détournant la tête. Il ne m'appartient pas de vous juger, mais je garde le droit de vous imposer silence.

L'intrus leva le front d'un air de défi.

— J'exerce à mon tour le ministère dont vous ne pouvez plus remplir les devoirs ; je vous apporte les sacrements que vous ne pouvez distribuer.

Le curé de Plancoët étendit les deux bras en avant pour éloigner de son lit le fils rebelle à l'Église.

Tandis que l'agonisant et son visiteur échangeaient ces paroles, les soldats, tirant de leur poche des paquets de cordes, avaient solidement garrotté les fidèles amis rassemblés dans la chambre du recteur.

— Gibier de prison, se contenta de dire le chef de la bande.

Les prisonniers se taisaient ; en ce moment ils se préoccupaient bien moins de leur danger personnel que de la situation du vieux pasteur. On les poussa dans un angle de la chambre, d'où il leur était possible de tout voir, sans qu'ils pussent rien tenter pour défendre leur vénérable ami.

Sur un geste de l'intrus, les soldats entourèrent le lit du recteur, et le nouveau Judas, qui trahissait à la fois le

5.

Sauveur et l'Église, reprit d'une voix plus dure en s'adressant au moribond :

— Vous allez paraître devant Dieu, mon frère, il est temps d'implorer sa miséricorde et de recevoir le pardon de vos fautes.

— Mes fautes ! dit le curé d'une voix qu'il s'efforça d'affermir, je les regrette du fond de l'âme, j'en implore le pardon en toute humilité, et je compte sur la miséricorde du Sauveur Jésus.

— Cela ne suffit pas, mon frère, et je suis prêt à vous entendre.

— Assez ! fit le curé qui, par un dernier effort, parvint à se soulever, respectez l'agonie de celui qui fut votre frère, et qui de là-haut priera son Dieu et le vôtre de vous faire miséricorde.

Mais l'intrus, irrité par la patience et par la mansuétude du curé de Plancoët, poussé par le misérable orgueil de soutenir son apostasie et de tenter de lui donner force de loi, s'écria d'une voix irritée :

— Je suis à cette heure curé de Plancoët, et votre supérieur ; je vous ordonne de m'entendre ; j'ai prêté serment à la Constitution, et le pays m'a donné ses pouvoirs.

— Je tiens les miens de mon évêque, répliqua l'agonisant.

— Refuserez-vous mon absolution ?

— Je refuse tout d'un apostat.

— Vous en êtes témoins, s'écria l'intrus, il repousse l'absolution et le viatique ; je lui administrerai donc seulement l'extrême-onction...

— Non ! non ! dit le mourant, rien ! rien de Judas ! Seigneur, ne permettez pas ce crime... Je suis un humble prêtre fidèle aux vœux de mon ordination... Je mets en vous ma confiance à cette heure terrible... Pendant votre agonie, Seigneur, les soldats blasphémaient autour de vous... J'espérais remettre en paix mon âme entre vos mains... vous ne le permettez pas... que votre volonté soit faite !

Le misérable intrus tire de sa poche une boîte renfermant les huiles consacrées... le recteur étend ses mains glacées pour se défendre des onctions sacrilèges, il les repousse, il prend ses amis à témoin de la violence qui lui est faite par le prêtre jureur.

— Vous témoignerez ! dit-il à ceux qui regardent cette horrible scène à travers leurs larmes ; vous direz à tous que je meurs dans la foi catholique, apostolique et romaine... Vous témoignerez de ceci devant Dieu qui me jugera, devant mes paroissiens qui me pleurent...

Rien de semblable à cette horrible scène ne s'était vu peut-être. Le vieillard cherchait à dérober ses membres aux onctions de l'assermenté ; il demandait pardon pour la profanation involontaire dont on marquait ses mains, qui s'étaient étendues pour absoudre et bénir, ses pieds, qui s'étaient fatigués dans les chemins, tandis que de cabane en cabane il visitait les malheureux, sa poitrine embrasée du pur amour d'un Dieu de charité, ses lèvres sur lesquelles avaient fleuri les paroles de la consolation.

Les soldats, debout au pied de son lit, riaient de la défense inutile qu'il opposait au curé constitutionnel ; et celui-ci, remplissant avec rage ce qu'il appelait une mission sainte, étouffa pour ainsi dire sur la bouche du vieillard une suprême protestation, pendant que le regard vitreux de l'agonisant se posait pour la dernière fois sur le crucifix suspendu à la muraille (1).

A peine le curé de Plancoët eut-il rendu le dernier sou-

1. Historique.

pir, que l'apostat prit possession de l'église dont il devait être la désolation et le scandale.

Le curé de Saint-Hélen et l'abbé Guéthenoc connaissaient le terrible drame qui s'était passé la veille à Plancoët. Ils en rappelaient les détails, et s'encourageaient à montrer la même fermeté que le digne vieillard. Aucun d'eux ne se faisait illusion, ils cherchaient leur force en Dieu et attendaient sans orgueil, mais avec une sainte confiance, qu'il plût au Seigneur de couronner leur épreuve. L'abbé Guéthenoc, après avoir passé quarante ans au manoir de Coëtquen, en avait été chassé par le comte Florent et le vicomte Gaël. Mais en dépit des chagrins ressentis pendant les dernières années, il était resté robuste, et à le voir marcher dans la campagne, on ne lui eût jamais donné les soixante-cinq ans qui neigaient sur son front.

Le curé de Saint-Hélen souffrait souvent de rhumatismes articulaires, qui lui interdisaient les longues courses et les fatigues excessives. Le soir dont nous parlons, une de ses jambes, prodigieusement enflée, reposait sur une chaise basse, mais les douleurs lancinantes qu'elle causait au bon prêtre ne l'empêchaient point de calculer les probabilités d'un prochain martyre.

— Dieu est bon, mon ami, disait-il à l'abbé Guéthenoc ; nous nous endormions peut-être dans une sécurité trompeuse ; le calme dont jouissait l'Eglise nous environnait ; nous oubliions que nous devons être chassés, bannis, flagellés pour l'amour du Christ, et voilà que la persécution s'élève, nous enveloppe, nous renouvelle ; la foule apprendra à mieux croire ceux qui nous succéderont. Quand nous aurons versé notre sang pour la foi, lorsque la tourmente sera passée, nous nous retrouverons plus grands, plus forts ; la palme du martyre ombragera le sanctuaire et nos soutanes maculées de sang nous rendront dignes de respect... Jacob reconnut la robe de Joseph sous les taches livides dont on l'avait couverte, le Seigneur nous donnera un vêtement de gloire à la place de notre robe de lévite rougie dans la pourpre du martyre.

— Vous avez raison, répondit l'abbé Guéthenoc, aussi, croyez-le, je suis prêt à tout subir pour les vérités que je dois défendre.

En ce moment un coup frappé à la porte du presbytère fit tressaillir les deux prêtres.

Une minute après Manette monta.

— Monsieur le curé, dit-elle, Claude-Louis demande les derniers sacrements.

— Mon Dieu ! mon Dieu ! murmura le curé de Saint-Hélen, je suis dans l'impossibilité de marcher, et je ne saurais davantage me tenir à cheval...

— Me permettez-vous de vous remplacer? demanda l'abbé Guéthenoc.

— Allez ! mon ami, et Dieu soit avec vous !

Le prêtre descendit l'escalier, trouva dans le couloir une femme en larmes, la rassura, se fit indiquer la demeure du malade, et s'enveloppant de son manteau il partit pour Saint-Hélen, afin d'y prendre le saint ciboire.

Comme il traversait la petite place de l'église, un jeune garçon d'une douzaine d'années, qui marchait lestement, le reconnut et le salua. C'était Maclou Thévenin, l'enfant de chœur du curé de la paroisse.

— Sans vous commander, Monsieur l'abbé, est-ce que vous allez porter le viatique ?

— Oui, mon ami, répondit le prêtre.

— Alors, dit l'enfant, je prends ma lanterne pour éclairer la route qui pourrait bien être effondrée en quelques endroits, et ma sonnette afin d'avertir les braves gens qu'une pauvre âme va remonter vers Dieu.

— Merci, mon garçon, répondit l'abbé Guéthenoc, merci ; je n'accepte pas par prudence, les pierres et les fondrières du chemin sont moins dangereuses que les rencontres que nous pourrions faire, et je n'ai point le droit de te faire partager les dangers que je puis courir.

— Des dangers ! s'écria Maclou, c'est mon affaire, je me retrouverai dans mon élément ; tout *terrien* que vous me voyez, Monsieur l'abbé, je suis le fils d'un pêcheur de morue, et ma mère, en haine de l'Océan qui lui a pris mon père, veut faire de moi un laboureur. Depuis que j'ai l'âge de répondre les prières en latin, j'accompagne Monsieur le curé ; vous ne me refuserez point l'honneur de vous précéder ce soir et de vous prouver que je suis brave comme feu mon père. Et puis m'est avis que le bon Dieu ne serait pas content si je n'osais faire mon service. Je sais bien que les mauvais gars sont en campagne et que les gens ennemis de la Révolution sont traqués ni plus ni moins que des loups, mais Notre-Dame de Nazareth nous garde, et si nous mourons en faisant notre devoir, sûrement nous aurons une belle place en paradis, aux pieds de Notre-Seigneur.

— Viens ! dit l'abbé Guéthenoc tout ému.

Le prêtre entra, prit la custode, la suspendit à son cou, Maclou alluma sa lanterne, saisit sa clochette et passa devant l'abbé Guéthenoc.

Une minute après, le tintement doux de la sonnette résonnait dans le silence de la nuit, et les malades, qui se retournaient sans sommeil sur leur couche fiévreuse, récitaient une prière pour l'âme prête à s'envoler.

Oui, les chemins étaient mauvais ; des pluies récentes les avaient effondrés, les ornières semblaient creuses comme des ruisseaux, des arbres abattus par le vent coupaient parfois la route, des pierres roulant des talus rendaient la marche difficile. La lanterne vacillait souvent dans les mains de l'enfant, et devait au loin ressembler à quelque feu-follet de marais; le prêtre priait à voix basse, et le son argentin de la sonnette, joint aux rafales du vent dans les branches sèches et les rameaux dépouillés, se mêlait avec une profonde et intraduisible mélancolie.

Un moment Maclou s'arrêta, il avait cru entendre des pas nombreux sur le chemin, en même temps qu'une bouffée de vent lui apportait à quelque distance des couplets nouvellement chantés dans le pays par les mêmes gens qui s'habillaient de carmagnoles et se coiffaient de bonnets rouges.

Le prêtre n'entendait rien, il s'entretenait avec son Dieu.

Mais le bruit sec produit par deux sabots garnis de maillettes se rapprocha, et l'enfant de chœur reconnut bientôt une femme dans la créature haletante qui s'avançait sur la route et dont un soupir d'angoisse parvint à l'oreille de Maclou.

Il leva sa lanterne et reconnut Claudie. Celle-ci épuisée par l'émotion, brisée de fatigue, le cœur bouleversé de honte et d'horreur, courut à l'abbé Guéthenoc.

— N'allez pas plus loin, lui dit-elle, au nom du Seigneur Jésus que vous portez sur votre cœur... L'ignorez-vous donc, les prêtres sont proscrits, votre vie est menacée, vous n'avez point prêté serment à la Constitution, on vous arrêtera... Fuyez ! ne rentrez pas même à la cure dont je vais essayer de sauver le recteur... il se passe ici d'abominables choses...

— Je le sais, Claudie, répondit doucement le prêtre, mais le Seigneur permettra que j'accomplisse mon devoir au chevet d'un mourant, avant de me laisser tomber entre les mains de mes ennemis... D'ailleurs, Claudie, vous vous exagérez le danger peut-être...

— Le danger, il vous menace, il vous entoure, il vous presse, il va fondre sur vous... J'ai tout entendu, Monsieur l'abbé... C'est à la forge qu'on a tramé ce complot... Oh ! les malheureux ! quels blasphèmes, quels discours, quelle haine contre la religion et ses ministres !... Ils sont partis pour aller à la cure et s'ils vous trouvent vous serez le premier frappé... Croyez-moi, Monsieur l'abbé, écoutez-moi, et prenez ma douleur en compassion... est-ce que je pourrais vous tromper et mentir... fuyez sans regarder derrière vous, allez jusqu'à Saint-Jacut, cachez-vous dans les roches en attendant qu'une barque vous emporte en Angleterre... Je ne veux pas sentir sur ma conscience le poids d'un meurtre... Je ne veux pas, comprenez-le bien, Monsieur l'abbé, que le sang d'un prêtre retombe sur mes enfants...

— Pauvre femme! murmura l'abbé Guéthenoc. Il ajouta d'une voix lente :

— Jean l'Enclume, n'est-ce pas ?

— Oui, fit-elle en baissant la tête.

L'abbé Guéthenoc écarta Claudie d'un geste plein de bonté.

— Dieu connaît votre foi, Claudie, merci, et adieu...

— Vous ne rebroussez pas chemin ?

— Je ne me suis déjà que trop attardé.

— Changez de route, au moins, les misérables vont déboucher par ce sentier...

— En prenant la chênaie je perdrais une heure, pendant ce temps le malade pourrait mourir...

— Si l'on vous massacre il expirera sans viatique.

— J'offrirai ma mort pour son salut... Marchons plus vite, Maclou, je n'ai pas le droit de marchander ma vie.

Maclou leva sa lanterne de la main gauche, et de la main droite il agita sa sonnette d'argent.

Claudie défaillante suivait le prêtre et l'enfant en égrainant son chapelet.

Elle était presque sûre que la bande révolutionnaire rencontrerait l'abbé Guéthenoc et pour la dernière fois elle voulait tenter d'attendrir le cœur de Jean l'Enclume.

Soudain un bruit de sabots, un refrain de chanson, des cris frénétiques éclatèrent à une courte distance.

La troupe du forgeron venait d'apercevoir la lanterne de Maclou, et le tintement de la sonnette lui apprenait qu'un prêtre portait les derniers sacrements à un homme près de mourir.

Dans l'ombre projetée par les gros nuages on n'apercevait qu'une masse compacte et confuse, une horde et pas un individu.

Le prêtre croisa les deux mains sur sa poitrine.

— J'accomplis sans regret le sacrifice de mon existence, dit-il, mais qui défendra de la profanation l'hostie cachée dans mon sein.

— Moi, Monsieur l'abbé, dit Maclou.

Les amis de Jean l'Enclume ne marchaient plus, ils couraient.

— Attendons, dit doucement le prêtre.

L'abbé Guéthenoc, l'enfant de chœur et Claudie se rangèrent contre le talus d'un fossé, une seconde après la lanterne était arrachée des mains de l'enfant par Trécor le Borgne.

— Allons ! dit-il, nous n'avons pas besoin d'aller à la cure pour trouver un gibier de potence ! Voilà un calotin qui a refusé de prêter serment à la République. Il ne croit pas à la déesse Raison et méprise la liberté ; il a vécu au milieu des aristocrates de Coëtquen, c'est le moment de régler ses comptes.

— Je suis prêt, dit tranquillement l'abbé Guéthenoc.

Il promena un regard calme sur la tourbe de gens qui l'entourait, et ajouta :

— Je suis né du peuple comme vous, et mon père conduisait la charrue...

— Et tu as trouvé indigne de toi le métier de laboureur ?

— Non ! répondit l'abbé Guéthenoc, et Dieu sait combien j'honore le paysan qui sème et récolte ; mes bras ne refusaient point le labeur, mais mon âme avait faim de lumière. Je voulais mieux approfondir les choses du ciel, apprendre mieux Dieu pour vous le faire connaître davantage.

— Alors, dit Kadoc, il ne fallait pas entrer chez ceux qui nous oppriment.

— Et qui donc vous a opprimés dans le pays ?

— Les Combourg, les l'Argentaie, les Coëtquen, les Châteaudun, les Bédée, tous ceux qui ont eu droit de haute et basse justice.

— Ne voulez-vous donc point qu'on châtie les assassins et les voleurs ?

— C'est selon, répliqua le Borgne.

— Nous n'avons besoin ni de verbiage ni d'explications, reprit Jean l'Enclume. Réponds simplement à nos questions.

— Je suis prêt.

— Où allais-tu ?

— Consoler un mourant.

— En lui faisant peur de l'enfer.

— En lui montrant le ciel ouvert à ceux qui souffrent.

— Es-tu pour la Révolution ?

— Non, s'écria l'abbé Guéthenoc, car la révolution que vous faites au nom de la liberté se reconnaît à ses œuvres... Elle a incendié les Tuileries, massacré les Suisses, emprisonné le Roi... Elle sème le schisme dans l'Église, elle arrache à l'autel les prêtres consacrés par les mains des pontifes pour les remplacer par de misérables intrus...

— Il insulte la République, cria l'Encorné.

— Il refuse de prêter serment, ajouta Trécor.

— Il avoue qu'il se rendait près d'un malade pour l'épouvanter...

— Empêchons-le de troubler l'agonie du pauvre diable, hurla un homme armé d'un merlin.

— Faisons-lui son procès, ajouta un ancien galérien.

— Oui ! oui ! jugeons Guéthenoc, ci-devant aumônier de Coëtquen, crièrent vingt voix.

Le prêtre n'avait changé ni de visage ni d'attitude.

Le front haut, les mains croisées sur la poitrine, fortifié par le sacrement divin qu'il pressait sur son cœur, il attendait la fin de cette scène sans se préoccuper de lui-même, et troublé par la seule terreur de voir profaner l'hostie contre laquelle battait son cœur d'apôtre.

Le petit Maclou tenait dans une de ses mains la sonnette, et de l'autre il s'attachait à la soutane du prêtre.

Jean l'Enclume s'avança au premier rang.

— C'est décidé, vous autres, vous voulez le juger?

— Nous le voulons ! nous le voulons!

Un des misérables éprouva une sorte de compassion pour Maclou dont il connaissait la mère; il s'approcha du petit gars et lui murmura à l'oreille :

— Sauve-toi, on ne te poursuivra pas.

Maclou leva ses grands yeux vers le prêtre ; il comprit à la façon dont celui-ci croisait les bras sur son sein, qu'abandonner à cette heure l'abbé Guéthenoc était une désertion, que le viatique se trouvait en partie sous sa garde, puisque, s'il mourait, le prêtre le chargerait de défendre le dépôt sacré. Le courage grandit soudain le fils du matelot, et il répondit avec un sourire :

— L'enfant de chœur ne quitte pas le prêtre.

Claudie sortit alors de l'ombre dans lequel elle s'était tenue.

— Jean, dit-elle en enlaçant le corps du forgeron de ses bras débiles, tu ne feras pas cela, tu n'outrageras pas, tu ne tortureras pas un prêtre... Tu as été fait chrétien par le baptême, Jean, et ta mère t'a marqué du sceau des enfants de l'Église... Songe donc qu'un ministre de Dieu comme celui-là t'a donné l'hostie à la sainte table... que la main de l'évêque t'a consacré avec l'huile sainte... Jean, tu as été un mari dur et méchant, je te pardonne tout si tu laisses aller en paix l'abbé Guéthenoc.

— Misérable folle! cria Jean l'Enclume, vas-tu faire suspecter mon civisme en parlant de choses que je n'ai pu empêcher. Est-ce ma faute si une mère fanatisée m'a fait verser de l'eau et de l'huile sur le front?... Maintenant que je suis homme, que je comprends, que je pense, je rougis de ces mômeries, je les repousse, je renie Dieu, ma foi, mon baptême, et pour le prouver, je me sens capable de broyer à coups de sabots les membres de ce misérable prêtre.

Jean repoussa Claudie qui fut tombée sur le sol, si un groupe de patriotes ne se fut trouvé derrière elle.

— Pitié! mon Dieu, pitié! répéta l'infortunée.

— Silence, Claudie, fit l'abbé Guéthenoc, vous allez vous perdre, et vous ne me sauverez pas... Laissez faire ces hommes, pauvre femme, et songez qu'il ne tombera pas un cheveu de ma tête sans la permission du Seigneur.

Puis il ajouta si bas, que Claudie l'entendit à peine :

— Prévenez le curé de Saint-Hélen, je remets mon âme entre les mains de Dieu.

Claudie fit le signe de la croix, se redressa par un suprême effort, et plaquant ses deux mains sur ses oreilles pour ne pas entendre les cris et les blasphèmes de Jean et de ses complices, elle quitta la route et s'enfuit à travers champs.

VI

UNE NUIT SANGLANTE

En voyant disparaître sa femme, Jean l'Enclume respira plus à l'aise ; pour si peu qu'il comptât Claudie, elle le gênait ; Claudie restait l'implacable voix de la conscience que rien ne saurait réduire au silence. Elle partie, le misérable pouvait assouvir sa haine sur l'abbé Guéthenoc, qui restait immobile, perdu dans la ferveur d'une suprême prière.

La scène qui se passait sur ce chemin désert était véritablement le dernier mot de l'horrible. A gauche de la route, un amoncellement de roches portait à sa cime un chêne dont les branchages dénudés s'étendaient pareils aux bras d'un squelette ; on eût dit une fourche patibulaire dressée là dans la prévision de quelque mystérieux supplice.

Le silence avait brusquement remplacé les imprécations et les cris ; les sans-culottes paraissaient attendre que l'abbé Guéthenoc eût réfléchi, avant de refuser d'une façon absolue les pactisations que l'on demandait à sa conscience.

Jean l'Enclume tira par le bras Kadoc l'Encorné, poussa en avant Trécor le Borgne, leur donna pour assesseur l'ancien galérien, et cria d'une voix rude :

— Le tribunal va prononcer.

Puis se tournant vers l'ancien aumônier de la marquise Blanche :

— La nation est sévère, mais juste, dit-il ; si tu reconnais tes erreurs, elle est prête à te maintenir dans tes droits de citoyen, même à te nommer curé de Saint-Hélen à la place du vieux recteur, si tu veux prêter serment à la constitution.

— Je refuse, répondit l'abbé Guéthenoc d'une voix ferme.

— Sais-tu à quoi tu t'exposes ? demanda Kadoc.

— A tomber sous les coups d'un groupe d'assassins.

— Nous sommes patriotes et nous représentons la justice du peuple.

— J'en appelle de ce mensonge aux braves laboureurs de Coëtquen, de Combourg, de Vaurufier, que vous insultez en les confondant avec des misérables.

Un murmure de colère circula dans le groupe.

— Tu vois, reprit Jean, tes réponses irritent les amis de la République... Qu'as-tu à dire pour ta défense ?

— Je prie le Seigneur de ne pas vous faire payer dans l'autre monde les crimes que vous commettrez cette nuit.

— Allons aux voix, dit Trécor le Borgne.

— Aux voix ! répéta le galérien.

Un sourire passa sur les lèvres lippues de Jean l'Enclume.

— Quelle peine prononces-tu ? demanda-t-il à Kadoc.

— La peine de mort !

Le forgeron n'eut pas le temps de s'informer du vote de ses complices. Un hurlement sinistre lui apportait ce cri :

— La mort ! la mort !

L'abbé Guéthenoc était très-pâle. L'idée des tortures qu'on allait lui faire subir ne l'épouvantait pas, mais il tremblait à l'idée des profanations dont pouvait être l'objet l'hostie qu'il pressait sur son cœur.

— Il mourra donc, fit Jean l'Enclume, mais comment ? corde, poignard, marteau, tout est bon pour se défaire d'un ennemi du peuple.

— La mort la plus lente, dit Kadoc.

— La plus terrible, ajouta le Borgne.

— Le feu ! cria un adolescent.

— La corde ! hurla un mendiant à qui l'abbé Guéthenoc avait vingt fois fait l'aumône.

— Déchiquetons-le à coups de couteau, fit Kadoc l'Encorné.

— Tout ça peut se faire, mes amis, répondit Jean l'Enclume en frottant ses mains calleuses ; nous suspendrons le ci-devant par les poignets à l'une des maîtresses branches de ce chêne, chacun de nous lui donnera un coup, un seul, et pour l'achever nous le précipiterons dans la fournaise.

L'abbé Guéthenoc laissa échapper un soupir d'angoisse.

Le petit gars en comprit la signification ; ses grands yeux brillèrent d'enthousiasme, et s'élançant vers le vieillard comme s'il voulait lui donner une dernière preuve de dévouement et tenter l'impossible en essayant de le défendre, Maclou jeta ses deux bras autour du cou de l'abbé Guéthenoc, saisit la chaîne d'argent soutenant la custode, la brisa et cacha dans son sein la boîte que le prêtre gardait sur son cœur. Ce mouvement fut si spontané, si rapide, que les bourreaux ne purent l'empêcher ; Jean l'Enclume saisit Maclou par l'épaule et le lança contre les roches avec une telle violence que le crâne de l'enfant s'ouvrit sur les pierres aiguës, et qu'il resta sans mouvement, les mains croisées sur le cœur, les yeux clos, la tempe inondée de sang.

— Cher petit martyr ! murmura l'abbé Guéthenoc, Dieu veuille que tu ne paies pas ton héroïsme de ta vie.

Une nouvelle idée venait de germer dans la pensée des sans-culottes.

A l'angle du champ voisin, un amas de fagots se distinguait vaguement à la lueur indécise de la lanterne ; le Borgne tira de sa poche un silex et un briquet, plaça un morceau d'amadou sous son pouce et commença à frapper la pierre à fusil ; l'amadou s'enflamma, Trécor sauta dans le champ faisant face à la route, arracha une poignée de fougères sèches au fossé, l'enflamma, puis la jeta sous les fagots. Une fumée légère monta, bientôt suivie de gerbes d'étincelles ; enfin une flamme joyeuse et claire illumina le théâtre du crime. Les assassins redoublèrent de féroce gaieté ; grâce à l'idée de Trécor le Borgne, ils ne perdraient rien des angoisses et des frémissements de douleur qui passeraient sur le corps et la face du malheureux prêtre.

Jean l'Enclume tira une corde de sa poche, saisit les poignets du vieillard et les passa dans un nœud coulant.

L'extrémité de la corde fut lancée par dessus la plus forte branche du chêne ; Trécor et Kadoc tirant dessus de toutes leurs forces, on vit lentement s'élever la victime, qui resta suspendue entre le ciel et la terre.

A la lueur du feu qui flambait dans la prairie, on pouvait voir remuer les lèvres pâles du prêtre ; il priait en ce moment pour ses bourreaux.

Une main brutale arracha sa soutane et laissa demi-nue la poitrine du vieillard. Alors chacun des monstres qui s'acharnaient sur le martyr couvrit sa figure de crachats et fit une entaille à sa chair. Le sang coulait par vingt blessures dont pas une n'était mortelle.

L'abbé Guéthenoc priait toujours.

Il ne demandait point au Seigneur pourquoi il l'abandonnait aux mains de ses ennemis, mais il l'invoquait pour l'Église menacée, pour la nation égarée, pour tous ceux que le crime enivrait et frappait de vertige.

Kadoc, Trécor, les anciens forçats avaient atteint la cible vivante, sans arracher une plainte aux lèvres du mourant ; les bras, la poitrine disparaissaient sous les blessures, le torse ruisselait de sang, et toujours les couteaux, les poinçons, les alènes continuaient à trouer cette chair vivante.

Quand chacun des misérables eut fait une blessure sacrilège, les assassins se prirent par la main et formèrent une grande ronde sur la route, tandis qu'ils hurlaient en chœur :

> Dansons la carmagnole,
> Vive le son, vive le son,
> Chantons la carmagnole,
> Vive le son du canon.

En mêmetemps que s'achevait ce couplet ignoble, le feu de fagots s'éteignit.

— Bon, dit Kadoc, nous n'avons plus de bûcher.

— Qu'est-ce que cela fait ? répliqua Trécor, il y a longtemps qu'il est mort.

— Laissons-le pendu au chêne, ajouta Jean l'Enclume ; les partisans des prêtres et des aristocrates verront ce que c'est que la justice des bons patriotes !

— Et maintenant, fit Trécor, c'est le tour du curé de Saint-Hélen !

Les assassins prirent leur course en recommençant le couplet.

Bientôt le bruit des sabots ferrés se perdit dans l'éloignement ; les misérables avaient emporté le falot, et le reflet du brasier achevant de s'éteindre jetait à peine quelques lueurs fauves sur l'horrible drame dont ce coin de terre avait été le théâtre.

Le pauvre Maclou ne donnait point signe de vie ; sans doute, comme le disaient les sans-culottes, l'abbé Guéthenoc avait succombé à ses multiples blessures, car le corps à moitié drapé de noir pendait rigide à la corde roidie. Encore quelques instants et les brindilles embrasées des fagots allaient être réduites en cendres, et si un passant attardé traversait la route, il ne pourrait distinguer dans cette nuit profonde ni le cadavre immobile ni l'enfant ensanglanté étendu au pied des masses de granit.

Quelqu'un s'avance, sans bruit, en rampant le long des buissons ; ses pas s'étouffent sur le sol, et sans nul doute cette créature marche pieds nus. Elle inspecte la campagne du regard, et n'aperçoit rien d'abord au sein des ténèbres qui enveloppent le paysage ; mais tout à coup un caprice du vent pousse dans le brasier à demi éteint quelques brins de bois oubliés par le feu, la flamme jaillit, éclaire rapidement le rocher, le chêne et la route, et la créature qui se traîne le long des haies détend les bras d'horreur et pousse un grand cri.

— Vous avez permis ce crime ! dit-elle, mon Dieu, vous l'avez permis !

C'est Claudie ! Claudie qui, revenant de remplir sa mission de salut au presbytère de Saint-Hélen, a voulu savoir ce qu'était devenu l'abbé Guéthenoc, et entraînée par son cœur de femme et son zèle de chrétienne, elle n'a pas eu le courage de rentrer chez elle sans savoir ce qu'était devenu le vieil aumônier.

Claudie coupe des ronces, casse des branches, alimente le feu qui peut seul lui permettre de venir en aide aux victimes, puis elle gravit la roche et se trouve près du corps suspendu à la branche du grand chêne. Comment dénouer la corde ? la couper est imprudent ; si, par un miracle de la Providence l'abbé Guéthenoc n'était pas mort, il se fracasserait le crâne en tombant sur les pierres. Claudie est bien épuisée ; ce qu'elle fait dans cette nuit pleine de sang et de larmes elle l'accomplit grâce à une force que le Seigneur lui envoie. Comment pourrait-elle soulever les blocs de pierre, les dresser, en former des échelons, monter dessus, atteindre la branche de l'arbre, en détacher la corde, si une main puissante ne venait en aide à la faiblesse de ses membres. Elle réussit à remplir cette tâche difficile ; une fois en possession de la corde, elle la fait glisser lentement, doucement, jusqu'à ce que les pieds du prêtre viennent à effleurer le sol ; alors elle redouble de soins, et une mère ne coucherait pas plus mollement son enfant dans le berceau, que la Claudie n'étend le martyr sur la terre durcie par la gelée.

Mais combien est insuffisant ce résultat ! tandis que Claudie accomplit ce prodige, le feu s'éteint ; Claudie manque d'eau ; elle retombe dans la plus horrible des impuissances, celle de ne rien pouvoir pour le soulagement de ceux qui nous sont chers.

La malheureuse soulève le corps immobile par les épaules et le traîne jusqu'à l'endroit où les rochers forment une excavation naturelle, dans laquelle souvent les petits bergers cherchent un abri quand ils sont surpris par l'orage.

Brisée, anéantie, demi-morte, elle tombe plutôt qu'elle ne s'assied sur un quartier de roche, et cette prière s'échappe de ses lèvres avec un sanglot.

— Mon Dieu ! ne faites pas retomber sur mes enfants le sang innocent versé par leur père !

Elle redescend sur le chemin, enlève Maclou dans ses bras, l'emporte en trébuchant et le couche à côté de l'abbé Guéthenoc.

Cette tâche achevée, Claudie sembla perdre à son tour le sentiment de l'existence, le froid glace ses membres, le désespoir comprime son cœur, agenouillée sur les talons, le dos appuyé contre les roches, le regard perdu dans les ténèbres, elle tente de ressaisir à la fois sa pensée vacillante et les sensations de la vie. Quelque chose est mort en elle durant cette nuit d'épouvante. Est-ce son âme qui s'est brisée à jamais ou la flamme de sa pensée qui s'est éteinte? Elle ne sait, et ne cherche point à le définir. Elle comprend seulement qu'elle n'est plus la même et qu'une autre individualité remplace en elle la Claudie pâle, mais courageuse et résignée, qui subissait sans se plaindre les brutalités de Jean l'Enclume et s'obstinait à demeurer dans la maison dont tant de fois on l'avait chassée, par respect pour le saint joug du mariage sous lequel elle avait courbé la tête.

Lentement les ténèbres devinrent moins épaisses, une transparence grisâtre précéda le crépuscule matinal, l'aube se leva terne, mais répandant assez de clartés pour qu'il fut possible à Claudie de distinguer les deux blessés.

Ils reposaient dans une immobilité cadavérique ; le visage du prêtre et celui de Maclou étaient complètement exsangues; Claudie avait croisé la soutane de l'abbé Guéthenoc sur sa poitrine pour ne plus voir ses horribles blessures.

Que faire? à qui s'adresser? courir chez le docteur Sérénaud était imprudent et prématuré. Cependant Claudie ne pouvait laisser les martyrs sans secours. Elle se souvint qu'à un quart de lieue une famille de pauvres paysans habitait une ferme misérable. Il était trop matin pour que Claudie redoutât beaucoup la curiosité des passants ; elle cacha du mieux qu'elle put l'excavation de roches, puis prenant en main un de ses sabots et courant sur ses pieds nus crevassés, elle arriva chez Mélaine sans souffle et toute pareille à un fantôme.

La femme accroupie devant le feu soufflait avec sa bouche sur des bûchettes de bois vert qui emplissaient la salle de fumée et lui brûlaient les yeux.

— Du feu ! dit Claudie en tendant son sabot, du feu !

La femme se recula, sourit à Claudie, car elle aimait la femme du forgeron, puis elle resta interdite en remarquant l'expression égarée du visage de la jeune femme.

— Prenez, dit Julienne, la maison est à vous.

Claudie remplit à moitié son sabot de cendres chaudes, plaça sur ce lit des charbons allumés, prit un poêlon de terre, dit d'une voix faible : « Dieu vous bénisse ! » et reprit sa course vers la grotte.

Elle cassa la glace formée sur une flaque d'eau, la fit fondre dans le poêlon, ensuite agenouillée près de l'abbé Guéthenoc elle lava son visage souillé, sa poitrine lacérée. Aucune de ces blessures n'était heureusement profonde ; leur nombre et le sang qui en avait coulé pouvaient faire croire à la mort du généreux vieillard, mais Claudie crut sentir battre le cœur sous la main qui l'interrogeait. Un soupir faible comme un souffle passa sur les lèvres du prêtre, ses paupières battirent, se soulevèrent, et son regard interrogea.

— Dieu soit loué ! murmura Claudie, Dieu soit loué !

Elle déchira son mouchoir de cotonnade, en fit des compresses, des bandages, et entendit la faible voix de l'abbé Guéthenoc demander :

— La custode ? Claudie, la custode ?

La première pensée du martyr était pour son Dieu.

D'un geste lent, Claudie désigna Maclou qui semblait dormir. Ses mains étaient croisées sur son cœur, lui aussi, même dans la mort, défendait le dépôt sacré qu'on lui avait remis.

Au bout d'un quart d'heure, le petit gars ranimé par les soins de Claudic se souleva sur le côté :

— Je souffre bien, dit-il, mais l'hostie n'a pas été profanée.

Alors seulement il reconnut l'abbé Guéthenoc.

— Mon père, dit-il, est-ce que nous allons mourir ?

— Nous sommes dans les mains de Dieu, mon enfant... regretterais-tu beaucoup la vie...

— Oh ! Monsieur l'abbé, je regretterais une seule chose, c'est de ne plus pouvoir remplir l'office d'enfant de chœur comme je faisais à Saint-Hélen... Quand j'avais ma robe rouge, mon aube de dentelle et que je balançais l'encensoir, il me semblait que je me rapprochais des anges prosternés de chaque côté du tabernacle...

— Mais si tu meurs, Maclou, tu iras en paradis, et le Seigneur te vêtira d'un manteau lumineux comme une étoile, et tu balanceras sans fin une palme d'or devant le trône de la Vierge Marie...

— Alors, je veux bien mourir... murmura l'enfant, dont un sourire céleste illumina le visage.

Les rougeurs de la fièvre remplaçaient sur ses joues une pâleur morbide, il ne souffrait pas beaucoup de sa blessure et il croyait mieux comprendre à cette heure les choses du ciel qu'il ne le faisait autrefois. Il ne parlait point de la scène de la nuit et ne paraissait pas se souvenir du nom de ses bourreaux ; tandis que l'abbé Guéthenoc restait plongé dans une sorte de torpeur, Maclou commentant les promesses faites par l'aumônier parlait du ciel qu'il voyait s'entr'ouvrir pour lui. Il ne semblait point se douter qu'il eut accompli un acte héroïque; de temps en temps seulement il répétait :

— Monsieur l'abbé, ferai-je ma première communion au paradis ?

Le jour était tout à fait grand. Il y avait pe 7 Claudie

et même pour ses protégés un danger à ce qu'elle passât trop de temps près des blessés.

— Je reviendrai, dit-elle, ou j'enverrai la Fileuse ; je reviendrai avec les enfants... La maison est maudite, nous n'y dormirons plus jamais...

Et tandis qu'elle s'éloignait, elle répétait d'une voix monotone :

— Jamais ! jamais !

Ses jambes ployaient, elle haletait ; son cœur lui semblait trop gros dans sa poitrine brûlante ; sa respiration sifflait. Elle allait toujours ; parfois à demi vaincue par la fatigue et la souffrance, elle s'accotait contre un arbre, restait un moment immobile, puis se reprenait à marcher. Quand elle aperçut sa maison, la terreur la saisit et tous ses membres tremblèrent. Aucune fumée ne sortant du toit, elle pensa que Jean n'était pas encore rentré, et elle s'en réjouit.

Alors elle pressa le pas et franchit le seuil de la porte...

Jean l'Enclume était couché en avant du fourneau éteint couvert de charbons, noircis le misérable dormait comme une brute avec des ronflements sonores.

Ses habits gardaient des maculatures brunes, et ses mains des marques noires de charbon et d'incendie. Etendu sur le dos, la poitrine élargie, la face tournée vers les solives du plafond, il représentait dans toute sa brutalité le type du tortionnaire au moyen âge. Claudie, debout, le regardait. Quoi ! c'était là le compagnon de sa jeunesse, l'homme à qui devant Dieu elle avait remis sa vie tandis qu'il acceptait le soin de la défendre et de l'aimer ? Elle eut horreur de lui et presque d'elle-même. Certes elle ne se souvenait plus d'avoir été battue cruellement et traitée plus mal qu'une mercenaire dans sa propre maison ; elle pardonnait personnellement ce qu'elle avait enduré avec une patience surhumaine. La femme ne secouait pas le joug ; la chrétienne, frappée dans sa foi, s'éloignait d'une demeure désormais maudite.

Claudie passa dans la chambre des enfants : tous trois dormaient ; leurs visages conservaient le reflet d'une radieuse innocence ; leurs bras s'enlaçaient, leurs fronts s'étaient rapprochés dans le sommeil.

L'un après l'autre, Claudie les éveilla, les couvrant de baisers et leur recommandant le silence ; elle les habilla rapidement, et de temps en temps de grosses larmes roulaient de ses yeux sur leurs fronts. Ils la regardaient étonnés ; leurs prunelles bleues trahissaient des questions qu'ils n'osaient adresser à leur mère éplorée, et parfois une larme tremblait aux bords de leurs cils. Quand elle les vit tous trois vêtus, les cheveux en ordre, elle prit les deux petits garçons par la main, remit entre les bras de Françoise la statuette de faïence représentant la vierge Marie, puis traversant la salle pour gagner l'atelier, de nouveau elle s'arrêta devant le forgeron :

— Jean ! dit-elle d'une voix rauque de pleurs, je ne toucherai plus ta main rougie du sang des prêtres... Je ne dormirai plus sous ton toit souillé par le sacrilège... Adieu, Jean, pour jamais ! pour jamais adieu !

Et franchissant avec les enfants le seuil du mari qu'elle laissait plongé dans l'ivresse du sang et du vin, Claudie s'en alla sans détourner la tête.

Les enfants avaient l'intuition qu'un événement grave se passait dans leur vie ; cependant ils ne questionnèrent point leur mère : elle restait, rien ne pouvait leur faire défaut. Le père se montrait pour eux si exigeant et si dur qu'ils ne songeaient point à le regretter ; l'idée de ne plus voir son rude visage les soulageait loin de les affliger ; seulement ils avaient froid et soufflaient dans leurs doigts tout en courant sur la glace.

Pendant ses longues courses à travers la campagne, Claudie avait perdu sa coiffe de toile blanche ; ses cheveux dénoués flottaient sur son dos, et elle s'en allait pleurant sous ce voile, en murmurant parfois d'une voix éteinte :

— Je ne pouvais pas laisser mes chéris dans la maison maudite, non, je ne le pouvais pas...

La malheureuse femme était trop vivement oppressée par la douleur, trop préoccupée du salut de ceux dont elle avait pris la charge, pour prêter attention aux passants qu'elle rencontrait sur la route. Elle se recula donc instinctivement en sentant une main se poser sur son épaule, et tenta d'échapper à cette étreinte sans même regarder la personne qui essayait de l'arrêter.

— J'emmène les chéris ! dit-elle d'une voix monotone... Nous emportons la Notre-Dame pleine de grâces... Il nous faut aller vite, bien vite...

— Claudie ! ne me reconnais-tu pas ? demanda une voix amie.

— La Fileuse ! s'écria Claudie en s'arrêtant et en écartant ses longs cheveux collés sur son visage livide.

— Tu n'as rien à m'apprendre, dit la Fileuse, les mauvais gars ont parlé... On a bu toute la nuit au cabaret de Corentin la Fumade... Kadoc l'Encorné s'est vanté d'avoir troué la poitrine de l'ancien confesseur de la marquise de Coëtquen, et le presbytère de Saint-Hélen a été pillé, puis incendié par les misérables...Seulement le recteur, averti par une sainte créature, était parvenu à se mettre à l'abri...

— Un crime de moins, murmura Claudie ; Dieu vous envoie, venez, Jeanne, venez ! il me faut l'aide de votre science et de votre amitié.

La vieille femme prit le bras de Claudie et l'appuya sur son épaule, pour empêcher la malheureuse créature de défaillir.

— Je le disais à Patira et à l'Enfant-Bleu, murmura-t-elle... le sang et la flamme sont proches... les sabots des chevaux seront tout rouges, et la Rance roulera des cadavres... Voici venir le temps d'abomination ! On chassera Dieu de ses églises et les nobles de leurs châteaux... mais malheur à ceux par qui s'accomplissent ces choses, malheur à qui se fera meurtrier et sacrilége...

— J'emmène les chéris ! répéta Claudie d'une voix dolente.

Son esprit paraissait habiter un monde à part, rempli d'angoisses et de crainte. Elle marchait, mais une sorte d'inconscience se trahissait dans sa démarche. Quand elle fut arrivée à l'amas de roches, elle le désigna du doigt à la Fileuse, et pressa le pas ; les enfants la précédaient en se tenant tous trois par la main.

Claudie arracha les fagots d'épines et la grosse pierre qui fermaient la caverne, puis elle s'effaça pour laisser entrer Jeanne la Fileuse.

Celle-ci se signa comme on fait en pénétrant dans une chambre mortuaire.

Les deux blessés étendus côte à côte s'étaient un peu soulevés ; leur dos s'appuyait contre les roches et l'on pouvait reconnaître leurs visages pâles éclairés par leurs prunelles fiévreuses.

Le prêtre priait, ses lèvres s'agitaient doucement ; l'enfant restait immobile, les mains croisées sur sa poitrine.

La Fileuse fouilla dans le bissac dont un bout gonflé tombait sur sa maigre échine, elle en tira un pot d'onguent dont elle frotta les blessures du prêtre, puis la tempe à demi brisée du petit gars ; ensuite elle s'accroupit sur ses talons, tandis que Gwen, Noll et Françoise se blottissaient dans l'angle le plus obscur.

— Monsieur l'abbé, dit Maclou d'une voix tranquille à laquelle la douleur imprimait à peine un tremblement fiévreux, il me semble que j'entends les chœurs célestes, loin, bien loin... Ils s'approchent... devant mes yeux je vois flotter des ailes d'or et des tuniques d'azur, sûrement, les anges viennent quérir une âme !... Seigneur Jésus ! ajouta-t-il avec l'expression d'un ineffable regret, j'aurais bien voulu recevoir sur la terre Celui que j'ai défendu de toute profanation...

Claudie cacha son front dans ses mains, la Fileuse secoua sa tête blanche.

Les trois enfants se serrèrent plus près les uns contre les autres, effarés à la vue du sang et des blessures.

L'abbé Guéthenoc venait de faire un effort héroïque pour se relever à demi.

— Jeanne, dit-il, avez-vous un lambeau de toile blanche, un cierge, une résine ?

La mendiante fouilla dans son bissac et y trouva ce que le prêtre demandait.

— Allumez la résine, dit-il, étendez le linge blanc sur une pierre, et mettez-vous à genoux pour demander à Dieu de recevoir une âme qui s'envole.

Puis se penchant vers Maclou :

— Fais le signe de la croix, dit-il, et confesse tes péchés, afin d'avoir la robe d'innocence quand tu paraîtras devant le Sauveur du monde.

— Je ne sais pas si j'ai péché, reprit Maclou, j'ai prié tous les jours, donné aux pauvres la moitié de mon pain, et j'ai trouvé une grande joie à me rendre dans l'église pour répondre aux saints offices... Je ne comprenais pas le latin, mais le Seigneur lisait dans mon âme... Que le souffle du Sauveur la vanne comme le vanneur chasse la paille et conserve le froment !

— Tu voudrais cependant avoir vécu avec une ferveur plus grande et t'être montré plus digne de l'amour du divin Maître ?

— Oui, oh ! oui, répondit Maclou, car je l'aime par dessus toute chose.

— Eh bien ! mon enfant, formule dans ton âme un acte d'adoration, de confiance, d'amour suprême... l'ami des enfants va se donner à toi, et de la main d'un mourant tu vas recevoir le pain de la vie...

Le petit gars comprit, son beau visage rayonna, il porta la main à son cou pour en détacher la chaîne supportant la custode, puis il plia un genoux sous lui, et les mains tendues vers l'abbé Guéthenoc, il parut attendre du martyr le don de la vie éternelle.

Le prêtre se redressa, saisit la boîte d'argent, l'ouvrit, traça dans l'air le signe de la rédemption, et Maclou commença le *Confiteor*.

Sa respiration était courte, oppressée, il semblait incrusté dans la roche qui lui servait d'appui, et ne parvenait à se tenir agenouillé que par un miracle de volonté fervente.

Quel spectacle présentait alors la grotte au chêne : un prêtre criblé de blessures, un enfant mourant, des innocents tremblants de respect ; deux femmes dont le visage ruisselait de larmes, et au-dessus de ces misères, de ces angoisses, de ces langueurs, l'hostie rayonnante, d'où s'échappait une lumière vivante dont le chrétien sent le pouvoir quand son regard rempli d'adoration se fixe sur le pain changé en la chair du Christ.

— Je ne suis pas digne ! je ne suis pas digne ! murmurait l'enfant.

Mais en même temps que s'échappait de ses lèvres l'aveu de son humilité, l'expression d'un désir surhumain transfigurait son pâle visage.

Une moitié de l'hostie divine que le prêtre venait de briser parut s'échapper des doigts tremblants du martyr pour reposer sur la bouche décolorée de l'enfant...

Maclou posa ses deux mains sur son cœur qu'un battement d'amour semblait faire éclater, puis une paix céleste s'étendit sur sa figure pâle, il ferma les yeux, et resta absorbé dans le sentiment de sa joie.

L'abbé Guéthenoc prit à son tour le viatique du dernier voyage et le grand silence de l'adoration régna dans la caverne qui la veille avait été témoin d'un sanglant sacrilége.

Maclou rompit le premier le silence :

— Les voilà, monsieur l'abbé, dit-il, les voilà !... j'entends les chants de joie, je vois les anges agitant des palmes... une couronne est prête pour le pauvre petit enfant de chœur de Saint-Hélen...

Il tendit les bras, poussa un soupir d'allégresse et retomba.

Une nouvelle âme venait de monter au ciel.

Durant la nuit suivante Mélaine et son frère vinrent prendre l'abbé Guéthenoc que l'on transporta à l'aide d'une civière dans le fenil des pauvres gens ; la fosse de Maclou fut creusée dans la grotte, on la couvrit de pierres placées en forme de croix et nul ne sut hors la Fileuse et Claudie ce qu'était devenu le pauvre petit gars.

VII

LE CITOYEN BRUTUS

Neuf heures du soir sonnaient à la grosse horloge, quand une voiture attelée de deux chevaux surmenés s'arrêta devant la porte de l'hôtel de ville de Dinan. Trois hommes en descendirent. Ils étaient uniformément vêtus de carmagnoles brunes et de bonnets phrygiens. Le plus âgé sauta lestement à terre, les deux autres le suivirent ; ils semblaient éprouver une déférence voisine de la servilité pour le premier des voyageurs qui, après avoir quitté la berline, heurta bruyamment à une porte massive.

Un vieillard ensommeillé vint ouvrir.

En apercevant les trois personnages, il se découvrit :

— Pardon, citoyens, dit-il, je ne vous attendais plus, et...

— Cela suffit, passe devant, éclaire l'escalier et conduis-nous aux chambres qui nous ont été préparées, dit celui des voyageurs devant lequel les autres s'inclinaient. Le concierge plia l'échine.

— Veuillez me suivre, citoyens, veuillez me suivre...

— Comment te nommes-tu ? demanda l'homme aux cheveux blancs.

— Isidore Blaireau.

— Il n'y a plus d'Isidore ; tâche d'oublier les superstitions du calendrier... Blaireau suffit.

— Cela suffit en effet, répondit humblement le concierge.

Il s'arrêta sur un large palier, ouvrit une porte à double battant, et murmura de sa voix obséquieuse :

— Certainement, j'ai fait de mon mieux, citoyen.

Le voyageur inspecta la chambre du regard, puis se retourna vers Blaireau pour lui demander d'un air qui glaça le concierge d'épouvante :

— Serais-tu aristocrate ou ami des aristocrates, par hasard ?

— Moi ! aristocrate ? un Blaireau... je croyais que mon zèle...

— Ton zèle est du moins imprudent... Que signifient ces courtines de soie, ces fauteuils, ces canapés destinés à la mollesse... Des républicains purs aiment la simplicité spartiate, un lit de paille, un repas frugal, une carmagnole de bure, il n'en faut pas davantage à un fils de la République. Ainsi, demain, tu m'entends...

— Oui, citoyen... répondit Blaireau.

— Nous avons faim, sers-nous un ambigu : du pain, du fromage, du cidre... l'ordinaire du peuple.

Blaireau salua jusqu'à terre, descendit, puis remonta en apportant un plateau, ensuite se tint debout dans l'attitude d'un valet qui s'apprête à servir ses maîtres.

— Nous n'avons pas besoin de toi, Blaireau, le temps des esclaves est passé, il ne nous faut pas même d'officieux.

Le concierge disparut sans se faire répéter l'ordre du voyageur, il commençait à se sentir très-impressionné par la simplicité spartiate.

— Assieds-toi, Scévola, dit l'homme à cheveux blancs ; prends une chaise, Annibal, et tout en mangeant parlons affaires ; les intérêts de la République ne souffrent aucun retard.

— Nous sommes à vos ordres, citoyen Brutus, répondirent à l'unisson les deux satellites.

L'individu qui portait le nom de Scévola était d'une taille très-haute et d'une maigreur invraisemblable. Le dos étroit, les flancs vides, les jambes grêles, flottaient dans des vêtements qui paraissaient moins le vêtir que les environner. Ses bras atteignaient des proportions gigantesques ; sa petite tête pointue oscillait sur un cou de cigogne avec un mouvement continu semblable à un tic nerveux. On eût dit parfois que cette tête falote avait le dessein de quitter les épaules sur lesquelles elle paraissait vissée. L'expression lugubre du visage de Scévola répondait à l'ensemble de sa personne ; les yeux clignotant entre des paupières rougies luisaient par intervalle et s'emplissaient d'étincelles comme ceux des félins ; les narines minces se serraient contre un nez crochu descendant vers le menton avec un roide brusquage, le front coupé, sillonné, lozangé de rides, se fronçait comme ceux des tigres ; la bouche semblait ouverte d'un coup de sabre ; elle manquait de lèvres, mais elle laissait découvertes, deux rangées de dents longues, espacées, horribles. Scévola ne riait jamais, on ne se souvenait pas même de l'avoir vu sourire. En dehors du pincement des narines, du froncement du front et de l'expression plus ou moins brillante de sa prunelle orangée, il gardait un masque grave, impassible.

Annibal, son compagnon, ne lui ressemblait en rien. Petit, replet, rougeaud, remuant, il paraissait la vivante expression du rire. On comprenait, en le voyant, qu'il devait aimer les longs sommeils, la bonne chère, les siestes prolongées, les habits chauds, les savons fins, les essences. C'était un épicurien égaré dans une époque où il devenait nécessaire d'affecter au moins l'indifférence pour toutes les choses du luxe et du confort.

Ses cheveux flairant la pommade s'arrondissaient sur sa tête ronde; ses yeux bridés, relevés vers les tempes, aiguisaient l'ironie; sa bouche aux lèvres charnues paraissait faite pour les larges verres, les mots succulents et les éclats de rire interminables. Ses mains grasses, trouées de fossettes, se joignaient avec peine sur son ventre rebondi; ses pieds, correctement chaussés de bas chinés et de souliers à boucles d'argent, paraissaient tourmentés d'une fantaisie de tarentule.

Tandis que Scévola courbait le dos, Annibal redressait sa petite taille; la voix de Scévola s'éteignait dans un murmure indistinct, celle d'Annibal éclatait en fusées de gaieté.

Le citoyen Brutus, qui venait d'inviter ses acolytes à partager son frugal souper, en faisait un cas semblable, c'est-à-dire qu'il les méprisait également.

Brutus but le demi-verre de vin qu'il s'était versé, puis il dit tout en mangeant un morceau de fromage et du pain bis :

— Dès demain vous vous mettrez à l'œuvre et vous vous partagerez la besogne; toi, Scévola, tu t'occuperas uniquement des couvents, des cures et des prêtres.... Il faut avant huit jours qu'il ne reste pas dans les environs vestige des vieilles superstitions dont la Bretagne est infectée... Tout ecclésiastique qui refusera le serment constitutionnel sera reconnu comme un ennemi de la nation, et arrêté préventivement. Les vœux perpétuels étant abolis, on ouvrira les portes des couvents d'hommes et de femmes; il faudra peu de temps pour te renseigner, Scévola, et moins encore pour remplir ton mandat.

— Compte sur mon zèle, citoyen Brutus, répondit Scévola d'une voix lamentable; puis avalant coup sur coup deux verres de vin de Bordeaux, il parut se plonger dans une méditation profonde.

Brutus se retourna vers Annibal qui jouait avec son couteau.

— Ta tâche sera moins aisée, dit-il ; tu devras organiser une police afin de surveiller chacun des châteaux environnants ; ils sont nombreux, et dans ce pays, où l'on ne sépare pas le trône de l'autel, il faudra déployer beaucoup de finesse pour débrouiller l'écheveau des agissements des gentilshommes en faveur du roi. J'ai de graves raisons de penser qu'un complot s'organise pour le salut de Louis XVI et du dauphin... Je te remettrai une dénonciation adressée au comité nantais... elle est trop vague pour servir de base à des arrestations immédiates, nous nous exposerions à ne saisir que le chef, l'âme du complot, et je le connais, il monterait à l'échafaud sans rien révéler. Le chevalier de Prémorvan est un des hommes dont le caractère a le brillant et la pureté d'une lame d'épée... Surveille-le ainsi que sa fille Alix... Un groupe de femmes fait dans le pays la propagande royaliste... Jusqu'à voir, ni bruit, ni scandale, il faut procéder lentement, doucement... On obtient plus de secrets par la délation que par la violence... Il suffira d'afficher la promesse de récompenser magnifiquement les amis de la Nation qui nous dévoileront les complots des aristocrates pour les voir venir à nous. Si par exception ce moyen ne réussissait pas, nous aurions recours à la menace... Voici une carte du pays dessinée par moi, pointée par moi...

Annibal repoussa son assiette, passa sa langue sur ses lèvres, et se pencha vers le citoyen Brutus.

Celui-ci venait de déployer une carte grossièrement coloriée, illustrée à certains endroits d'un informe dessin représentant l'apparence d'un manoir.

— Voici le château du marquis de l'Argentaie, caché au milieu des bois qui baignent leurs pieds dans l'Arguenon ; on y tient de temps en temps des réunions royalistes... Un coup de filet savamment lancé pourrait amener une belle pêche... Tu surveilleras le manoir de Monchoix, propriété des de Bédée, fanatiques du roi, prêts à se faire tuer à son service, et suspectés de cacher des prêtres dans le château et dans les fermes avoisinantes. Partout où tu vois une tour nichent des oiseaux bons à prendre... Informe-toi, surveille, questionne... je ne veux pas de maladresse... Il me faut des listes de conspirateurs, mais je ne commencerai point par faire de fouilles qui resteraient sans résultat... Regarde bien ces tourelles, maintenant ; j'ai tracé une croix rouge sur l'une d'elles... n'entre pas là, n'approche pas même de cette demeure seigneuriale... elle est marquée pour le fer et le feu, mais je me la réserve...

— Ce château se nomme ? demanda le petit homme joufflu.

— Le château de Coëtquen, répondit Brutus dont un frisson subit secoua les épaules.

Puis, comme si ce nom eût remué en lui trop de souvenirs et de haine, il se leva brusquement.

— Le comité dinanais doit être organisé demain, dit-il, et la justice y fonctionnera sans retard. Savez-vous que vous cessez d'être des hommes du jour où la Nation vous charge de punir... Il n'existe devant elle ni enfants ni vieillards. Elle n'excuse jamais, elle frappe ; ceux qu'elle ne fauche pas, elle les atteint de son anathème en les mettant hors la loi... un mot qui pèse autant que le couperet... Hors la loi les aristocrates qui ont quitté le sol français... hors la loi les filles, mères et sœurs d'émigrés partageant les opinions des fugitifs... hors la loi le fils qui ne révèle pas le lieu de retraite du père, l'aïeul qui ne livre pas son petit-fils... les liens de la famille disparaissent devant les obligations de patriotisme... les fermiers convaincus ou même soupçonnés d'avoir donné asile à des prêtres ou des aristocrates seront déclarés ennemis de la République et traités comme tels. Quiconque ne livrera pas les fauteurs d'une conspiration sera considéré comme en faisant partie... La Nation restera inflexible pour ceux qui complotent sa ruine ! Mais en même temps qu'elle châtiera les criminels, elle se montrera prodigue de bienfaits envers ceux dont le dévouement lui sera prouvé. Les biens des émigrés deviendront le juste salaire de ceux qui les livreront à la justice du peuple, et celui qui se distinguera par son zèle a le droit d'aspirer aux premiers emplois de la République. Souvenez-vous de ces promesses si vous êtes ambitieux.

Annibal et Scévola se levèrent d'un même mouvement automatique, saisirent, l'un la liste des gentilshommes suspectés de comploter avec le chevalier de Prémorvan, l'autre la carte descriptive du pays.

— Bonne nuit ! citoyen Brutus, dirent-ils d'une seule voix.

Scévola balança son corps oscillant, en laissant retomber ses longs bras, Annibal arrondit les coudes, tourna ses pouces d'un air satisfait, redressa sa petite taille, et quitta la salle en sautillant.

A peine se trouva-t-il sur le seuil, qu'il se mit à fredonner :

Ah ! ça ira, ça ira, ça ira....

puis il sourit à Scévola et ouvrit prestement la porte de sa chambre.

— Diable ! fit-il, c'est moins confortable que chez le citoyen Brutus... Il faudra voir à améliorer mon intérieur d'abord, ma table ensuite... La République a du bon, pourvu que ce soit la république d'Athènes... Sparte, pouah ! ce n'est pas mon affaire... Commençons cependant par le brouet, nous aurons ensuite le temps d'effeuiller des roses dans nos coupes...

Et satisfait de la phrase qu'il venait d'arrondir, Annibal se dirigea vers son lit.

Pendant ce temps, le citoyen Brutus était demeuré seul.

A peine fut-il débarrassé de la présence de ses deux séides, qu'il lança loin de lui son bonnet rouge, et répéta d'une voix sourde :

— Enfin ! l'heure est venue...

Un feu sombre illumina son regard, une flamme rapide colora son visage, et ses lèvres frémirent en blêmissant. Puis tout-à-coup ses yeux reflétèrent une immense douleur, et il cria dans un sanglot :

— Rosette ! Rosette !

Pendant une partie de la nuit, il marcha dans sa chambre ; vers l'aube, il se jeta tout habillé sur les couvertures, et le premier rayon de soleil le trouva debout.

Un quart d'heure plus tard, assis à son bureau, il préparait une proclamation adressée aux habitants de Dinan.

Pendant ce temps, Annibal et Scévola se mettaient en campagne.

A cette époque, une partie des gentilshommes bretons étaient allés rejoindre les princes ; quelques autres, à la tête desquels se trouvait le chevalier de Prémorvan, conservant l'espoir de former dans le pays un parti royaliste assez puissant pour délivrer le roi, restaient dans leurs manoirs, afin d'organiser une légitime défense contre l'infâme pouvoir qui surgissait au milieu des massacres. Malgré son âge avancé, M. de Prémorvan déployait une énergie merveilleuse ; il préparait les réunions, formait les listes, divisait d'une façon régulière la petite armée de braves gens sur laquelle il pouvait compter. On se recrutait de paroisse en paroisse. On devait se reconnaître à une croix rouge sur laquelle s'épanouissait un lis d'argent. Alix de Prémorvan, Jacqueline de Guingamp, Havoise de la Houssaye, Aliette de Gouvello s'occupaient tout le jour à broder ces insignes, à franger les écharpes blanches des chefs, hélas! aussi à rouler les bandes, à effiler la charpie qui deviendrait nécessaire pour le pansement des blessés.

Les paysans mettaient avec enthousiasme leur croix au bas des listes de soulèvement et recevaient genoux en terre l'insigne bénite par un prêtre caché dans les fermes ou errant à travers la campagne.

Depuis que l'on interdisait aux paysans de faire baptiser leurs enfants par les pasteurs légitimes de leurs églises, depuis que la Révolution s'attaquait à Dieu, ils éprouvaient le besoin de lutter pour leurs croyances. La foi devenait d'autant plus vivace qu'elle était proscrite. On tentait d'enlever à ces âmes simples l'espérance du ciel, elles se trouvaient prêtes à tout pour le conquérir. La persécution a toujours enfanté plus de martyrs que d'apostats. Le sang versé ne fait germer que des palmes.

La possibilité d'une défense ne vint à l'esprit des Bretons qu'à l'heure où l'arbitraire ne prit plus même la peine de se déguiser. L'insurrection ne se levait point contre un gouvernement établi, mais seulement contre l'anarchie; le principe religieux et monarchique s'armait contre la licence. La Bretagne, comme le Poitou, comme l'Anjou, refusa de sanctionner des lois auxquelles elle ne participait pas, et qui renversaient d'un seul coup les systèmes de hiérarchie dont elle respectait la tradition. Elle se trouva subitement prête pour la bataille et pour le martyre, et l'on vit se reproduire dans la terre du granit et des chênes des scènes dignes des premiers siècles chrétiens.

Mais tandis que s'organisait la résistance, les comités révolutionnaires de Bretagne recevaient le mot d'ordre du club des Jacobins ; Paris vomissait sur la province les hommes chargés d'organiser le règne de la Terreur.

Jusqu'à ce moment, le pays de Dinan avait peu ressenti le contre-coup du bouleversement révolutionnaire ; les spoliations, les crimes commis, l'avaient été par des misérables qui s'arrogeaient droit de justice pour avoir droit de pillage. Les hordes qui traversaient les campagnes, menaçant, dévalisant, brûlant, n'étaient point encore en possession d'ordres directs. Le massacre ne fonctionnait pas d'une façon régulière et pour ainsi dire administrative. On tuait sommairement, on ne jugeait pas encore.

Le citoyen Brutus arrivait à Dinan chargé des pouvoirs d'un comité dont la férocité ne pouvait être dépassée, et qui devait approuver les exactions et les crimes commis au nom de la déesse Raison, de la liberté et de la fraternité des peuples.

Pendant les trois premiers jours qui suivirent son arrivée à Dinan, Brutus craignit ou dédaigna de se montrer dans la ville.

Annibal et Scévola affichèrent ses proclamations, recrutèrent les membres du comité chargé d'exercer ce qu'on appelait la justice. Les réunions avaient lieu le soir à l'hôtel de ville et se prolongeaient fort avant dans la nuit. On ne s'occupait pas seulement alors de préparer des ordonnances, de composer des discours dont les journaux et les mémoires du temps nous ont conservé le texte ; les membres du comité donnaient souvent audience aux misérables qui venaient chercher les trente deniers de la trahison. Des mendiants vendaient ceux qui les avaient nourris, des serviteurs trahissaient leurs maîtres. Le lucre obtenait ce que ne provoquait pas la conviction. Les journées de Scévola et d'Annibal étaient si remplies, que chaque soir il devenait indispensable de signer de nouveaux ordres d'arrestation.

Brutus au bout de trois jours commandait à une colonne de soldats prêts au pillage comme au meurtre. Cette bande était en grande partie formée de la troupe des mauvais gars ramassés le long du chemin par Jean l'Enclume ou bien enrôlés dans le cabaret de Corentin la Fumade.

Il n'y avait pas deux jours que le citoyen Brutus était arrivé à Dinan, quand Blaireau lui vint annoncer qu'une troupe de patriotes rassemblés sur la place du Champ attendait ses ordres.

— Qui la conduit ? demanda Brutus.

— Jean l'Enclume.

— Fais monter le forgeron, répondit Brutus.

Un moment après les marches de l'escalier résonnèrent sous les pas lourds du mari de Claudie et de ses deux lieutenants, Trécor le Borgne et Kadoc l'Encorné.

Jean l'Enclume porta la main à son bonnet rouge, et commença :

— Citoyen Brutus...

Puis fixant ses prunelles ardentes sur le délégué du comité nantais, il murmura :

— Simon, je ne me trompe pas, c'est Simon !

— Oui, répliqua l'ami des Jacobins, Simon qui vient exercer ici une mission terrible ; Simon qui, fidèle à son serment, accourt où l'appelle sa vengeance.

Jean l'Enclume prononça d'une façon interrogative ce seul mot :

— Coëtquen ?

— Tu l'as dit ! répéta Simon, Coëtquen ! depuis cinq

ans ce château maudit m'attire comme un aimant.... Si la Révolution n'était pas faite je la fomenterais. J'ai traversé un monde pour parvenir jusqu'ici... Il m'a fallu imposer silence à toutes mes idées, épouser celles d'autrui, mentir et me courber pour arriver au point où je me trouve et devenir ce que je suis ! J'avais juré que les maîtres de Coëtquen me reverraient et nous allons nous trouver face à face.... Je ne te demande pas pourquoi tu as recruté une troupe de va-nu-pieds.

— Je hais les moines et les prêtres comme tu hais les nobles...

— Je sais, dit Brutus, on m'a conté que l'abbé Guéthenoc...

— Il avait refusé de prêter serment, répondit Jean l'Enclume.

— Combien as-tu d'hommes ?
— Une centaine.
— Armés?
— A peu près... les uns possèdent un coutelas, les autres un merlin, celui-ci une faucille, celui-là un bâton; beaucoup portent des faux emmanchées à l'envers... Mais tous gardent au cœur la haine contre ceux qui possèdent. Qui dit liberté dit pillage, donne-leur le pillage et le pardon des peccadilles du passé, et tu les conquerras tous à la République.

— Pour le moment, dit Brutus, je puis me servir de toi en qualité de recruteur seulement ; pendant quelques jours, tes hommes resteront forcément dans l'inaction ; il faut jeter le filet avant d'attirer le poisson sur l'herbe. Enrôle sous les drapeaux de la République tous ceux qui veulent assouvir leurs passions et satisfaire leurs haines. La Révolution est bonne fille, elle fermera les yeux sur les antécédents de ceux qui se dévoueront à son service. Il me faut plus de deux cents hommes d'ici à huit jours.

Jusque-là j'interdis les visites domiciliaires sans ordres, les pillages de fermes ou de châteaux. Nul n'agira sans mes ordres. Chaque soir les amis de la Révolution qui croiront devoir révéler certains détails sur les habitants du pays seront reçus par Scévola et Annibal, mes secrétaires ; on soldera chaque déclaration suivant sa valeur, et une part proportionnelle sera mise en réserve sur les objets saisis ou les propriétés, en faveur de ceux qui auront aidé à la capture des rebelles placés hors la loi.

— Et l'affaire de Coëtquen ? demanda Jean l'Enclume.

— Plus tard, répondit Brutus, plus tard.

Une flamme de convoitise passa dans les yeux de Jean l'Enclume, tandis que Brutus souriait.

— Reviens dans trois jours, reprit l'envoyé du comité nantais.

— Dans trois jours, répondit le mari de Claudie.

Un moment après Brutus se trouvait seul de nouveau, et reprenait la composition des discours qu'il avait l'intention de prononcer, et des lettres qu'il comptait adresser à Robespierre.

Pendant les trois jours suivants, il fit afficher des proclamations, des avertissements, mais il resta obstinément enfermé dans la salle de l'hôtel de ville, qui lui servait de cabinet de travail.

L'heure du dîner réunissait près de lui Scévola et Annibal. Le premier lui parlait d'un air lugubre du mauvais esprit animant la population du pays ; de l'amour des paysans pour leurs prêtres, des superstitions des gens des campagnes qui menaçaient de leurs fourches et de leurs bâtons ceux qui jetaient des pierres aux croix des chemins.

— Par ma foi, citoyen Brutus, ajoutait Annibal en

éclatant de rire, et en frottant la paume de ses mains, le spectacle que j'ai vu tantôt était la chose la plus bouffonne en ce genre, dont il m'ait été donné d'être témoin; j'ai rencontré sur ma route une femme en haillons, pieds nus, traînant deux enfants accrochés à ses jupes, et portant dans ses bras le plus petit qui tremblait la fièvre ; elle parlait tout haut en marchant, et j'ai compris qu'elle récitait des prières. Arrivée devant le grand calvaire, elle s'est agenouillée, et les bras étendus en croix, elle a recommencé ses oraisons.... Naturellement après avoir ri de sa folie superstitieuse, j'ai voulu savoir qui elle était, et pourquoi elle récitait ainsi des *oremus* tout le long de sa route... Elle m'a regardé de ses grands yeux un peu hagards, et m'a répondu d'une voix douce :

— Je demande au bon Dieu de ne pas faire retomber sur la tête de ces innocentes créatures le sang de l'abbé Guéthenoc et du petit gars Maclou.

— Comment t'appelles-tu ? ai-je repris.

— Claudie.

— Et ton mari ?

Elle a baissé la tête en murmurant :

— Jean l'Enclume.

— Un fier patriote ! et qui doit mal s'accommoder de tes momeries.

— Il m'a chassée, et je prie pour lui.

Alors sans plus faire attention à moi que si j'avais disparu, elle a repris ses patenôtres. J'allais peut-être vous la faire amener en raison du scandale causé par sa conduite, mais une pauvresse vieille comme les Parques s'est dressée devant moi :

— Claudie est folle ! m'a-t-elle dit, bien folle !

C'était vraiment drôle ! si drôle que je ris encore en y songeant !

— Oui, Claudie est folle, répéta Brutus ; d'ailleurs son mari nous rend des services, laissez-la en paix, elle et ses enfants.

Brutus vit dans son souvenir la maison de la forge blanche sous les pampres verts, et Claudie toute jeune promenant dans l'enclos son premier-né ; il se rappela qu'un être qui lui avait été bien cher, le seul qu'il eut aimé, s'intéressait à cette jeune femme pâle, et il poussa un profond soupir.

Après le repas, Scévola et Annibal se retiraient dans une pièce exiguë, mal éclairée, dont la porte basse s'ouvrait de temps à autre pour laisser passer un homme au regard faux, à l'allure craintive. Il se glissait près de la table couverte de papiers, et debout, à voix basse comme s'il avait peur au son de sa propre voix, il parlait plus ou moins longtemps, racontant, commentant des faits, citant des noms, courbant le front sous le poids de son infamie, et tendant la main pour recevoir le prix de sa délation.

Tandis qu'il parlait Scévola écoutait, dirigeait l'interrogatoire, complétant les délations, amenant le misérable sur un terrain nouveau ; Annibal écrivait à mesure ; on ne demandait point sa signature à l'espion, il donnait son nom et quittait la salle par une porte dérobée, pour être remplacé par un nouveau traître.

Les dossiers grossissaient sur la table des secrétaires du citoyen Brutus, quand une femme dont le visage disparaissait presque complètement sous de grandes coiffes vint le second jour dans le cabinet où l'on préludait à tant de crimes atroces.

— Ce que j'ai à dire vaut cher, dit la femme d'une voix fausse dont elle s'efforça d'abaisser le diapason. Il ne s'agit pas cette fois de vous apprendre où se cache un émigré revenu de Coblentz, ni de livrer la cachette d'un prêtre qui refuse de prêter le serment constitutionnel... Je ne vous dis pas : je sais le nom d'un homme qui conspire contre la République, je viens vous offrir de vous mettre sur la voie d'un complot ayant tout simplement pour but d'enlever le Roi et la Reine et leurs enfants de la prison du Temple.

— On vient chaque jour nous révéler de prétendus complots, dit Scévola, et au moment de mettre la main sur les conspirateurs.... évanouis ! plus personne ! La République a fait des avances en pure perte... Donc, ma fille, donne des gages de ta sincérité si tu veux être payée, et n'oublie pas que se défier du gouvernement révolutionnaire est déjà un crime aux yeux de celui qui le représente.

— Je suis sûre de ce que j'avance, dit la femme ; ne me payez pas si vous voulez, je ne demande que les bijoux des aristocrates que vous allez prendre d'un coup de filet.

Annibal se mit à rire :

— Il faut encourager la bonne volonté, Scévola, que diable ! les femmes ont bien le droit d'aimer les bijoux... celle-ci est sans doute jeune et jolie quoiqu'il soit bien difficile d'en juger à cause du capuchon noir qui retombe sur sa figure... Allons, c'est convenu ! Scévola, un pur ! ferait prendre la Révolution et les comités républicains en horreur ! Moi j'aime la gaîté ! et les citoyennes ont le droit d'aimer les pierreries, puisque nous avons la faiblesse de chérir le vin vieux... parle, ma fille ! la République se montrera reconnaissante.

— Eh bien ! reprit la femme dont la voix s'étrangla dans la gorge, ce soir, à minuit, vous pourrez prendre les chefs du complot...

— Où cela ? demanda Scévola.

La femme eut un dernier tressaillement ; l'horreur de

son crime passa devant sa conscience ; elle fit un mouvement comme si elle songeait à s'enfuir.

Annibal lui prit le poignet.

On n'aurait jamais cru que les doigts fuselés et potelés de ce petit homme rond et rieur fussent doués d'une force semblable ; la femme étouffa un cri :

— Ma mignonne, lui dit Annibal dont les petits yeux bridés s'allumèrent, c'est trop et trop peu... Celui qui entre ici n'a pas le droit d'en sortir avant d'achever sa confession... Vous avez proposé un marché, nous l'avons accepté, exécutez-vous.

— Je renonce aux bijoux, dit la femme, je ne peux pas, non vraiment, je ne peux pas ! elle a toujours été si bonne pour moi...

— Alors elle vous pardonnera la démarche de ce soir, si elle l'apprend... mais soyez tranquille, elle ne l'apprendra pas... Nous unissons la discrétion à la douceur, chaque fois que cela est possible... et cela est presque toujours possible quand nous avons à faire à des gens intelligents... Avant de venir nous trouver on a eu soin d'abord de s'enquérir de la vérité des faits que l'on vient révéler, ensuite de s'assurer que l'on ne reculera point au dernier moment... Car voilà ce que nous ne souffrons point... une confidence commencée est une confidence faite... Mais si l'on entrait dans ce cabinet qui est en quelque sorte l'antichambre du sanctuaire de la justice pour railler les juges en leur faisant espérer des déclarations utiles au pays et que l'on refuserait ensuite de faire, sachez-le, ma mignonne, on ne sortirait point d'ici aussi facilement que l'on y est entré. Il y a derrière cette porte des soldats qui attendent nos ordres, et le château de Dinan n'est pas loin d'ici...

— Vous m'arrêteriez ? demanda la femme.
— Sur l'heure...

— Mon Dieu ! mon Dieu ! fit-elle.

— Il n'y a plus de Dieu, reprit Annibal qui retrouva son sourire, mais vous êtes troublée et il faut vous pardonner quelque chose.

Il ajouta en serrant son poignet à le briser :

— Les noms ! les noms ! sur l'heure.

La femme tomba sur les genoux et se mit à pleurer. Scévola se leva tout droit, marcha d'un pas automatique vers le fond de la salle, ouvrit une porte masquée et dit de sa voix sépulcrale :

— Deux hommes !

Au même instant deux soldats parurent.

La femme se releva, se pencha vers Annibal et dit d'une voix précipitée :

— Ce soir, à minuit, chez le chevalier de Prémorvan.

— Et allons donc ! fit Annibal en se frottant les mains, ce n'est pas plus difficile que cela... soyez tranquille, vous aurez les bijoux que vous convoitez.

La femme se retira en chancelant.

Quand elle eut disparu, Annibal poussa un grand éclat de rire.

— Enfin ! dit-il nous allons commencer à travailler sérieusement.

Un quart d'heure après, Brutus prévenu envoyait chercher vingt-cinq hommes, placés immédiatement sous la conduite d'Annibal.

Scévola préparait les pièces qui devaient être remises au gardien du château, et Brutus, l'esprit agité de mille sentiments divers, marchait dans sa chambre comme une bête fauve dans sa cage.

— Allons ! dit-il la lutte s'engage corps à corps... elle sera sanglante, terrible... Si j'en crois ce qui m'a été dit précédemment, avant peu la fière comtesse de Guingamp, madame de Tournemine, puis des jeunes filles que j'ai vues enfants, Aliette de Gouvello, Havoise de la Houssaye, seront en mon pouvoir... la fleur de la jeunesse et de la beauté bretonnes! Et dire que tout leur sang, quand je le ferais couler sur l'échafaud, ne pourrait me rendre cette enfant de seize ans que je pleure encore, que je pleurerai toujours! Est-ce que je pourrai être aimé désormais...? Quand je verrais le vieux Prémorvan sangloter sur le cadavre de sa petite-fille, qu'est-ce que cela me ferait? Rosette était plus belle encore, et plus douce et plus aimée, et j'ai perdu Rosette!

Brutus ne se coucha pas. L'aube se levait quand Annibal rentra accompagné par cinq soldats de l'escorte. Il monta immédiatement chez le représentant du pouvoir révolutionnaire:

— C'est fait! dit-il, les oiseaux sont en cage... la femme de chambre qui avait tenté de reculer s'est en somme fort bien acquittée de sa tâche... A vrai dire, nous n'avons pas eu grand mal... la maison une fois cernée, je suis entré par la porte ouverte à l'avance par notre alliée, et nous sommes tombés au milieu du conciliabule, juste au moment où l'on achevait de signer une liste. Je me suis précipité du côté de M. de Prémorvan pour la saisir, mais comprenant ma pensée, il s'est élancé du côté de la cheminée, a ouvert à deux mains les tisons ardents, sous lesquels il a placé les papiers, puis se tournant vers moi avec une tranquillité parfaite, et sans paraître sentir les horribles brûlures dont ses mains étaient couvertes, il m'a demandé:

— De quel droit violez-vous mon domaine?

— Vous êtes suspect, lui ai-je dit, de conspirer contre la République, et de travailler à rendre la liberté au tyran.

Il m'a regardé bien en face:

— Oui, je conspire, contre les bourreaux, pour les

martyrs, contre Robespierre et Marat pour le Roi, contre les sacrilèges pour mon Dieu !

Puis embrassant sa petite-fille qui venait de se jeter dans ses bras :

— Adieu, Alix, a-t-il dit.

Il fit deux pas pour se rapprocher de moi.

— Un instant ! ajoutai-je, tout le monde est suspect ici... nul ne sortira avant de m'avoir donné son nom.

Personne ne s'est fait prier ; chacun m'a dicté son nom en y ajoutant fièrement son titre... ces aristocrates ! Les femmes semblaient au moins aussi courageuses que les hommes... une surtout, la ci-devant comtesse Jacqueline de Guingamp...

— Je me souviens... murmura Brutus.

— La petite Havoise de la Houssaye prit sur une étagère un vieux livre et le cacha dans son corsage, puis elle s'enveloppa d'une mante en murmurant :

— Je remercie Dieu d'être orpheline.

Madame de Tournemine accepta le bras que lui offrait un vieillard, Aliette de Gouvello dont les parents ont émigré se rapprocha d'Havoise de la Houssaye... Il y avait en tout dix hommes et cinq femmes... J'ordonnai à celles-ci d'ôter leurs bijoux, puis les prenant à deux mains je les jetai dans la robe de Jacinthe, la femme qui les avait tous vendus.... la fille du ci-devant chevalier de Prémorvan détourna la tête avec dégoût... Je donnai le signal du départ... Le personnel des domestiques du maître de la maison était peu nombreux, mais il eut un moment l'idée de défendre Prémorvan.

— Pas de sang répandu pour moi, dit celui-ci, pas de sang.

Puis se tournant vers ses amis :

— Nous savions, Messieurs, ce que pouvait nous attirer notre dévouement à une sainte cause... Nul de vous ne regrette de s'y être consacré.

Il leva la main et cria :

— Vive le Roi !

Les hommes, les femmes, répétèrent après lui ce cri séditieux ; nos soldats entourèrent les prisonniers et nous nous mîmes en marche ; les femmes portaient des souliers de satin, et plus d'une perdit ses mules dans les chemins défoncés. Aucune ne se plaignit... Une sorte de gaieté régnait même entre ces personnes. On les a divisées en trois groupes et enfermées dans deux salles basses du château de Dinan... De drôles de gens, citoyen Brutus ; ils gardent la même placidité, la même politesse que s'ils se trouvaient encore dans leurs châteaux. J'ai rempli ma mission, le reste vous regarde.

Annibal se frotta de nouveau les mains.

— C'est bien, dit Brutus, l'expédition a été convenablement conduite.

Annibal, satisfait de l'éloge de Brutus, sourit et se retira.

L'envoyé du comité révolutionnaire s'assit et se mit à libeller une formule d'interrogatoires se terminant ainsi :

« 1º Est-il constant qu'il ait existé une conspiration contre la liberté du peuple français, conspiration ayant pour but d'arracher le Roi, la Reine et leurs enfants à la prison du Temple ; et pour résultat, d'allumer le feu de la guerre civile, en armant les citoyens les uns contre les autres, en les provoquant à la désobéissance à la loi, et à la révolte contre l'autorité légitime de la Représentation nationale ;

« 2º Les ci-devant chevalier de Prémorvan, Luc de Matignon, Jean de Bédée, Louis de Kervan et Malo de Sérak, Jacqueline de Guingamp, femme d'émigré, la ci-devant comtesse de Tournemine, Havoise de la Houssaye, Aliette de Gouvello, Alix de Prémorvan, sont-ils convaincus d'être auteurs ou complices de la dite conspiration ? »

— Allons ! dit Brutus, je n'ai perdu ni ma journée ni ma veille.

VIII

FACE A FACE

Le comte Florent s'occupait à ranger une panoplie composée d'armes ciselées, damasquinées dans tous les coins de l'Europe et de l'Asie. Là se trouvaient disposés dans un goût bizarre les sabres recourbés à lames bleuies de Damas, les kriss malais dont la pointe fut trempée dans le suc mortel de l'upas, les poignards tordus en flamme, les miséricordes du moyen âge, les stylets aiguisés en Italie, des machetes à large lame, solides à la main, et que le Mexicain garde à sa ceinture, les épées à large coquille, garantissant le poignet de leur manchette de fer ; les glaives d'une taille démesurée rappelant les Durandals et les Tisonias des preux. Le comte Florent passait une main caressante sur ces armes diverses, avant de les replacer sur le panneau tendu de velours rouge ; il les essayait, les maniait, les soulevait, jouait avec elles comme fait un jongleur avec des serpents. On eut dit qu'il se préparait à une lutte, et se demandait à l'avance lequel de ces couteaux, de ces glaives, de ces stylets, irait le mieux à sa main, et trouerait le plus grand nombre de poitrines.

Tout à coup la porte de sa petite salle s'ouvrit avec violence, et François, valet de chambre de Florent, parut devant son maître, les habits en désordre, la chevelure souillée de sang et de boue.

— Monsieur le comte, dit-il, une bande de misérables conduite par Jean l'Enclume se dirige du côté du château. J'ai été reconnu, assailli à coups de pierres, et je précède de bien peu les gredins qui viennent piller le manoir.

— Eh bien ! dit froidement le comte, nous allons nous préparer à la lutte.

— Monsieur le comte sait que le chevalier de Prémorvan, le jeune comte de Matignon et plusieurs de leurs amis sont arrêtés ?

— Dis à l'avance qu'ils sont morts, François... Quant à moi, je ne me rendrai pas si vite. Il peut y avoir de la grandeur à subir sans faiblesse le joug de la force, mais la vie vaut encore la peine qu'on essaie de la défendre... Assemble ici les cochers, les palefreniers, les valets de pied, toute la maison, je monte chez mon frère.

François sortit, et Florent de Combourg gravit rapidement l'escalier conduisant à l'appartement du vicomte Gaël.

Celui-ci lisait attentivement les proclamations répandues à Dinan par le citoyen Brutus, et les discours prononcés à Paris par les énergumènes de la révolution.

Florent marcha vers la table sur laquelle s'amoncelaient les brochures et les feuilles, les froissa avec dédain, puis saisissant le bras de son frère :

— Venez, dit-il, il ne s'agit plus de rêveries philosophiques, d'études toxicologiques ni du fatras de science creuse qui a pris jusqu'ici vos heures ; le moment d'agir est venu ; nous sommes Coëtquen, il s'agit de le prouver.

— Que se passe-t-il ? demanda Gaël.

— Prémorvan et leurs amis sont en prison, l'abbé Guéthenoc est mort ; les portes du château de Dinan se sont refermées sur les représentants des premières familles du pays ; une troupe de sans-culottes se dirige vers Coëtquen, elle vient sans nul doute pour nous arrêter, il s'agit de vendre cher notre vie.

— Pourquoi ne pas la racheter, plutôt ?

— La racheter ? que voulez-vous dire ?

— Mon frère, répondit Gaël, moins que jamais nous pouvons nous entendre ; vous tenez à votre noblesse, héritage transmis par la famille, et vous en défendrez les droits jusqu'à votre dernier souffle ; moi qui tiens à vivre parce que je conserve une espérance, je me garderai bien d'entamer une lutte sans résultat.

— Quoi ! dit Florent, dans quelques minutes le peuple armé va heurter à nos portes afin de nous arracher de cette demeure héréditaire et de nous jeter dans les cachots où nous attendent Prémorvan, Matignon et leurs amis, et vous n'opposerez aucune résistance ?

— Vous savez bien que je suis trop faible pour manier une épée, Florent.

— Que ferez-vous donc ?

— Je céderai devant la force, dit Gaël.

— Vous ? un Coëtquen ! dit le comte en saisissant les poignets de son frère.

— Les Coëtquen ont déjà commis plus d'une infamie.

— Taisez-vous, malheureux ! dit Florent d'une voix saccadée, taisez-vous !

— A quoi bon ! répliqua Gaël, vous venez de m'apprendre que le château allait être attaqué, et sans doute nous n'aurons plus jamais, jamais, entendez-vous, Florent, l'occasion d'en finir avec nos luttes et nos querelles... Nous sommes tombés si bas que nous relever est impossible, laissons donc le courant nous rouler dans sa boue... Un assassin peut bien devenir un révolutionnaire, ce me semble ! Nous n'étoufferons nos remords qu'en ne leur laissant pas le temps de nous crier nos crimes... Voyez-vous, Florent, on ne remonte pas ! Vous le savez bien, puisque, il y a quelques jours, vous tentiez de me décider à fuir Coëtquen, et que la menace perçait sous vos ordres... Vous eussiez fini par me tuer... Ne m'objectez pas que notre nom nous oblige ; ceux qui vont venir frapper à cette porte accourent dans l'espérance d'un riche butin, et nous avons volé tout ce qui nous entoure !

— Soit ! dit Florent, mais ce crime est caché à tous... la tombe ne livre pas ses secrets... Simon est mort dans la forêt de bouleaux, et quant à la clef de la Tour-Ronde, il y a longtemps que je l'ai jetée dans les eaux de l'étang... Si ma conscience essaie de réclamer, je l'obligerai à se taire et, je vous le jure, placé comme je l'étais entre la pauvreté et la suppression de Blanche, j'enfermerais encore la femme de Tanguy dans le cachot qui lui sert de tombe. Avant de commettre une action semblable, il faut se mesurer avec elle... N'est pas meurtrier qui veut, Gaël, j'ai gardé collé sur mon visage un masque d'honneur, et si l'on tente de me l'arracher je mourrai sans permettre qu'on me reconnaisse. Nous restons Coëtquen et nous nous battrons en Coëtquen.

Gaël secoua la tête.

— Vous ne tenez donc pas à vivre ?

— Vivre déshonoré ? jamais !

— C'est toujours la vie, murmura le baron de Vaurufier.

Il resta un moment silencieux, puis il ajouta :

— Vous n'aimez personne, vous... moi j'aime Loïse de Matignon par tous mes remords, par toutes mes souffrances, par le crime qui me ronge le cœur comme un cancre.

— Lâche ! dit Florent, vous êtes lâche !

— Sans cela, reprit Gaël, vous aurais-je suivi dans cette voie fatale... Oui, je suis faible, maladif, lâche... On ne se refait pas, ainsi...

— Ah ! s'écria le comte, vous secouerez cette léthargie du cœur, vous retrouverez un peu de virilité pour vous armer et vous défendre. Vous tenez à la vie, dites-vous, sachez donc la disputer à vos bourreaux. Les misérables qui vont venir ici sont-ils plus adroits et plus forts que nous ? Coëtquen est une citadelle capable de résister à plus d'une attaque ; le fer ne mordra pas sur son granit, et la flamme noircira ses pierres sans les disjoindre... L'heure est solennelle, Gaël, descendons ensemble, battons-nous côte à côte, si nous tombons pour ne plus nous relever, rendons grâces à Dieu d'avoir caché à tous le secret d'une vie déshonorée.

— Je ne me battrai pas ! répondit Gaël.

Florent marcha sur son frère, il était blême.

— Je ne veux pas, dit-il, je ne veux pas, entends-tu, qu'un Coëtquen s'avilisse devant tous ! Plutôt que de t'entendre renier ton serment de gentilhomme et ton Roi...

— Tu me tuerais... dit Gaël.

— Je te tuerais, répliqua Florent.

— Qui donc a dit : — « Les loups ne se mangent pas entre eux ! » — fit Gaël en haussant les épaules.

Il parut réfléchir, fit quelques pas dans la chambre, puis revint vers son frère et lui dit d'une voix calme :

— Vous avez peut-être raison, après tout... descendons, vous me choisirez une arme appropriée à ma main débile.

Quelque chose de semblable à une lueur d'attendrissement passa sur le visage de l'aîné des Coëtquen. L'heure était décisive, solennelle. Il ne gardait aucune illusion, tous deux allaient mourir... Si gangrené que soit un cœur, il garde quelque chose des anciennes tendresses. Sans qu'il sut pourquoi, Florent tendit la main à Gaël. Celui-ci ne vit pas ou ne voulut pas voir ce geste ; il descendit rapidement l'escalier.

François parut effrayé.

— Les gars de Jean l'Enclume arrivent, dit-il.

Puis ouvrant la porte de la salle aux panoplies, il ajouta :

— Les gens de la maison sont réunis suivant les ordres de Monseigneur.

Florent marcha vivement vers eux ; ils étaient une vingtaine : les uns décidés à se battre et à mourir en défendant leurs maîtres, les autres tremblants de crainte, et d'ailleurs parfaitement inhabiles à se servir d'une arme quelle qu'elle fut.

Florent arracha des fusils des rateliers, les remit à ceux de ses domestiques qu'il savait capables de s'en servir, puis prenant les épées, les sabres, les poignards, les couteaux de chasse, il les confia aux plus inhabiles. Lui-même, après avoir bouclé le ceinturon de son épée, caché deux pistolets dans sa ceinture, prit un *machete* à large lame et glissa un stylet dans sa poitrine.

Il choisit ensuite une dague fine et légère et se tourna vers Gaël pour la lui remettre ; mais Gaël, profitant du mouvement causé par la distribution d'armes, venait de quitter la salle des panoplies. Courant du côté des communs, il pénétra dans l'écurie, arracha son habit, jeta sur ses épaules un sayon de poil de chèvre qui se trouvait là par hasard, sauta sur le dos d'une bête, bridée à la hâte, puis piquant des deux, il tourna la grande cour et franchit le pont-levis.

Florent devina une partie de ce qui venait de se passer, il bondit hors de la salle en entendant le galop d'un cheval, reconnut son frère sous son habit d'emprunt, et prenant un de ses pistolets, il ajusta Gaël et tira...

La balle passa dans les cheveux du vicomte, mais le cheval continua sa course.

— Manqué ! fit Florent.

Il mordit ses poings avec rage, au même moment le bruit de vociférations furieuses parvint à son oreille ; la bande des révolutionnaires arrivait.

Le comte reparut dans la salle.

— Levez le pont-levis ! dit-il.

Mais depuis longtemps déjà les chaînes qui le faisaient mouvoir étaient rouillées, les serviteurs eurent beau rivaliser d'efforts, il devint impossible de manœuvrer la lourde machine. La colonne des sans-culottes accourait. On pouvait déjà distinguer cette troupe de gens pieds nus, en sabots, armés à la hâte, courant sur le chemin en poussant des cris de vengeance et de mort.

A la tête des révolutionnaires se tenait Jean l'Enclume.

Un tablier de cuir couvrait sa poitrine et ses cuisses, un bonnet phrygien surmontait sa crinière de cyclope. Il tenait sur son épaule son lourd marteau de forgeron. Trécor et Kadoc se dissimulaient dans les derniers rangs avec une certaine prudence ; s'ils criaient plus haut que les autres, ils jugeaient du moins peu nécessaire de s'exposer à recevoir les premiers coups.

A vingt pas des reîtres de la République, Simon le visage impassible, Scévola lugubre, et Annibal frétillant de joie marchaient sans se presser. Tous trois étaient vêtus de carmagnoles ; de larges ceintures cachaient à demi de lourds pistolets à crosse d'ivoire ; Scévola y portait la main avec une expression farouche, tandis qu'Annibal souriait et parlait à ses armes comme à un être doué de vie.

En apprenant qu'il devenait impossible de lever le pont, Florent poussa un cri de rage, mais il était de ceux que l'obstacle aiguillonne, et loin de se laisser abattre il changea rapidement son plan de bataille. La salle des panoplies occupant l'angle d'une muraille avait une croisée unique et une porte solide ; la défense de cette pièce pouvait être facile.

En un instant, d'après les ordres de leur maître, les vingt défenseurs de Coëtquen eurent entassé devant la fenêtre les meubles les plus lourds de la pièce, en ménageant des interstices grâce auxquels il devenait possible de soutenir la lutte à coups de fusil. Quand tout fut prêt de ce côté, le comte, qui ne voulait se réfugier dans cet asile qu'à la dernière minute, disposa ses hommes en les alignant trois par trois ; puis il se rendit avec eux à l'entrée même du pont-levis. Il était possible aux assaillants de le franchir, mais les valets de Coëtquen ayant fermé et verrouillé la porte massive donnant entrée dans le manoir, il devenait indispensable de détruire cet obstacle avant de pénétrer dans l'intérieur. De plus, deux des tours du château permettaient, grâce à l'ouverture de leurs meurtrières, de tirer d'en haut sur la troupe des sans-culottes. C'est ainsi que devait commencer la lutte. Tous les hommes munis de fusils de chasse montèrent à la suite de Florent et des piqueurs, dans les tours que nulle arme humaine ne pouvait entamer. Tant que la porte servirait de rempart, on tirerait sur les soldats en guenilles ; du moment où cette barricade viendrait à céder sous les efforts des pillards de Jean l'Enclume, les défenseurs de Coëtquen attendraient les ennemis derrière ces débris, et leur retraite s'effectuerait du côté de la salle des panoplies, dernier asile ouvert à la vaillance comme au désespoir.

En voyant le pont-levis baissé, les sans-culottes poussèrent un hurlement de joie ; ils crurent que les maîtres de Coëtquen renonçaient à se défendre et que le pillage ne serait pas même précédé d'une lutte. La porte close leur parut peu redoutable ; ils étaient cent en face de quelques planches de chêne bardées de lames de fer. Jean l'Enclume encouragea ses hommes en poussant un formidable éclat de rire :

— Ça sera drôle ! dit-il.

Puis caressant le manche de son marteau :

— Voilà de la besogne pour toi, mon vieux.

Simon ne paraissait pas aussi tranquille que les gars en sabots se disposant à l'attaque de Coëtquen. Il connaissait trop ce manoir pour se sentir rassuré en face de cette formidable masse de pierre qui savait aussi bien cacher ses moyens de défense que dissimuler ses crimes.

Les regards de l'ancien intendant interrogèrent les fenêtres, et bien qu'ils ne vissent rien de suspect, la crainte ne cessa point de régner dans son esprit.

— Les loups de Coëtquen ne sont pas faits pour se laisser prendre vifs dans leur tanière ! pensa-t-il ; il faudra en découdre.

Tout à coup il vit luire des canons de fusil.

— Attention, les gars ! cria-t-il.

Mais cette parole se perdit dans le fracas d'une double détonation éclatant à la fois par quatre embrasures, et des coups précipités que Jean l'Enclume frappait sur la lourde porte.

Quatre hommes atteints à la tête ou à la poitrine venaient de s'affaisser sur les côtés du pont, tandis que trois autres blessés au bras et à l'épaule poussaient des cris forcenés. Les sans-culottes se trouvaient resserrés dans un espace tellement étroit, qu'il devenait facile de les décimer, et sous peine d'abandonner sans retour l'attaque du château, ils devaient rester sous le feu plongeant des fusils dont les canons passaient par les meurtrières.

— Hardi ! les gars, hardi ! répéta Simon, et toi, Jean, finis-en vite avec cette porte de malheur.

Le forgeron prit son élan, leva son marteau et l'abattit sur les planches de chêne, à côté de la serrure et des verroux ; la porte cria, se fendit, mais elle résista encore, tandis qu'une nouvelle décharge d'artillerie faisait de nouvelles victimes dans les rangs des assaillants. Jean l'Enclume, exaspéré, fit un effort de Titan et par trois fois laissa retomber la lourde masse, mais les planches, soutenues par l'armature de fer, tinrent bon encore ; et tandis que les leviers, les pinces et les marteaux l'attaquaient, les valets de Florent firent feu de nouveau.

Trois cadavres furent foulés sous les pieds des combattants, mais la lutte menaçait de se prolonger encore, et les sans-culottes commençaient à perdre courage.

— Brûlez la porte ! dit Simon.

Quelques branches de bois mort passèrent de main en main ; on battit le briquet, et en un instant le feu prit à la partie inférieure de la porte. Elle crépitait sous la flamme, le fer devenait rouge ; enfin une baie se creusa, assez large pour livrer passage à trois hommes, qui franchirent cette brèche en enjambant le brasier. La fumée qui flottait devant eux ne leur avait point permis d'apercevoir les défenseurs de Coëtquen massés en un groupe, présentant le canon de leurs armes aux premiers gars assez hardis pour pénétrer dans la cour du château. Deux hommes tombèrent la face contre terre, mais ceux qui les suivaient, exaspérés par cette défense inattendue, passèrent au nombre de dix par la porte à demi consumée, tandis que leurs camarades s'élançaient par la brèche. En un instant, les quatre-vingts hommes de Jean l'Enclume se trouvèrent en face de la petite troupe du comte

Florent. La rage des sans-culottes s'accrut en voyant qu'une poignée de valets leur avait fait subir des pertes successives ; ayant pour eux le nombre, ils résolurent de cerner le groupe dont le comte Florent formait le centre.

Celui-ci comprit qu'il était perdu s'il se laissait entourer, et donnant ordre à ses domestiques de tirer sans relâche, il leur commanda en même temps de gagner à reculons le dernier refuge ménagé par sa prudence.

— Bien ! pensa Simon, le loup rentre dans sa tanière !

En effet, il fallut à peine une minute aux défenseurs de Coëtquen pour s'enfermer dans la salle des panoplies. Ils savaient pourtant que la lutte ne pouvait être de longue durée. La frêle barricade formée de meubles amoncelés ne pouvait résister autant que la porte d'entrée, et il suffisait de quelques charbons enlevés au foyer de l'incendie pour embraser cette partie de l'édifice.

Florent n'en était plus à se demander s'il resterait vainqueur de la lutte ; tout ce qu'il voulait, c'était de n'en pas sortir vivant.

Le citoyen Brutus, Scévola et Annibal, qui s'étaient réservés pour l'heure décisive de la lutte, venaient de tirer de leur ceinture de longs pistolets de combat. Le visage de Simon avait pris l'expression d'une joie féroce. Scévola redressait encore sa haute taille, tandis que le rire d'Annibal semblait un rugissement de joie.

A travers les interstices ménagés dans la barricade de la fenêtre, les défenseurs de Coëtquen continuaient à faire feu.

Jean l'Enclume fendit d'un seul coup de masse de fer la porte de la salle, et cinq hommes robustes la jetèrent en dedans d'un coup d'épaule.

Il se passa alors une scène terrible. Les sans-culottes,

armés au hasard de fourches, de couteaux, de faulx emmanchées à rebours, de piques, d'aiguillons, de bâtons durcis au feu, se précipitèrent comme une avalanche dans la chambre dont le fond était occupé par le groupe presque intact des hommes de Florent.

On pouvait encore se servir des pistolets, mais il n'était pas possible de faire usage des fusils ; les combattants se trouvaient assez rapprochés pour les saisir par le canon et les arracher des mains des combattants. En revanche, les armes distribuées par Florent, et dont quelques-unes venues de Java et de l'Océanie gardaient à leur pointe le suc des euphorbes, allaient faire parmi les révolutionnaires des blessures mortelles.

Il s'agissait désormais d'une lutte corps à corps ; elle devint rapidement furieuse.

Le comte Florent, adossé à la cheminée de la salle des panoplies, tenant d'une main son épée souple comme un serpent, faisait tête à cinq assaillants à la fois, tandis que les domestiques qui s'étaient jetés en aveugles au milieu de la trombe des démons de Jean l'Enclume disputaient leur vie avec plus de vaillance que de bonheur.

L'habileté d'escrime du comte Florent le rendait redoutable en dépit du nombre de ses adversaires. Dans ses mains alertes, l'épée flamboyait comme un jet de flamme, menaçant de la pointe la poitrine de tous ses agresseurs, elle paraissait le couvrir comme un bouclier. Elle ondoyait, se repliait, piquait un bras, ensanglantait un visage, trouait une poitrine ; rien n'entamait son acier, nulle arme n'émoussait son fil terrible. On eût dit un être animé, une créature vivante, altérée de sang, affamée de blessures.

A partir de l'heure où la bataille prit un caractère passionné, terrifiant, Florent, décidé à mourir, éprouva une sorte de joie sauvage.

Depuis longtemps, depuis le jour où Blanche Halgan avait franchi au bras de son époux le seuil du manoir de Coëtquen, il n'avait pas respiré aussi à l'aise. Cette revanche de l'enfer l'exaltait. Quoiqu'il eût traité Gaël de lâche en écoutant le récit de ses nuits d'insomnie, il savait bien, lui aussi, ce que c'est que l'aiguillon du remords. Il comprenait la répulsion inexpliquée dont il était l'objet ; il savait que ses anciens amis le fuyaient, sans qu'il osât s'en plaindre, sans qu'il pût leur en demander raison. Son passé était plein de hontes secrètes. Il s'était stigmatisé lui-même, en refusant de s'allier aux gentilshommes de Bretagne, décidés à sacrifier leur vie pour le salut de la famille royale. S'il eût signé la liste trouvée chez le chevalier de Prémorvan, il serait sans doute à cette heure dans les cachots du château de Dinan, et verrait pour lui se dresser l'échafaud. Mais quelle différence de mort ! Tous ces vaillants hommes, dont le dernier effort avait été pour le salut de Louis XVI, dont la suprême pensée se tournerait vers le ciel, avaient le droit de monter la tête haute les degrés de la guillotine ; l'histoire enregistrerait leurs noms ; ceux qui porteraient leur deuil se feraient gloire un jour d'un souvenir illustre ; leurs douleurs prendraient les proportions d'un martyre... Mais eux, les Coëtquen ! Gaël venait de s'enfuir pour sauver sa tête. Quant à lui, Florent, on l'enfumait dans sa bauge comme un sanglier, on tirait sur lui comme sur un loup, et le couteau à la main, quelques forcenés s'apprêtaient à le découdre comme un *solitaire* redoutable.

Florent se disait tout cela tandis qu'il maniait sa redoutable épée.

A droite, à gauche, des hommes tombaient ; le sang coulait ; les juremcnts, les blasphèmes, les cris de haine et de douleur se confondaient avec le cliquetis du fer et les détonations des pistolets.

Le feu, apporté dans la chambre par une bouffée de vent, venait de prendre à la porte brisée ; les flammes léchaient les tentures et donnaient à cette scène de carnage un caractère d'effroyable grandeur.

Des domestiques de Florent, cinq étaient morts ; sept blessés dangereusement gisaient sur le sol ; les autres, à la tête desquels se trouvait François, luttaient sans espoir avec une énergie sauvage.

Tout d'un coup, Trécor le Borgne et Kadoc l'Encorné se trouvèrent de chaque côté du comte Florent.

— Misérables ! misérables ! criait le frère de Tanguy, vous venez ici en voleurs, en incendiaires ; vous en voulez à la fois à mes richesses et à ma vie ! Soyez tranquilles, les unes sont à l'abri et je vendrai l'autre chèrement... A toi, l'Encorné, pare ce coup, misérable borgne... Ah ! vous croyez me trouver las, exténué, pour quelques gouttes de sang perdues, mais non ! qui bataille pour défendre son bien est toujours plus fort que le larron ou que l'assassin !

— Qui parle d'assassinat, ici ? demanda une voix vibrante, dans laquelle la rage s'unissait à la raillerie.

Cette voix produisit sur Florent une émotion de surprise telle qu'il oublia une minute de se couvrir et reçut de Trécor le Borgne un coup de barre de fer qui lui brisa le poignet gauche.

Le frère de Tanguy poussa un hurlement de douleur, mais la présence d'esprit lui revint vite, et continuant à se battre de la main droite, il sillonna d'une sanglante balafre le visage de Kadoc.

— A nous deux, Florent de Coëtquen ! répéta la même voix.

Pour la seconde fois, le comte tressaillit comme s'il reconnaissait l'accent d'un fantôme ; il leva les yeux, chercha du regard l'homme dont l'accent le troublait jusqu'aux entrailles, puis ayant fixé sur lui sa prunelle dilatée par l'épouvante, il cria dans un râle :

— Simon ! Simon !

— Oui, Simon ! répondit l'envoyé du comité nantais ; Simon qui après avoir été ta victime va devenir ton juge.

Puis s'adressant aux derniers serviteurs de Florent :

— Vous vous battiez pour défendre la vie d'un honnête homme ? demanda-t-il.

— Oui, oui ! répondit François.

— Notre sang appartient aux Coëtquen ! ajouta un autre.

— Mourons pour le frère du marquis Tanguy !

Simon poussa un sinistre éclat de rire.

— Bas les armes ! fit-il, qu'on arrache leurs fusils faussés et leurs couteaux de chasse aux gens du château, quand j'aurai révélé ce que je sais, les valets seront libres de se faire écharper pour défendre la vie du comte Florent. Je ne suis pas seulement ici un chef de patriotes venant fouiller ce manoir pour en arracher les maîtres, je viens arrêter un homme coupable de crimes si odieux que pas un de vous n'osera se ranger de son parti... Vous consentez à verser les dernières gouttes de votre sang pour vos maîtres, avez-vous oublié la marquise Blanche ?

— Non, non ! dirent François et ses camarades.

— Vous croyez peut-être qu'elle est morte d'une mort inattendue, mais foudroyante, ce n'est pas vrai... la marquise Blanche fut enterrée vive dans un cachot par Florent et Gaël ses beaux-frères, qui convoitaient l'héritage des Coëtquen... Le marquis Tanguy s'est suicidé de désespoir... et depuis lors les deux Caïns vivent de l'héritage d'Abel.

Une exclamation d'incrédulité partit du groupe formé par François et ses amis.

— Mensonge ! mensonge ! balbutia Florent.

Simon ouvrit sa carmagnole, et montrant la cicatrice de la blessure reçue pendant une nuit d'orage dans la forêt de bouleaux :

— Tu as signé là ton nom, Florent de Coëtquen, dit-il, et c'est avec le couteau de chasse qui t'a servi pour m'assassiner que je vais à mon tour t'arracher la vie.

Les serviteurs de Florent parurent consternés.

— Quoi ! demanda le comte en se tournant vers eux, vous croyez les calomnies de ce misérable ?

Personne ne répondit. Chacun se souvenait de l'étrange et brusque façon dont l'angélique marquise avait été frappée de mort; de la hâte avec laquelle ses beaux-frères ordonnèrent de procéder à ses funérailles, sans vouloir que l'on prévînt le marquis Tanguy, retenu en ce moment à Rennes pour le soin des intérêts de la Bretagne.

Les serviteurs se rappelaient en même temps la disparition de Simon, celle de Rosette. Les scènes terribles qui plus d'une fois s'étaient renouvelées entre les deux frères avaient envoyé leurs échos jusqu'à l'antichambre. Sans nul doute on devait attribuer l'isolement dans lequel vivaient messieurs de Coëtquen aux soupçons planant sur leur vie.

Le regard de Florent fouilla jusqu'au fond de l'âme de ses derniers défenseurs.

— Maintenez-les, dit Simon à ses hommes, en leur désignant les gens du château, mais ne les frappez pas.

Puis marchant sur Florent :

— Réglons nos comptes, lui dit-il, j'ai sur toi une lettre de change de cent mille francs que je ne t'ai pas encore présentée.... puis une blessure à la poitrine pour laquelle je réclame un talion... Ta main droite est libre, et tu gardes une épée... Je n'ai qu'un couteau,

Florent de Coëtquen, mais c'est le couteau dont tu t'es servi pour m'assassiner.... Défends-toi donc, si tu ne veux que je te tue comme un chien !

Florent était livide. Il assujettit son épée entre ses doigts crispés et bondit en avant avec une telle force que si l'ancien intendant ne se fut jeté de côté, il était transpercé de part en part.

Ce mouvement fut si brusque, si juste en même temps, Simon calcula si bien la distance, qu'il se trouva un peu en arrière du comte, l'attira à lui du bras gauche, en l'empêchant de se servir de son arme, et lui plongea jusqu'à la garde dans la poitrine le couteau de chasse marqué aux armes des Coëtquen.

Quand Simon lâcha le corps, Florent tomba de toute sa hauteur.

— Passez par la fenêtre, mes gars ! ajouta froidement Simon après avoir poussé Florent du pied, le feu purifiera le château !

En un instant la barricade dressée contre la fenêtre fut démolie, et les sans-culottes sautèrent dans la cour, en ayant soin de maintenir leurs prisonniers.

Les meubles renversés dans le brasier flambaient ; de la fenêtre sortait une colonne de flammes léchant la maçonnerie. Une minute suffit pour garrotter les cinq domestiques vivant encore ; morts et blessés restaient dans la fournaise.

En ce moment un immense cri fut poussé par les sans-culottes :

— Le pillage ! le pillage !

IX

LE MYSTÈRE DE LA MORT

En un instant les misérables se répandirent dans les diverses pièces du château, ouvrant les armoires, forçant les secrétaires, brisant les meubles, arrachant les tiroirs des bahuts. Ils demandaient à la maison seigneuriale veuve de ses maîtres le secret des richesses qu'elle devait renfermer.

Le comte Florent comprenait depuis trop longtemps les dangers de la révolution au milieu de laquelle se débattait la France, pour ne point prendre à l'avance toutes ses précautions. Sans nul doute il possédait de l'or, les pierreries de la marquise n'avaient point été vendues, mais les seigneurs de Coëtquen avaient su mettre leurs valeurs en sûreté. Une grande partie de l'argenterie manquait sur les dressoirs ; les pièces qui restaient ne pouvaient suffire à la rapacité des pillards de Jean l'Enclume.

Déçus dans leur attente, ils se vengèrent sur les tentures précieuses qu'ils lacérèrent de la pointe souillée de leurs armes. Ils éventrèrent les fauteuils, tordirent les branches de bronze doré, brisèrent les pâtes tendres de Sèvres et les fines porcelaines de Saxe. Les pendules précieuses volèrent en éclats, on creva les toiles de maîtres, les portraits historiques sabrés par les misérables parurent saigner sous les couteaux. Ce fut en un moment un désordre sans nom, une frénésie dont rien ne saurait donner l'idée. La folie de la destruction s'emparait de ces cerveaux obtus.

La découverte faite par Kadoc le Borgne d'un office renfermant une collection précieuse de liqueurs des Iles opéra une diversion ; l'ivresse parut promettre aux sans-culottes des jouissances encore plus vives que celles de briser des meubles de Boule ; les uns saisirent les flacons par le col et se gorgèrent jusqu'à l'ivresse foudroyante ; les autres remplirent des verres jusqu'aux bords, et burent à la fraternité des peuples.

Pendant ce temps les flammes débordant de la salle des panoplies gagnaient le corps de logis du château ; on entendait les crépitements du feu mordant le bois, les éclats secs des pierres fendillées ! Le vent qui soufflait avec force activait l'incendie ; et au milieu de cette fournaise on pouvait voir ramper comme des serpents saignants, les blessés dont le salut n'intéressait personne et qui râlaient en appelant au secours.

Simon embrassait cette scène d'un regard froid.

Il ne semblait pas encore satisfait de sa vengeance.

Attendait-il que les tours de Coëtquen s'écroulassent pour juger son œuvre accomplie ? Mais Coëtquen avait cette épaisseur de murailles qui, à Tournemine, au Guildo, à Montafilan, a défié tour à tour les assauts de la flamme et les siècles. Une pensée profonde semblait préoccuper l'envoyé du comité nantais. De temps en temps il observait les misérables à la tête desquels il se trouvait, et murmurait :

— Sont-ils assez abrutis pour que je puisse agir ?

Et sans nul doute il ne les jugeait point assez ivres, car il reprenait son poste d'observation.

Il n'était pas le seul, du reste, que l'orgie des vins et des liqueurs n'attirait pas.

Dans un angle opposé de la cour, Jean l'Enclume très-occupé en apparence à aiguiser un couteau catalan arraché d'une panoplie examinait tour à tour les hommes de sa bande et l'ancien intendant.

Évidemment Simon et Jean se gênaient ; et si l'idée qui les préoccupait eut été moins intense, ils auraient compris que leur attitude surprenait fort Kadoc l'Encorné et Trécor le Borgne, puisque ceux-ci se prenant par le bras échangeaient ces mots :

— Tu es mon ami ? demanda Kadoc à Trécor.

— Tu le sais bien puisque nous avons été ensemble dans la grotte des Poulpiquets.

— Je m'en souviens, dit le Borgne en portant la main à son cou, comme s'il le sentait toujours pressé par les rudes mains du forgeron.

— L'Enclume a défendu son trésor, dit l'Encorné d'un ton sentencieux, il était dans son droit...

— Oui, après ?

— Tandis qu'aujourd'hui...

— Nous nous comprenons, reprit Trécor le Borgne, il s'agit d'une fortune dont chacun de nous doit avoir sa part...

— Et que le forgeron convoite pour lui seul, acheva Trécor....

Kadoc l'Encorné se frotta le front rudement comme s'il avait la prétention d'y faire germer une idée.

— Les gars qui boivent sont des brutes ! fit-il en manière de conclusion, mais nous avons eu l'esprit de garder notre raison saine ; il s'agit d'abord de devenir riches, ensuite nous aurons le temps de nous enivrer à notre aise.

— C'est mon avis, dit Trécor.

— Te souviens-tu, demanda Kadoc, du jour où Patira se révolta contre le maître ?

— Je m'étonnai assez que Jean ne le broyât point sous ses pieds, pour ne pas me le rappeler.

— C'était à propos d'une clef ?

— Ciselée pour le comte Florent, ajouta Trécor.

— Patira marmota entre ses dents qu'on lui en avait fait exécuter deux...

— S'il s'agissait de la clef du trésor ? fit Trécor.

— Le comte Florent a caché la sienne, Jean l'Enclume doit posséder la seconde.

— Cela expliquerait pourquoi il ne s'enivre pas... Tudieu ! la bataille m'a rudement altéré, moi, sans compter que le feu donne une soif du diable !

— Ouvre l'œil, fit Kadoc en serrant le bras de Trécor le Borgne ; Simon, ou plutôt le citoyen Brutus ne garde point une attitude naturelle... le désintéressement n'est pas dans la nature des sans-culottes... Si on se battait seulement pour la révolution, personne ne se battrait, pas vrai ?... On assomme et on brûle pour y gagner quelque chose... de toi à moi, on peut s'avouer ces secrets-là... le citoyen Scévola qui semble plus maigre qu'un carême éventre les meubles avec une impassibilité que j'admire... rien ne lui échappe... et l'on ne soupçonnerait jamais le nombre des poches que contient l'habit qui l'enveloppe comme un sac. Quant au petit Annibal il furette, cherche, amasse, entasse avec une joie qu'il ne dissimule guère ; cherchez, mes agneaux, le butin sérieux n'est pas de ce côté...

Kadoc poussa un sinistre éclat de rire.

— Regarde Simon, ajouta l'Encorné, il quitte son poste d'observation et se dirige vers la Tour-Ronde...

— La Tour-Ronde ! répéta Trécor, c'est là que sont les souterrains du château.

9.

— Et dans les oubliettes se trouvent les trésors des Coëtquen.

Les deux complices restèrent immobiles, épiant de côté les moindres gestes de Simon.

Celui-ci avait longtemps contemplé d'un œil morne le spectacle qu'offrait alors le manoir abandonné au pillage et lentement dévoré par l'incendie. Le feu pouvait bien consumer les tentures, les meubles précieux, les boiseries finement sculptées, mais il ne parvenait pas à entamer les murailles de granit de Coëtquen. Les flammes sortant en tourbillons par les fenêtres noircissaient sans les mordre les murs épais sur lesquels s'émoussaient les siècles. Au centre de la cour la plupart des bandits entassaient leur butin. Annibal riait en regardant les soupières et les plats d'argent formant sa part de prise, tandis que son collègue Scévola pliait sous le poids des objets précieux dont il avait rempli ses poches.

Simon arriva près de la porte de la Tour-Ronde, l'ouvrit, la poussa doucement sans la refermer d'une façon complète, tira de sa poche une lanterne dont il alluma la bougie, et commença à descendre l'escalier en vis.

Le malheureux tremblait de tous ses membres.

La force lui manquait par instants, alors il s'appuyait contre la muraille suintante, prenait sa poitrine d'une main fiévreuse, puis il reprenait sa marche.

Il y avait cinq ans qu'il n'avait descendu cet escalier sombre...

Et quel épouvantable spectacle l'attendait dans les obscures profondeurs des cachots auxquels il conduisait.

Deux noms passèrent ensemble sur les lèvres de l'intendant :

— Blanche ! Rosette !

L'un était son remords, l'autre son désespoir.

Arrivé à la dernière marche, la porte de fer du cachot

frappa ses regards ; l'horreur du spectacle qu'il allait revoir le fit hésiter et reprenant brusquement sa lanterne il allait remonter l'escalier de la tour, quand une lourde main se posa sur son épaule.

— Part à deux ! dit une voix pleine de convoitises.

Simon se retourna et leva sa lanterne à la hauteur du visage de l'homme qui l'avait suivi.

— Jean l'Enclume ! fit-il.

— Oui, Jean l'Enclume qui n'avait point, lui, de compte à régler avec les messieurs de Coëtquen, mais qui veut être riche à son tour, et qui demande l'égalité devant le pillage.

— Le pillage ! dit Simon, je n'y ai pas même pris part.

— Tu dédaignais ce qui suffit à mes gars, et tu avais pour cela tes raisons.

— Oui, répondit Simon, j'avais mes raisons.

— Je les connais.

— Un mot suffira pour te les expliquer : je suis ambitieux, avare, vindicatif, je ne suis pas un voleur... Je venais à Coëtquen pour me venger... le comte Florent est mort, cela me suffit.

— Tu mens ! dit Jean l'Enclume d'une voix farouche.

— Pourquoi mentirais-je, à toi surtout ?

— Je te répète que tu mens... Si la vengeance te suffit, pourquoi es-tu à cette heure, seul en face de cette porte ?

— C'est mon secret, dit Simon, d'un accent rauque.

— Ouvre cette porte ! fit Jean l'Enclume avec violence.

— Je n'ai pas la clef, répondit Simon.

— Tu mens encore... cette clef tu la possèdes, et je sais ce qu'enferme cette chambre souterraine.

— Non ! fit Simon, sur mon âme, tu l'ignores, tu ne sais pas, tu ne peux pas savoir...

Tout le corps du malheureux frissonna.

— Ouvres-tu ? répéta Jean l'Enclume.

— Non ! dit Simon.

Le forgeron leva son marteau comme s'il voulait écraser l'intendant, mais celui-ci esquiva le coup en se rejetant vers l'escalier.

On entendit en même temps un bruit de pas et de voix s'approcher de la Tour-Ronde.

Jean l'Enclume avait dit : — part à deux ! — mais il se pouvait bien, s'il ne mettait point de hâte à s'emparer d'une partie du trésor, que les bandits, trouvant la porte de la tour ouverte, le suivissent comme lui-même avait suivi Simon. Il passa donc son marteau dans sa ceinture de cuir, fouilla dans sa poche, et en tira la clef forgée autrefois par Patira ; ensuite il l'introduisit dans la serrure.

Simon le regardait avec épouvante.

Il crut pendant un moment que l'espérance du forgeron était vaine, qu'il ne réussirait jamais à ouvrir la porte du cachot, mais quand il entendit le grincement de la clef, il comprit que le forgeron possédait comme lui le moyen de pénétrer dans l'oubliette.

Alors l'idée de la profanation qui allait être faite de ce mystère de mort le saisit avec une telle violence que, sans réfléchir à son peu de force physique et à l'énergie colossale du forgeron, il se jeta sur lui, et tenta de paralyser le mouvement de ses bras. Simon étreignit Jean l'Enclume corps à corps, il tenta d'arracher la clef de ses mains.

— Je ne veux pas, disait-il, je ne veux pas que tu franchisses le seuil de cette porte... ce qui est là m'appartient ; c'est à moi, bien à moi, c'est ma chair, c'est mon cœur, c'est ma vie... Si tu exiges de l'argent, je t'en donnerai pour empêcher un sacrilége...

— Des sacriléges ! fit Jean l'Enclume, on n'en commet plus, depuis qu'il n'existe plus rien de sacré...

Puis d'une seule main repoussant Simon contre la muraille, Jean continua à tourner la clef dans la serrure fortement rouillée par l'humidité.

Les bruits de voix se rapprochaient.

Jean tendit l'oreille.

— On vient! fit-il en repoussant Simon, imbécile! je disais « part à deux! » et c'est part à dix qu'il faudra faire.

La violence avec laquelle il jeta Simon contre l'angle du mur fit abandonner à celui-ci la lanterne qui seule répandait une rare lumière dans le couloir. Elle s'éteignit dans sa chute, et Jean qui venait enfin de réussir à ouvrir la porte du cachot n'avait point encore eu le temps d'accoutumer ses yeux au rare demi-jour tombant par la meurtrière.

La scène changea rapidement, Jean ne s'était pas trompé; plusieurs sans-culottes les avaient suivis: Kadoc l'Encorné, Trécor le Borgne, Scévola, Annibal et une dizaine de pillards se précipitaient dans l'escalier; ils tenaient à la main des bougies de cire, des torches, des lanternes, et la clarté de ces lumières projetait un éclat fantastique sur les murs sombres et les couloirs étroits.

Simon se retrouva brusquement sur ses pieds.

Il bondit dans le cachot, sur le seuil duquel Jean l'Enclume restait indécis, puis courant vers une misérable couchette de bois, placée au fond de l'oubliette, il se plaça en avant prêt à défendre les restes de tout ce qu'il avait aimé en ce monde.

Une seconde après, Trécor, Kadoc, les secrétaires et leurs complices emplissaient l'étroite cellule.

A la clarté des bougies, des torches, des lanternes, on put alors distinguer un spectacle sinistre.

Sur le lit de camp, enveloppée dans une robe blanche, se trouvait couchée une forme longue, maigre, décharnée;

il ne restait plus de chair sur les os blanchis, seuls les cheveux adhéraient encore au crâne luisant comme l'ivoire. Simon étendit les bras en avant de cette couche mortuaire.

— Vous voyez bien qu'il n'y a pas de trésor ici, s'écria-t-il avec un sanglot.

— C'est possible ! dit Scévola d'une voix lugubre, mais ce cadavre n'est pas moins une précieuse et curieuse découverte ; il prouve une fois de plus combien de crimes furent cachés dans les entrailles de la terre...

— C'est la dame de Coëtquen ! cria une voix.

— Le comte Florent est mort, le château brûle, ajouta Jean l'Enclume, portons ce squelette au bûcher.

— Non ! non ! fit Simon, vous ne ferez pas cela.

— Pourquoi ? demanda Jean.

— Vous vous trompez ! vous vous trompez tous, fit Simon... je vous l'affirme, je vous le jure... respectez ces restes... la mort est sacrée... vous voyez bien qu'il n'y a pas de trésor, refermons cette porte, et laissons ici celle qui a tant souffert...

Mais les pillards, trompés dans leur attente de butin, ne voulaient pas être privés d'une distraction qui leur semblait à la fois légitime et divertissante.

Les cachots de Coëtquen n'étaient pas vides ! Ce squelette de femme était un bon prétexte pour parler de cruauté, de tyrannie. Jean l'Enclume, d'autant plus furieux qu'il attendait depuis un plus grand nombre d'années l'heure de connaître ce secret, montrait plus d'animation que ses camarades. Il haïssait Simon et le rendait à cette heure responsable de sa désillusion. Aussi, étendant le bras vers la couchette sur laquelle gisait la mort, il allait saisir par ses cheveux blonds la tête glacée et sans regard, quand Simon s'écria d'une voix dont l'émotion troubla presque les misérables.

— Écoutez-moi ! écoutez-moi tous ! Il faut bien vous dire la vérité, puisque sans cela vous profaneriez ces restes... c'est une histoire terrible... le comte Florent vient d'expier son double crime, et le vicomte Gaël n'échappera point à la justice... vous vous souvenez de la marquise Blanche ?

— Oui, oui ! dirent plusieurs voix.

— Ses beaux-frères la haïssaient parce qu'elle appartenait à la famille Halgan, des caboteurs nantais... La marquise allait donner un héritier au marquis Tanguy... Florent et Gaël résolurent de la faire disparaître... On la jeta dans ce cachot, ce cachot dont vous avez forgé la clef, Jean l'Enclume... elle y resta plus de six mois... on lui donnait chaque jour un peu de pain et d'eau ; elle attendait la naissance de son fils, et ce fils on devait le lui prendre, sans lui laisser à peine le temps de l'embrasser... Je sais ces choses, je les sais bien ! puisque c'est moi qui apportais ici le pain de la marquise... Un soir, le comte Florent m'ordonna d'aller à Dinan remplir une commission, il m'attendit dans la forêt de bouleaux, me troua la poitrine avec le couteau de chasse qui vient de faire partir son âme damnée de son corps... et je restai un mois sans pouvoir quitter la hutte de charbonnier où j'avais été recueilli... Je me glissai dans le château sans être vu... les Coëtquen devaient croire à ma mort... je voulais voir ma fille, l'emmener avec moi... je voulais aussi savoir ce qu'était devenue la marquise... je montai dans mon appartement... Rosette avait disparu depuis plus de trois semaines... je descendis ici... j'aperçus une jeune femme morte couchée sur ce lit... mais cette morte n'était pas la marquise Blanche, la morte était Rosette ! c'était ma fille !

Un sanglot étrangla la voix de Simon.

Il reprit avec plus de lenteur :

— Comment la marquise était-elle parvenue à s'échapper ? comment Rosette avait-elle appris le secret du souterrain, je l'ignore ; je vous dis seulement la vérité... si vous n'en croyez pas mes paroles, croyez-en du moins mes larmes...

Et Simon tombant à genoux sur le sol tendit ses mains jointes vers les restes inanimés de celle qui avait été Rosette.

— Vous le savez, reprit-il avec une vivacité fiévreuse, je n'ai rien pris dans le pillage de Coëtquen, j'avais à donner un coup de couteau, j'ai payé la dette du sang, il ne me fallait rien de plus, rien ! La seule chose que je veuille emporter de ce château maudit, ce sont les restes de ma fille ! ma Rosette étouffée dans les murailles de Coëtquen ! Répondez, vous tous, n'en ai-je pas le droit ?

Simon tremblait de tous ses membres, ses lèvres frémissaient, ses prunelles lançaient des éclairs, il n'était plus le même homme, et ceux qui le regardaient subissaient l'influence contagieuse de cette immense douleur.

— Laissons-le faire, dit un ancien forçat, qui avait été père.

Jean l'Enclume lui-même ne se sentit pas le courage de lutter contre Simon ; il pensait d'ailleurs qu'ayant perdu son temps à guetter l'introuvable trésor des Coëtquen, il ferait bien de chercher ailleurs une compensation.

Un mouvement de recul s'opéra dans le groupe des pillards.

— Qui veut m'aider à enlever d'ici ma chère morte ? demanda l'intendant. Je ne laisserai point la dépouille de Rosette dans cette demeure maudite... il me faut pour elle une place en terre sainte...

Un éclat de rire éclata parmi les spectateurs de cette scène.

Jean l'Enclume qui l'avait poussé s'avança vers Simon.

— Eh bien ! eh bien ! citoyen Brutus, dit-il, qu'est-ce qui te prend à cette heure ? Oublies-tu que nous en avons fini avec les superstitions... la terre sainte pour les os de ta fille ? mais la boue du premier fossé venu les abritera aussi bien que le cimetière... d'ailleurs le recteur de Saint-Hélen n'est plus dans la cure, et quant à l'abbé Guéthenoc, nous l'avons proprement branché l'autre nuit...

Simon baissa la tête.

Jean l'Enclume reprit d'une voix railleuse :

— Le comité nantais t'a envoyé à Dinan comme un bon, un zélé patriote... attacherais-tu un masque sur ton visage ? L'ex-intendant des marquis de Coëtquen garderait-il le culte de la noblesse et l'amour des calotins ?

— Moi ! s'écria Simon, tu pourrais penser...

— Dame ! fit Jean l'Enclume, un mot de plus et tu deviendrais suspect...

Ce mot fit tressaillir Simon de la tête aux pieds.

Être suspect, à cette époque, c'était être condamné d'avance.

Simon connaissait trop le terrible sens de cette expression, depuis qu'il était le citoyen Brutus, pour ne point s'épouvanter de la menace qu'elle renfermait.

Un horrible combat se livra dans son âme. Il fut tenté durant l'espace d'une seconde de crier aux misérables qui l'entouraient :

— Accusez-moi ! condamnez-moi si vous le voulez ! Je n'ai plus que faire de ma vie, Rosette est vengée.

Mais il se souvint que Gaël s'était enfui.

Annibal riait dans un coin de l'oubliette.

— Allons ! allons ! citoyen Brutus, dit-il, tu le sais mieux que personne, nous n'avons point d'ame, et partant il importe peu dans quel lieu repose notre dépouille.

— La République ne condamne point les sentiments paternels ! dit Scévola d'une voix sentencieuse ; le citoyen Brutus a raison de ne pas vouloir que le corps de sa fille demeure dans l'asile de la tyrannie.

Jean l'Enclume se précipita vers la couchette sur laquelle reposait la morte, et avant qu'il fut possible à Simon de défendre contre la profanation le cadavre de l'innocente Rosette, le forgeron y porta la main...

Un cliquetis funèbre retentit dans l'oubliette, les os disjoints tintèrent sur le lit de camp, et le crâne blanchi roula sur le sol.

— Arrière ! fit Simon, arrière ! vous profanez une tombe...

Son regard fut si foudroyant, son geste si terrible, que le forgeron lui-même garda le silence.

Les sans-culottes reculèrent, quelques-uns regagnèrent l'escalier, la lumière des torches s'effaça par degrés, et bientôt il ne resta plus dans le cachot que l'intendant et ses deux secrétaires.

— Tu te compromets, citoyen Brutus ! lui dit Scévola d'une voix sombre.

— Le fait est, ajouta en riant Annibal, que pour un pur...

— Qui ose m'accuser d'incivisme ? demanda Simon d'un air farouche.

— Certes, ce n'est pas moi ! fit Scévola humblement.

— Ni moi, ajouta Annibal, cependant on peut tenir

des propos, et il me semble urgent qu'une action d'éclat...

Simon se redressa :

— J'ai promis aux patriotes les trésors de l'abbaye de Léhon, dit-il, allez les prendre !

— Et toi ? demanda Scévola.

— Moi ! répondit Simon, j'ai besoin de pleurer.

Les deux secrétaires remontèrent l'escalier en vis de la Tour-Ronde, et bientôt une immense clameur de joie apprit à l'ancien intendant que les sans-culottes se réjouissaient à l'avance du pillage promis.

La voix de Jean l'Enclume entonna une chanson dans laquelle l'ignoble le disputait à l'horrible, puis les voix, les bruits s'éteignirent, et l'on n'entendit plus au fond du souterrain que le clapotement de l'eau battant la tour massive, puis plus haut les sifflements de l'incendie qui continuait ses ravages.

Simon était tombé à genoux.

— Pardonne-moi, dit-il, pardonne-moi, tu étais un ange, et je suis resté un misérable ! Ce père que tu couvrais d'innocentes caresses, comme tu l'aurais méprisé s'il t'avait été donné de lire dans le fond de son âme. Une seule vertu me restait, mon amour pour toi... Je t'aimais, Rosette, jusqu'à m'élever et devenir un héros pour que tu me dises : — C'est bien — ou jusqu'à commettre un crime afin de te voir plus riche, plus enviée... Dieu t'a punie pour me châtier. Il a pris l'agneau et il a épargné le loup. Durant toute mon existence, je n'ai eu que toi pour tendresse, pour but, pour idole, et cet amour t'a conduite à mourir de faim dans un cachot... Tu le disais, tu le devinais : — « Ma destinée sera semblable à celle de madame Blanche... » — J'ai amené ici la marquise, et toi, toi seule as pu l'en arracher... Je me souviens maintenant de tes étranges rêveries, de tes sommeils lucides, pendant lesquels tu pouvais agir comme une personne éveillée... Je ne m'inquiétais pas de te voir ainsi, ton front semblait si radieux, tes lèvres si souriantes... ce sommeil t'a conduite jusqu'ici...

Le malheureux heurta la couchette de son front :

— Tu aimais la prière, Rosette, le calme des églises, les parfums de l'encens, tout ce que je réprouve, tout ce que je hais ! Tout à l'heure on pouvait arrêter et guillotiner ton père s'il eut dit un mot de plus... Et cependant, je veux pour toi une place dans le cimetière de Saint-Hélen... une nuit, j'y amènerai un prêtre, un de ceux qui ne prêtent pas serment à la constitution, et je le supplierai à genoux de dire pour toi des prières...

De grosses larmes roulèrent sur les joues de Simon.

Il replaça la tête livide sur la robe blanche, rapprocha les ossements épars, souleva le fardeau informe et funèbre, et chargé de cette dépouille, il remonta dans la cour.

L'incendie avait pris des proportions gigantesques. Les toitures s'écroulaient entre les murailles ; il ne restait presque plus rien de Coëtquen que son armure de pierre inattaquable à l'outil comme au feu.

Les flammes qui s'échappaient de cet immense foyer projetaient au loin une lumière rouge ; au delà de cette zône, l'obscurité se faisait plus profonde.

Simon jeta un regard effaré sur son œuvre, puis courbé sous son faix, il gagna le pont-levis, et s'enfuit dans la direction du cimetière de Saint-Hélen.

Comme il passait devant le calvaire, il entendit une voix lamentable criant au milieu de la nuit :

— Par les clous sacrés qui transpercèrent vos membres, Seigneur Jésus, par la couronne d'épines dont votre tête fut meurtrie, par la lance dont votre cœur fut percé, ayez pitié des sacriléges qui profanent votre maison, ne frappez pas de mort subite ceux qui égorgent vos prêtres... Pitié pour nous, Seigneur ! pitié pour nous !

Et trois voix enfantines répétèrent :

— Pitié pour nous, Seigneur ! pitié pour nous !

C'était Claudie qui faisait dans la nuit ses stations douloureuses, demandant pardon à Dieu pour les crimes de Jean l'Enclume et de ses misérables compagnons.

Simon pressa le pas avec épouvante.

Arrivé dans le cimetière, il franchit l'échalier formé d'une haute pierre dressée sur champ, posa son fardeau sur le sol, et gagna un appentis dans lequel il était sûr de trouver les outils du fossoyeur.

Les reflets de l'incendie de Coëtquen parvenaient jusqu'à l'intendant, et lui permirent de se diriger à travers les tombes.

Il découvrit près d'une sépulture de marbre blanc surmontée d'une grande croix, un espace libre entouré de cyprès.

— Elle sera bien là, dit-il.

Simon prit la bêche et se mit à creuser.

De temps à autre il s'arrêtait, ses mains se crispaient sur le manche de l'outil ; elles refusaient de continuer l'horrible besogne ; la sueur coulait de ses tempes. Il était tenté d'agrandir la fosse et de se coucher lui aussi dans le grand trou noir, près de celle qu'il avait tant aimée. Puis une idée soudaine traversait de nouveau son esprit, il rassemblait ses forces expirantes, et reprenait sa tâche.

Au loin Coëtquen brûlait toujours.

Minuit sonnait à l'horloge de l'église de Saint-Hélen, quand Simon déposa les restes de sa fille dans leur dernier asile.

Il les couvrit de terre, tomba sur les genoux et se mit à sangloter.

Il se leva subitement en entendant rire auprès de lui.

Ce rire était si cruel et si moqueur, il insultait si complétement au désespoir du misérable, que Simon leva sa bêche pour en frapper celui qui osait railler sa douleur.

— Tout beau, Simon! lui dit une voix cassée, je savais bien que tu viendrais... J'avais vu des signes dans le ciel... Tu devais faire la besogne sanglante de la journée, et le labeur de la nuit... tes mains sont rouges, Simon, rouge est ton cœur dans lequel grouillent des vipères... ta route sera longue, bien longue, Simon! et dans tes nuits plus d'une fois tu reverras les quatre cyprès sous lesquels tu viens d'ensevelir Rosette, les flammes du manoir de Coëtquen qui flambe là-bas, puis plus loin, plus loin encore le reflet de l'incendie qu'allument à Léhon les sans-culottes dinanais!... Au revoir, Simon! je t'attendais... moi aussi, j'ai ma tâche à remplir, il faut que je prophétise des malheurs et que je crache sur les bourreaux... sois maudit Simon, sois maudit!

Et Jeanne la Fileuse se glissant entre les tombes disparut aux regards effrayés du citoyen Brutus!

— Rosette! fit-il, Rosette! Jeanne a raison, je suis maudit!

X

L'HEURE DE LA LUTTE

Deux jours avant les dramatiques épisodes que nous venons de raconter, de graves événements se passaient à l'abbaye de Léhon.

Quand le père Athanase expliqua pour la première fois à Patira que, grâce au mécanisme de deux puissantes écluses, il était possible de faire couler l'eau de la Rance dans les souterrains, le Fignoleur, aiguillonné par son amour pour l'art, et surtout par la reconnaissance qu'il portait au père Athanase, s'enferma dans l'abbaye souterraine, y transporta sa forge, ses outils, et, muni de crayons, de boules de cire, aidé par les recherches scientifiques du père Malo, l'adolescent se mit au travail avec une ardeur qui ne lui laissa plus un moment de repos.

Une responsabilité énorme se trouvait assumée sur lui ; de son habileté, de son zèle, allait dépendre la perte ou le salut d'incalculables richesses.

Les portes de l'écluse se démarquaient presque facilement ; seulement la clef ne jouait plus dans la serrure, et il ne s'agissait de rien moins que de la démonter, de la copier et de faire un mécanisme neuf qui permît aux portes de s'écarter sous une faible pression. L'entreprise était d'une grande difficulté pour Patira. Quelque confiance dont Servan fût digne, le père Athanase ne voulait point en faire l'aide du Fignoleur. L'absence du laborieux travailleur des *Forges de Saint-Éloi* n'eut point manqué d'être remarquée ; et à une époque où l'on devenait si aisément suspect, il fallait éviter avant tout de faire parler de soi.

Que Patira fût à l'abbaye pour un laps de temps plus ou moins long, cela ne pouvait surprendre personne ; il y avait été élevé, et l'on savait aux environs que c'était lui qui un soir était venu remettre Hervé dans les mains du père Athanase. Patira faisait, de loin ou de près, partie de la maison.

Durant quinze jours, sans repos ni trêve, Patira combina, martela, essaya et recommença sa tâche. Le père Malo ne le quittait guère, et chaque matin le prieur venait surveiller sa besogne.

Chaque fois qu'il descendait dans la partie souterraine de l'abbaye, il avait à donner au Fignoleur une sinistre raison pour arriver plus vite à l'achèvement de sa tâche :

— Hâte-toi, mon enfant, disait-il un jour, les administrateurs du district de Lamballe ont donné ordre de mettre le feu au manoir de la Hunandaye…

Le lendemain, il apprenait à Patira que l'abbaye de Saint-Jacut était un monceau de ruines.

— C'était, lui dit-il, une des maisons de prière les plus vénérables de Bretagne ; le roi Grallon l'avait bâtie, en 440, sur l'emplacement d'un temple païen consacré à la Terre. Les bénédictins qui l'occupaient rendirent aux lettres et aux sciences de grands services, et c'est là que vint mourir dom Lobineau, l'un des plus érudits de nos historiens bretons… Quatorze siècles avaient passé sur l'abbaye du roi de la Petite-Bretagne ; il n'a fallu qu'un jour à la Révolution pour en consommer la perte… Hâte-toi, Patira ; les démolisseurs ne sont pas loin, et chaque nuit je m'attends à être réveillé par les flammes de l'incendie.

— Mon père, reprit Patira, je travaille de toutes mes forces ; avant deux jours, les portes de l'écluse tourneront sur leurs gonds.

Le pauvre Fignoleur était exténué de fatigue ; il martelait sans repos ; son cerveau surmené menaçait d'éclater ; il perdait à la fois l'appétit et le sommeil et ne soutenait plus ses forces épuisées qu'à l'aide de tasses de café noir que le père Malo lui apportait avec sollicitude. La fièvre brûlait son sang, il sentait que s'il ne terminait pas tout de suite ce labeur de géant, il tomberait pour ne plus se relever. Patira vivait, agissait, pensait par la force d'une volonté surhumaine. Il était en ce moment pareil à un rouage monté pour un temps déterminé et qui ne pouvait marcher passé l'heure indiquée.

Il comprenait que le père Athanase disait vrai ; il n'y avait pas une heure à perdre, et dût-il mourir en achevant sa tâche, il la devait poursuivre ; il y allait pour lui d'un devoir d'honneur.

Enfin, après des efforts dont nul ne soupçonna la difficulté, pas même le prieur de Léhon, Patira fit tourner la clef dans la serrure nouvelle, joua sans peine avec le mécanisme, visita la croix de fer donnant entrée dans le souterrain aboutissant au centre d'un des fourrés de la forêt de bouleaux ; ensuite, fier de son œuvre, avide de repos, pressé d'expérimenter le jeu des écluses dans les caveaux de Léhon, Patira chercha le père Athanase afin de lui prouver que non-seulement il avait retrouvé, mais encore perfectionné l'œuvre de son devancier.

— Ainsi, demanda le vieillard, tu es sûr d'avoir réussi ?

— Oui, sûr, mon père.

Le vieux supérieur posa sa main sur l'épaule de l'adolescent et lui dit :

— Patira, tu viens de nous rendre un service tel que Dieu seul pourra le payer. Je n'ai à te donner que ma bénédiction, mais je supplie le Seigneur de la ratifier et de t'accorder en ce monde tout le bonheur que tu mérites.

— J'avais reçu mon salaire d'avance, répondit Patira.

— Ton salaire...

— N'avez-vous pas pris soin de l'Enfant-Bleu ?

Le père Athanase regarda Patira d'un air d'affectueux reproche.

— Pourquoi manques-tu de confiance en moi ?

— Que dites-vous là, mon père ?... Qui donc m'inspirerait de la vénération, sinon vous ?...

— Tu me caches un secret, cependant.

— Mon père, je n'ai point de secrets.

— Tu ne m'as jamais révélé le nom d'Hervé.

Le Fignoleur devint pâle.

— J'ai fait un serment, dit-il, et ce serment je le tiendrai jusqu'à ce que les événements me délient de ma promesse... Le jour où vous apprendrez la vérité, mon père, je serai sûr de votre approbation... J'agis, croyez-le, dans l'intérêt de ce cher enfant... tant que ses ennemis seront de ce monde, et il en a de puissants, il restera pour tous Hervé, l'enfant de la Providence que vous représentez près de lui.

— Comme tu l'aimes ! dit le père Athanase.

— Oui, répondit Patira d'une voix vibrante, je le chéris de toute mon âme. Jamais, quoi que je fasse dans l'avenir, je ne m'acquitterai envers ce petit ange... Il n'avait que le souffle, il ouvrait à peine les yeux à la lumière, et déjà il changeait ma vie, il éclairait mon intelligence, il réchauffait mon pauvre cœur... J'étais un être chétif, infime, que l'on foulait aux pieds comme un ver, il me grandit subitement; pour le protéger je devins fort, pour l'aimer j'eus du courage, pour le défendre je trouvai de l'adresse, de la volonté! Hervé fut ma lumière et ma joie; depuis que Dieu l'a placé dans mes bras, rien ne m'a semblé difficile... Je ne savais pas prier avant d'apprendre à prier pour lui... Et chaque fois que je regarde le ciel, il me semble voir dans le rayon de la plus pure des étoiles les yeux bleus de sa mère qui me sourient ; et quand je dors, l'ange qui le serra si peu de jours sur son cœur descend près de mon chevet pour me dire : « — C'est bien, Patira, je suis contente ! » Et cependant ma tâche ne sera finie que le jour où l'Enfant-Bleu saura son nom et rentrera dans ses droits.

— Oui, dit le moine d'une voix émue, tu remplis un devoir et tu le remplis grandement, simplement; ce n'est point la curiosité qui me porte à t'adresser ces questions; je crois souvent que tu fus conduit par la main de Dieu quand tu vins mettre cet innocent dans nos bras, et j'en conclus qu'un jour sa destinée se dénouera dans cette même abbaye.

Tandis qu'ils parlaient de la sorte, le père Athanase et Patira, quittant la salle du trésor, traversèrent la pièce souterraine renfermant les coffres et les armoires scellées, puis gagnant le cloître, ils se dirigèrent du côté du jardin.

Le père Athanase n'eut pas le temps d'en franchir le seuil, la porte du couvent venait de s'ouvrir et un homme vêtu en paysan et couvert de poussière courut vers le supérieur et se jeta dans ses bras.

L'abbé de Léhon poussa un cri d'étonnement.

— Quoi ! c'est vous, mon frère, mon ami, sous ce déguisement, dans cet état misérable, couvert de poussière, les vêtements maculés de sang et de boue...

— C'est moi, répondit le fugitif ; je viens vous demander asile, en m'excusant d'attirer peut-être sur vous la proscription qui vient de nous atteindre.

Le père Athanase se tourna vers Patira.

— Rejoins Hervé dans le jardin, lui dit-il, nous avons encore à causer.

— Frère Athanase, reprit le fugitif, depuis le jour où pour la dernière fois vous êtes venu me voir à l'abbaye de Saint-Aubin, il s'est passé de terribles choses.

— Je vous croyais tranquilles, au contraire, répliqua l'abbé de Léhon ; vous aviez subi victorieusement le premier choc du pouvoir républicain.

— Sans doute, et nous nous croyions en sûreté, puisque des paroles, des promesses, des signatures avaient été échangées. On nous dépossédait de notre couvent, bâti par Olivier de Lamballe, d'après le plan de saint Bernard ; on nous enlevait nos terres, on nous réduisait à une pauvreté absolue, mais on nous permettait d'habiter en qualité de fermiers la sainte maison où, depuis 1137, florissait la vie ascétique. Nous pouvions cultiver nos champs et moissonner nos grains en paix. Que nous importait au fond à nous, qui avons fait vœu de pauvreté, d'avoir la possession ou l'usufruit de cette terre... ce que nous souhaitions, c'était de ne point quitter une demeure sanctifiée par des siècles de vertus... Nous pensions, d'ailleurs, que le règne des méchants n'est jamais de longue durée, que la paix succéderait à l'orage et que l'on rendrait aux enfants de saint Bernard l'asile dont momentanément ils se trouvaient dépossédés.

— Eh bien ? demanda le père Athanase.

— Les républicains ont menti à leurs promesses et lacéré leur signature.... l'autre nuit une colonne républicaine a pris la route de Saint-Aubin ; puis après avoir investi l'abbaye, elle en a brisé les portes. Dès le commencement de la lutte dont je prévoyais assez l'issue, je rassemblai les pères dans la grande salle, et nous attendîmes les soldats qui devaient se faire des bourreaux.

— Il fallait un prétexte à cette agression.

— Les sans-culottes en ont toujours un à leur disposition. Comme je demandais à l'officier qui les commandait le motif de cette invasion inqualifiable, il me répondit : — « Vous cachez ici des aristocrates, et nous venons les arrêter ; vous conspirez contre le pays, et vous manquez à la parole que vous aviez donnée au pouvoir révolutionnaire de rester complétement en dehors des affaires de la politique. » — Ce jour-là, mon frère, nous ne cachions point de proscrits à Saint-Aubin, mais, vous le savez à l'avance, quand bien même nous aurions su nous exposer au péril qui nous menaçait à cette heure, nous n'en eussions pas moins reçu les malheureux que l'on proscrit aujourd'hui sans pitié, et dont le seul crime est de garder au Roi la fidélité qu'ils lui ont jurée... Les soldats se répandirent dans le couvent, le fouillèrent de fond en comble, pillant les objets de valeur, brisant ceux qu'ils ne pouvaient emporter, détruisant par amour du désordre, et par haine de tout ce qui avait été consacré à Dieu. Pendant ce temps, réunis dans la grande salle, gardés à vue, insultés par une poignée de soldats, nous offrions à Dieu de ferventes prières. Le danger nous semblait imminent, et nous nous attendions à être emmenés prisonniers par les soldats, malgré le peu de succès de leurs recherches. Nous les estimions trop encore. Exaspérés de n'avoir rien découvert dans l'abbaye qui fût de nature à nous rendre passible de la justice, si partiale qu'elle fût, ils résolurent de satisfaire sur nous leur cruauté et d'apaiser leur soif de sang dans la maison des fils de saint Bernard. En un instant, et sans que nous ayons pu prévoir une agression si monstrueuse les soldats saisirent leurs armes et une fusillade crépitante éclata dans la salle. Les balles sifflent, les frères tombent. On entend à la fois des prières au ciel, des blasphèmes et des cris arrachés par la douleur. Les vitres volent en éclats, le réfectoire devient le théâtre d'une effroyable scène de massacre ; le sang coule sur les dalles, des lambeaux de cervelles fumantes se collent sur les murailles ; quelques moines sont achevés à coups de crosse de fusil. Pendant cette boucherie, un jeune novice parvient à ouvrir la fenêtre, il s'échappe par cette issue, deux des nôtres le suivent... Un combat déchirant se livre dans mon âme : je me demande si j'ai le droit d'abandonner mes fils massacrés, s'il ne faut pas que le pasteur tombe au milieu de ses brebis... ou si je n'ai pas l'obligation de tenter de sauver ma vie... Je n'apportais pas une leçon, pas un exemple à l'Église en me faisant briser le crâne et trouer la poitrine par un groupe de misérables. Dieu pouvait me réserver pour une mission encore ignorée..... je profitai d'une minute pendant laquelle les bourreaux lassés, et s'imaginant avoir fini leur tâche sanglante, remuaient du pied les morts entassés dans la salle.... Je rampai vers la fenêtre, je l'escaladai, et je me trouvai dans le jardin... quoique blessé je pus me mettre à l'abri assez rapidement pour que la meute lancée à ma poursuite restât dans l'impossibilité de m'atteindre... J'attendis la nuit pour sortir de ma cachette ; les soldats venaient de commencer une orgie qui devait se terminer par la ruine totale de notre maison... A cette heure, il ne reste plus qu'un foyer incandescent de la pieuse création d'Olivier de Lamballe... Blessé, saignant, épuisé de fatigue, j'ai trouvé un abri chez des métayers ; un brave homme m'a prêté cet habit, et grâce à mon travestissement j'ai pu arriver jusqu'ici sans être inquiété par les soldats parcourant les routes en tous sens pour démolir les châteaux, profaner les églises et brûler les couvents....

— Je vous remercie d'avoir choisi l'abbaye de Léhon pour lieu d'asile, répondit le père Athanase en pressant les mains de l'ancien supérieur de la maison des fils de saint Bernard.

— J'hésitais cependant à venir, mon frère.

— Pour quelle raison ?

— J'amène sans doute la persécution à ma suite.

— Gardez-vous de le croire, et encore, dussiez-vous dire une vérité, soyez certain que moi et tous les pères placés sous ma direction, nous nous trouverions heureux et fiers de vous abriter sous notre toit, quand même la foudre le devrait frapper demain.

— Sainte charité, dit l'abbé de Saint-Aubin, voilà bien ton langage !

Le son de la cloche interrompit les deux vieillards, ils se rendirent au chœur où l'hôte de Léhon prit place à côté du père Athanase.

Une large psalmodie remplit bientôt le vaisseau de l'église gothique, et jamais les moines ne lancèrent vers le ciel les divines prières de David avec plus de ferveur qu'à cette heure terrible où le danger les entourait, montant vers eux comme une marée.

Quand les chants eurent cessé, le père Athanase réunit les frères dans la salle du chapitre. Puis dans une allocution chaleureuse, il leur raconta ce qui venait de se passer à Saint-Aubin et les encouragea à regarder la mort sans se plaindre.

— Nous n'avons pas le droit de courir au-devant du martyre, leur dit-il, mais nous devons garder la force de l'attendre sans terreur. Béni soit le trépas qui nous rapproche d'un Dieu pour qui nous avons tout sacrifié ! Nos longues veilles, nos macérations, nos travaux vont recevoir leur récompense ; si nous crions au Seigneur : *Miserere* parce que jamais l'âme n'est pure pour Celui qui voit des taches dans le soleil, répétons encore avec plus de force et d'enthousiasme le *Te deum* qui nous rappelle des idées de gloire et de triomphe. Nos frères de Saint-Aubin sont tombés sous les balles républicaines ! Dieu nous réunisse à ces pieux martyrs !... Vivons désormais dans la pensée que le jour qui nous éclaire est le dernier de nos jours ; que notre cœur cessera de battre, notre cerveau de penser, notre bouche d'achever la prière commencée avant que le soleil ait disparu dans la mer... et réjouissons-nous d'avoir été trouvés dignes de souffrir pour l'amour du Christ. Jusqu'à ce que notre tour arrive de tomber au pied de l'autel et de signer notre fidélité de notre sang, les portes de Léhon seront toutes grandes ouvertes aux proscrits.

Par un mouvement spontané, tous les moines tombèrent à genoux.

Le père Athanase les bénit.

— Pour le temps et pour l'éternité ! dit-il en traçant le signe de la croix d'une main tremblante.

Un instant après, le supérieur de Léhon dit à l'un de ses moines :

— Père Malo, conduisez notre nouveau frère dans une cellule vacante.

Les moines défilèrent lentement, en s'inclinant devant le père Athanase. Un seul demeura à l'entrée de la salle.

— Mon père, dit-il d'une voix émue, voulez-vous m'accorder une heure d'entretien ?

— Volontiers, frère Antoine, répondit le vieillard... La journée s'avance ; peut-être ne reverrons-nous jamais coucher le radieux soleil qu'il plut à Dieu d'allumer pour la fête de nos regards ; venez dans le verger ; malgré le froid, le temps est beau ; pour l'âme chrétienne, la nature sortie des mains du Créateur est un merveilleux et vaste temple.

Oui, vraiment, cette journée était belle ; au moment de disparaître, le soleil, rouge comme un disque de cuivre, se balançait à l'horizon, empourprant de grands nuages amoncelés comme des montagnes célestes. Le charme du ciel bleu, de l'air pur, était tel que Patira ne se résignait point encore à quitter le verger où le père Athanase lui avait dit de l'attendre. D'ailleurs le Figuolour rencontra Hervé qui, depuis sa longue promenade aux environs, ne cessait de lui en rappeler les épisodes. La rencontre de Kadou l'aveugle, celle de Jeanne la Fileuse, l'apparition du comte Florent, avaient fait sur son esprit une impression profonde. Il décrivit le manoir sombre, le bois de bouleaux, puis il chanta de sa voix d'ange la ballade de la *Dame de Coëtquen*, et tout doucement, posant son front sur l'épaule de Patira, il s'endormit, tandis que le jeune forgeron s'abandonnait à la rêverie.

Il était si bien plongé dans ses pensées, qu'il ne vit point passer à quelque distance frère Antoine et père Athanase.

Les religieux traversèrent l'allée dans laquelle se trouvaient Hervé et Patira, puis l'abbé, désignant un banc de pierre à son compagnon, lui dit d'une voix douce :

— Je vous écoute, mon frère.

— J'ai besoin d'épancher mon cœur dans le vôtre, reprit frère Antoine, et de remonter brusquement au delà de cinq années pour vous rappeler le jour où vous me relevâtes à demi mort au pied de la potence de Dinnâmas du haut de laquelle je m'étais jeté dans la mort.

— Pourquoi rappeler ces douloureux souvenirs ? mon fils.

— Il me plaît de comparer mon désespoir d'alors avec

le calme suprême qui est aujourd'hui mon partage... Dieu, qui m'avait donné tous les biens, me les a tous successivement repris, afin de me faire comprendre qu'en lui seul se trouve le bonheur complet, absolu, sans variation et sans ombre...

— Oui, cela est vrai, mon fils, le bonheur de l'homme ne se fixe qu'en Dieu.

— Vous savez si j'aimai de toutes les puissances de mon âme la créature charmante à laquelle j'étais uni.... Blanche possédait toutes les grâces, toutes les qualités, toutes les vertus...

— Je l'ai connue, mon fils, et vous n'exagérez rien.

En ce moment un bruit léger se fit entendre dans le feuillage.

— Quelqu'un nous écouterait-il? demanda frère Antoine.

— Le jardin est désert, mon fils, les pères sont dans leurs cellules.

Frère Antoine reprit :

— Je croyais alors, insensé ! que le Seigneur permettait de faire deux parts de son âme, d'en laisser une à Dieu et d'abandonner l'autre à la tendresse d'une créature... J'oubliais ce que vous m'avez appris : Dieu est un Dieu jaloux, il arrache de ses mains divines avec une violence que nous accusons parfois d'être cruelle, tout ce qui n'étant pas lui jette dans notre cœur de trop profondes racines... Certes, il fut une heure dans ma vie où nul ne pouvait se dire plus heureux que moi... Je possédais une magnifique fortune, un nom que je m'efforçais de porter avec honneur, une femme idolâtrée, et deux frères, Florent et Gaël, qui semblaient alors m'aimer...

Un soupir plaintif parvint à l'oreille de frère Antoine.

Il jeta autour de lui un regard moins inquiet que curieux; le père Athanase lui dit doucement :

— Le vent siffle dans les branches, mon ami...

Après un moment de silence, frère Antoine reprit :

— Tous les liens du monde sont brisés pour moi... Je ne saurais trouver désormais qu'en Dieu le repos de l'esprit et la plénitude de l'âme... Pendant de longs jours, pendant plus de trois années, j'ai cru que vainement j'appellerais sur moi la paix du ciel... l'orage persistait dans mon cœur... l'arme qui m'avait frappé restait dans la plaie saignante... le Seigneur ne daignait pas encore panser la blessure faite par sa main divine... j'appauvrissais mon sang par le jeûne ; je veillais pour abréger la longueur des nuits dont les rêves se peuplaient d'une image trop chère... j'usais mes genoux sur les dalles de la chapelle, et mes lèvres brûlantes se collaient sur une tête de mort... Et cependant, le calme ne se faisait pas en moi... Le Dieu vengeur et jaloux me tenait écrasé sous son bras vainqueur, Jésus ne devenait pas pour mon âme l'agneau divin dont la douceur pénètre les fibres de notre être... Vous avez compris une partie de ces luttes, mon père, et je vous dois d'être sorti plus fort de ce combat où pouvait sombrer ma foi dans l'éternité et le dernier rayon d'une espérance surhumaine...

— Ce fut une rude, bien rude épreuve, mon fils...

Frère Antoine poursuivit d'une voix plus calme :

— Nous ne sommes jamais tentés au-dessus de nos forces... Après le combat vaillamment soutenu, je connus le repos... Il me sembla que subitement je me trouvais enveloppé dans une béatitude divine... le vent du ciel glissa sur moi... Ce n'était plus le souffle de l'Esprit que Job sentait, dans ses nuits d'angoisse, passer sur lui et hérisser le poil de sa chair... c'était la brise caressante et parfumée qui devait agiter les palmes quand le Sauveur traversait les champs de la Judée... A partir de ce moment, je cessai de souffrir. Les choses de la foi, loin de m'effrayer, m'attirèrent vers leurs abîmes de splendeurs... Je me jetai en Dieu pour me perdre dans l'océan de sa grâce... Le monde me parut loin, si loin derrière moi que j'en perdais la vision à force de regarder le calvaire... Je n'entendais plus que l'écho des chants célestes; je regardais déjà comme impossible de m'arracher à l'arche de salut dans laquelle vous m'aviez donné asile...

Le père Athanase pressa les mains du jeune religieux.

— Quand pour la première fois je vous demandai à prononcer des vœux mettant une infranchissable barrière entre moi et le monde, vous avez jugé dans votre sagesse que je devais subir un temps d'épreuve... ce temps vient d'expirer...

— Je le sais, mon fils.

— Je viens donc vous renouveler ma prière.

— Quoi ! vous voulez ?

— Me lier à Dieu d'une façon indissoluble.

L'abbé de Léhon secoua la tête.

— Je sais, reprit humblement frère Antoine, que je ne suis point digne d'être admis parmi nos pères, et j'attends de votre seule bonté le droit de revêtir le même habit et d'occuper aussi ma stalle au chœur.

— Vous ne comprenez point ma pensée... répondit le père Athanase.

— Daignez donc l'expliquer, je vous en supplie.

— Mon fils, dit l'abbé de Léhon, quand je refusai par prudence de vous admettre parmi nous, l'obstacle que je trouvais à vous permettre de prononcer des vœux éternels venait de vous... Je craignais que votre douleur s'usât par sa violence même... les grands désespoirs sont peu durables, en général, parceque sans cela ils briseraient notre âme ! Dieu l'a créée assez forte pour supporter plus d'une douleur... Dans sa bonté le Seigneur fait succéder la joie à l'épreuve, et tel homme frappé brusquement par une grande douleur, et qui croit n'y point pouvoir survivre, s'étonne un jour de retrouver en lui des forces nouvelles, et d'aspirer vers d'autres tendresses et d'autres joies... Faut-il blâmer ces hommes, les taxer d'hypocrisie dans l'expression de leur ancien désespoir ? Non pas ! Ils disaient vrai, ils sentaient vivement, profondément ; seulement ils ne savaient point eux-mêmes quelles ressources de jeunesse et de résurrection Dieu a cachées dans le cœur de l'homme....

— Mon père, dit frère Antoine, quelle femme mérita d'être pleurée comme Blanche de Coëtquen ?

— Le bruit de ses douces vertus vint jusqu'à nous, mon fils ; certes elle possédait toutes les qualités qui subjuguent, charment, et gardent un cœur ardent et fidèle ; mais encore une fois, en dépit de tout ce qu'elle possédait de grâce et de beauté, d'esprit et de vertu, plus d'un époux l'eut oubliée sans doute... Vous avez supporté votre épreuve claustrale, j'ai suivi avec un intérêt poignant, affectueux, vos constants efforts pour dompter cette légitime douleur et la déposer au pied de la croix... depuis cinq ans vos travaux ont rendu à notre abbaye de véritables services ; votre intelligence a gravi vers des sommets qu'elle ne se flattait pas d'atteindre... Enfin je puis vous l'avouer, sans craindre de vous donner d'orgueil, vous êtes un de ces hommes qu'un ordre est fier de s'attacher...

— Eh bien ! mon père ?

— J'hésite encore cependant.

— Pour quelle raison, oh ! je vous en supplie, daignez me l'apprendre.

— Elle ne vient pas de vous, mon fils.

— De nos frères ?

— Tous vous chérissent et vous estiment.

— Je ne comprends pas ! murmura frère Antoine.

— L'obstacle devant lequel je recule vient des événements qui se passent autour de nous.

— Vous n'en connaissez point d'autre ?

— Non, mon fils.

— Alors, mon père, ma prière la plus ardente sera exaucée.

— Pourquoi vous lier à une famille proscrite d'avance?

— Afin de partager son sort.

— On a pillé, brûlé Saint-Aubin hier, demain ce sera le tour de Léhon.

— Qu'importe que ces murailles saintes nous ensevelissent sous leurs ruines.

— La mort est proche, sans doute.

— Cette mort sera le martyre.

— Rien ne vous oblige à courir au-devant.

— Nul ne m'ordonne de m'y soustraire.

— Il me semble qu'autoriser en des circonstances semblables la prononciation de vos vœux est vous condamner d'avance.

— Avez-vous le droit de manquer à votre promesse ? demanda frère Antoine, vous m'avez soumis à une épreuve de cinq ans, je l'ai fermement soutenue, consolé que j'étais par la grandeur du but poursuivi... Chaque soir j'effaçais un jour du calendrier, chaque soir je m'endormais avec la consolante pensée que les prières, les pénitences, le travail des heures qui venaient de s'enfuir me rapprochaient du moment où je revêtirais la robe monacale qui me servira de suaire... Mon unique consolation était l'espoir de rompre mes derniers liens, si faibles qu'ils fussent... J'aspirais à la mort volontaire, la mort absolue dans l'amour du Christ, celle qui fait de nous non plus un homme par la volonté, mais un ver, un cadavre, en attendant l'heure où la voix de Jésus nous crie un « lève-toi ! » triomphant, et où nous ressuscitons parés d'un reflet de sa propre gloire... Vous n'avez pu durant cinq ans m'abuser par ce mirage trompeur et me promettre un bien dont la jouissance me serait refusée, quand je tends avidement les bras pour le saisir... qu'importe le temps, mon père... Si j'étais encore dans le monde portant mon titre de marquis Tanguy de Coëtquen, ne courrais-je pas un danger égal...?

— Vous seriez libre de fuir, de quitter un pays abandonné à une abominable frénésie et qui, comme les tyrans de Rome, se baignera dans le sang des martyrs.

— Je ne fuirais pas, dit Tanguy, je serais à Paris pour tenter de sauver le Roi....

— Partez! partez! mon fils, dit l'abbé de Léhon; comme gentilhomme vous vous devez au trône dont vous serez peut-être le dernier défenseur.

— Je ne me dois qu'à Dieu, mon père... Mes lèvres ont désappris toutes les paroles humaines, je ne sais plus que prier...

— Et s'il s'agissait d'un devoir à remplir?

— Je ne m'en connais pas en ce monde.

Le père Athanase baissa le front et parut réfléchir. Un moment après, il dit d'une voix plus basse :

— Vos frères...

Tanguy de Coëtquen frémit de tout son corps.

— Vous touchez une plaie vive, mon père, dit-il.

— Je le sais, répondit l'abbé de Léhon.

— Tenez, fit le marquis Tanguy en rejetant en arrière le lourd capuchon de bure qui depuis si longtemps cachait son visage, il reste au fond de mon âme une blessure si douloureuse que je n'ose la sonder... Dieu me pardonne mes doutes, mes méfiances, mes craintes... J'essaie en vain de ne point écouter les voix terribles qui me parlent durant mes nuits... les noms de Florent et de Gaël se mêlent malgré moi au souvenir de la mort de

Blanche.... Ils ne l'aimaient pas, la douce créature.... Ils la haïssaient comme une ennemie, ils jalousaient le rang auquel je l'avais élevée... Il existe dans le cœur de l'homme de sombres abîmes que seul l'œil de Dieu peut sonder... Elle est morte jeune, si jeune! et si vite.... Je l'avais quittée florissante de santé, et les pleurs qu'elle versait n'avaient d'autre cause que le regret de me voir partir... Elle est morte bien soudainement, mon père...

La voix du marquis Tanguy devint plus sombre. Il s'arrêta, ses mains se crispèrent, et son accent tremblait quand il reprit :

— Si j'étais resté dans le monde, il se fut peut-être passé là-bas un drame horrible... A cette heure encore mes frères remplissent-ils comme ils le devraient les devoirs que leur nom imposa...? Du fond de ce cloître plus d'un écho en m'apportant leur nom m'a fait frissonner d'épouvante... Ils ne s'aimaient pas, ils en sont venus à se haïr!.. Le Roi a besoin de ses gentilshommes, les princes font appel à la noblesse, et Gaël et Florent restent dans le manoir de Coëtquen!.. Mon père! mon père! je ne me fais pas seulement moine parce que le Seigneur m'appelle à lui pour me consoler dans mon angoisse, je sens que je dois expier des fautes que j'ignore et dont il me semble que le poids retombe sur moi... Gaël et Florent ont déserté ; je suis obligé deux fois de rester à mon poste, afin de racheter leur faute... Tout me pousse vers l'autel, tout m'attire vers la croix, vers la tombe... je n'attends plus qu'un mot pour avoir le droit de mourir avec vous.

Le père Athanase se leva.

— Devant Dieu qui nous entend, marquis Tanguy de Coëtquen, n'est-il pas un devoir assez sacré pour vous rattacher au monde?

— Je ne m'en connais pas.

— Soyez donc satisfait, mon frère, mon fils, ce que

vous souhaitez si vivement, je le ferai... vous voulez prononcer des vœux, aujourd'hui même le ciel les recevra.

— Oh ! merci, mon père !

— Autrefois, reprit le père Athanase avec tristesse, une semblable cérémonie était pour tout le pays l'occasion d'une fête solennelle... Notre chapelle s'emplissait de curieux; les cloches de Léhon sonnaient à grandes volées, toute une population de pauvres gens attendait sur la place une abondante distribution d'aumônes... La nature même semblait le plus souvent en fête, car nous aimions choisir de belles journées, des soleils éclatants, pour ces manifestations de la foi chrétienne... Vous n'aurez aucune de ces pompes, mon fils... L'époque à laquelle nous vivons nous interdit d'attirer sur nous l'attention des patriotes révolutionnaires... La nuit prochaine, dans le mystère et dans l'ombre, n'ayant pour témoins que vos frères en Jésus-Christ, vous deviendrez un membre militant de notre famille proscrite...

— Merci ! oh ! merci, mon père ! s'écria le marquis Tanguy.

— Allez dans la chapelle, mon fils, priez, demandez au Seigneur de vous éclairer encore.

— Je ne veux plus que le prier de me bénir !

Le père Athanase et Tanguy de Coëtquen prirent lentement le chemin du cloître. L'abbé de Léhon semblait profondément absorbé dans ses pensées, le marquis levait vers le ciel un front rayonnant de joie.

Quand tous deux eurent disparu, Patira sortit de la cachette sous laquelle il était resté pendant cet entretien. Ses yeux brillaient de joie, ses lèvres remuaient comme s'il prononçait des actions de grâces. Il pressa si fort Hervé sur son cœur que l'Enfant-Bleu s'éveilla.

— Dieu de bonté, murmura Patira, Dieu juste, inspire-moi ce que je dois faire !

Et couvrant Hervé de baisers, il rentra dans l'abbaye.

XI

LES VŒUX

Qu'allait faire le Fignoleur ? que pouvait-il ?

L'heure de révéler le secret de madame Blanche ne venait-elle point de sonner pour lui ?

Il quitta le jardin, et continuant à porter Hervé dans ses bras, il monta jusqu'à la petite chambre de l'enfant, le posa sur son lit, et comme Hervé ouvrait les yeux, il lui dit en l'embrassant :

— Dors, mon mignon, je reviendrai dans une heure.

— C'est bien long.

— Sans doute, mais pour te récompenser d'avoir été sage, je te raconterai la légende de saint Hervé, le noble aveugle, le patron des bardes de la Petite-Bretagne.

— Alors, je vais dormir, mon ami Patira.

Le Fignoleur rejoignit le père Athanase.

— Tout est prêt, dit l'adolescent, je souhaite, mon père, répéter devant vous une expérience décisive.

— Je me réjouirai d'autant plus de la voir réussir, mon ami, que les moines de Léhon, mes dignes fils, me supplient de permettre que tous les trésors de l'abbaye rehaussent durant cette nuit la joie d'une fête intime et chrétienne.

— Vous y devez consentir sans danger, mon père ; je vais, en pressant le ressort que vous savez, démasquer les portes des écluses, et un tour de clef suffira pour inonder les souterrains. Les révérends pères peuvent prendre dans les mystérieuses armoires les pièces d'orfèvrerie formant le trésor de Léhon. Après la fête dont vous me parlez, nous les remettrons à leur place, et pour plus de sûreté, je me trouverai là afin d'être prêt à tout événement pour sauver ces richesses, si quelque sujet d'alarme nous était donné pendant cette nuit.

— Bien, mon enfant, je crois bon en effet de satisfaire de la sorte les fils dont l'âme et l'existence me sont confiées.

Patira ne s'était point trop avancé en affirmant qu'il avait retrouvé le secret du mécanisme destiné à mettre en sûreté les richesses séculaires de l'abbaye. A peine le père Athanase eut-il effleuré le bouton de métal que les portes de l'écluse apparurent, la clef ciselée tourna sans peine, et les eaux de la Rance se précipitèrent dans la salle avec une impétuosité telle que le père Athanase et Patira faillirent être renversés.

Le Fignoleur referma rapidement les portes, ouvrit le déversoir, et une seconde après l'eau se trouvait complètement écoulée.

— Bien! dit le moine, bien!

— Ainsi, demanda Patira, je passe la nuit à l'abbaye.

— Ce sera la dernière, mon enfant, je tremble toujours d'attirer sur toi les malheurs qui nous menacent.

— J'ai promis à Hervé de partager sa chambre.

— Tout est pour le mieux... tu as grand besoin de sommeil, mon cher enfant... repose-toi près de ton protégé.... Nous célébrons, je te l'ai dit, une fête nocturne, si tu entends chanter à une heure plus avancée de la nuit, si tu entends du bruit dans les couloirs, ne sois point inquiet...

Le Fignoleur saisit la main du vieux moine et la porta à ses lèvres.

— Tu trembles, mon ami, dit le père Athanase, ta peau est brûlante, la fièvre s'allume dans tes yeux, tu souffres...

— Oui, dit Patira, je souffre d'une grande angoisse.

— Tu as compté sur ton courage plus que sur tes forces.

— Vous le voyez, Dieu m'est venu en aide et j'ai réussi... Mais à l'heure suprême, à l'heure où la lutte s'achève, et où sans doute je recevrai le prix de mes travaux, mon père, je vous l'avoue, je tremble et j'ai peur.

— Va, mon fils, va ! et que sur toi repose la bénédiction de Dieu !

Par un mouvement de fierté enfantine, Patira releva le front, puis il s'éloigna en murmurant :

— C'était un lourd, bien lourd fardeau à porter pour le pauvre misérable bohémien ! cette nuit il sera relevé de son vœu, cette nuit...

Il n'acheva pas et courut à la chambre d'Hervé.

L'enfant ouvrit les yeux et tendit les bras à son ami.

— Patira, dit-il, j'ai fait un beau rêve.

— Conte-le moi, veux-tu ?

— Oui, je veux bien... Nous étions tous deux près de la tour de Coëtquen, tu sais la grande tour noire qui se baigne dans l'étang... Je ne sais pourquoi je tendais les bras vers le cachot dont tu m'as montré la grille arrachée et où demeura la marquise Blanche qui était une sainte... Tout à coup je l'ai vue, elle... Oh ! je l'ai reconnue tout de suite... Elle portait une longue robe bleue, et ses cheveux blonds tombaient jusqu'à ses pieds... Ses pieds glissaient sur l'eau de l'étang, je l'appelais, et toi, à genoux, la tête dans tes mains, tu priais en sanglotant...

11.

la marquise m'a pris dans ses bras, elle m'a regardé longtemps, elle m'a embrassé, et je passais mes mains dans ses longs cheveux avec une joie infinie... Enfin elle s'est mise à courir jusqu'au grand calvaire... sur la dernière marche se tenait un moine dont le visage était caché par son capuchon.... je le reconnaissais, cependant.... c'était frère Antoine.... La marquise Blanche s'est avancée, et doucement elle m'a mis dans les bras du frère : — « Je te le donne ! » — a-t-elle dit, puis elle a disparu... Alors tu es entré... N'est-ce pas, c'est un beau rêve ?

— Oui, un beau rêve, un rêve envoyé par le bon Dieu...

— Maintenant, assieds-toi là, sur mon lit, et tiens ta promesse.

— Quelle promesse ?

— Celle de me raconter l'histoire du patron des bardes.

En ce moment l'horloge de l'abbaye sonna neuf heures.

— J'ai le temps, pensa Patira.

Il prit place sur la couchette d'Hervé, et de cette voix douce qui était presque une mélodie, il commença pour l'Enfant-Bleu le récit d'une des plus poétiques légendes de la Petite-Bretagne.

— Il y a longtemps, bien longtemps, dit Patira, quand les plus vieux chênes du pays n'étaient pas encore des glands, quand les rois franks voulaient à leur cour des bardes et des musiciens choisis dans tous les pays du monde, afin d'improviser des vers en leur honneur en les accompagnant de la harpe, de la rote ou de la lyre, un jeune homme appelé Hyvarnion vint de l'île de la Grande-Bretagne à la cour du roi Childebert ; de l'an 513 à l'an 517, il parut au milieu des festins et des scandales d'une cour barbare, gardant sur son visage un calme que rien ne put altérer, et conservant son cœur pur, en dépit des désordres qui se multipliaient autour de lui. Mais le beau, le juste, le chaste Hyvarnion ne put rester près de l'assassin des fils de Clodomir, et il vint en Armorique avec une lettre de Childebert pour le Kon-Mor ou grand chef du pays. Il serait sans doute retourné dans l'île de Bretagne, si durant une partie de chasse qu'il fit en compagnie d'un officier frank, il n'avait rencontré, près d'une source, une jeune fille occupée à cueillir des simples. La ballade bretonne dit que la jeune fille était très-belle :

« Sa robe était blanche, et rose son visage.

« Si blanche sa robe, si rose son visage, qu'elle semblait une fleur d'églantier sortant de la neige.

« Et elle ne faisait que chanter : « — Quoique je ne sois, hélas ! qu'une pauvre iris au bord de l'eau, c'est moi qu'on nomme la *petite* Reine. »

« Le seigneur comte dit à la jeune fille en s'approchant : « — Je te salue, *petite Reine de la fontaine*, comme tu chantes gaiement, et comme tu es blanche !

« Comme tu es blanche, et comme tu chantes gaiement ! quelles fleurs cueilles-tu donc là ? »

« — Je ne suis pas blanche, je ne chante pas gaiement, ce ne sont pas des fleurs que je cueille ;

« Ce ne sont pas des fleurs que je cueille, mais trois espèces de plantes salutaires :

« L'une est bonne pour les gens tristes, pour les aveugles l'autre est bonne, et si je puis trouver la troisième, celle-là guérira de la mort. »

« — Petite Reine, je t'en supplie, donne-moi la première de ces plantes. »

« — Sauf votre grâce, seigneur, je ne la donnerai qu'à celui que j'épouserai. »

« — Tu l'as donnée, donne-la donc ! s'écria l'officier

royal, tu l'as donnée à ce jeune homme qui est justement venu ici pour te demander en mariage. »

« Alors la petite Reine, qui s'appelait Rivanone et qui avait vu en songe le barde Hyvarnion, de même qu'Hyvarnion l'avait vue en rêve, tendit la fleur de la joie à son fiancé; et deux jours après les noces furent célébrées à la cour du comte frank. »

— C'est une belle histoire, dit l'Enfant-Bleu qui prêtait une oreille attentive au récit de Patira, mais tu ne parles point de mon patron saint Hervé.

— Patience! dit doucement le Fignoleur en entourant son protégé d'un bras carossant.

— J'écoute! j'écoute! dit l'Enfant-Bleu.

Patira reprit son récit.

« — Trois ans plus tard, Rivanone et Hyvarnion chantaient près d'un berceau pour endormir un petit enfant aveugle, qu'ils avaient appelé Hervé : *amer, amertume.* Et cependant l'enfant éprouvé fut un enfant béni, sur lequel s'épanchèrent les grâces divines; Rivanone était chrétienne, elle trouva au pied de la croix la fleur de la résignation... Hélas! toutes les douleurs devaient frapper successivement le cœur de la *petite Reine de la fontaine*; Hyvarnion, le barde, expira deux ans plus tard, et une seule voix inspirée berça les journées sans clarté de l'orphelin. Hyvarnion mort, la misère entra dans la maison, la faim en passa le seuil, et Rivanone pleura en regardant son fils.

« Alors celui-ci tendit ses petits bras vers sa mère malade :

« — Ma chère petite mère, dit-il, si vous m'aimez, vous me laisserez aller à l'église,

« Car voilà que j'ai sept ans accomplis, et à la messe je ne suis pas encore allé ! »

« — Hélas ! mon cher enfant, je ne puis vous y conduire, quand je suis dans mon lit malade ;

« Quand je suis malade d'une maladie qui dure depuis si longtemps, que je serai forcée d'aller demander l'aumône. »

« — Demander l'aumône, ma mère, vous n'irez point ; j'irai pour vous, si vous le permettez.

« J'irai avec quelqu'un qui me conduira, et en marchant, je chanterai ;

« Je chanterai vos beaux cantiques, et les cœurs seront attendris. »

« Et il partit afin de chercher à manger pour sa mère qui ne pouvait pas marcher.

« Or, il eût été dur, le cœur qui n'eût point été ému sur le chemin de l'église, quel qu'il fût,

« En voyant le petit aveugle de sept ans, sans autre guide que son chien blanc ;

« En l'entendant chanter, grelottant, battu par le vent et par la pluie, sans chaussure à ses petits pieds et ses dents claquant par le froid.

« On était au jour de la solennité de tous les saints, laquelle se prolonge le second jour du *mois noir*, afin d'adoucir par des prières les souffrances des trépassés. Les pauvres gens vont alors en groupes à la porte des chaumières chanter un cantique lugubre réclamant des prières et des messes pour les âmes des défunts ; on leur offre une aumône en échange du *chant des âmes*, et ce fut dans la compagnie de ces mendiants qu'Hervé fit son apprentissage de chanteur nomade.

« Le soir des Morts, bien avant dans la nuit, l'enfant revenait vers sa mère, après sa tournée ;

« Et il était bien fatigué, si fatigué qu'il ne pouvait tenir sur ses pieds, tant la route était glissante sous la pluie glacée ;

« Si fatigué qu'il tomba sur la bouche, et sa bouche vomit du sang, du sang avec des dents brisées ! »

L'Enfant-Bleu leva vers Patira son regard humide :

— Mon saint patron souffrit bien plus que moi, Patira. Il me semble le voir, sous le vent et la pluie, chantant pour apporter du pain à sa mère malade... Mais il avait une mère, Patira, et si Dieu m'avait gardé la mienne pour la nourrir, j'irais le long des routes chanter la ballade dont tu sais les couplets.

— Ta mère fut une sainte comme Rivanone à la langue harmonieuse, dit Patira.

« Hervé tout enfant commença à évangéliser les Barbares, mais plus d'une fois on le poursuivit de huées, on le chassa à coups de pierres ; le sol de granit déchirait ses pieds nus, et seul son chien blanc léchait ses pieds et le réchauffait de son haleine. Quand il se sentait trop las, Hervé revenait puiser du courage près de Rivanone, et chercher des consolations à sa douleur apostolique:

« Ma mère, voilà sept ou huit ans que je cours ce pays, et je n'ai rien pu gagner sur des cœurs durs et cruels.

« Je voudrais être en un lieu solitaire où je n'entendrais que chanter ; où je n'entendrais, chaque jour, ma mère, que les louanges de Dieu. »

« — Mon fils, vous voulez être clerc pour devenir prêtre plus tard. Dieu soit loué ! Il me sera doux de vous entendre dire la messe. »

« — Ce n'est pas, ma mère, pour être prêtre ; l'état de prêtre est un grand fardeau, et il effraye mon faible esprit : outre la charge de mon âme, j'aurais celle des autres âmes ; j'aime mieux vivre au fond des bois toute ma vie avec les solitaires, et être instruit par eux à servir Dieu, pour le faire bien servir. »

« Alors Rivanone donna à son fils aveugle un message

pour son oncle Gourfoed, et tandis qu'elle-même cherchait un asile au milieu de pieuses recluses, Hervé se mettait en route pour se rendre à l'ermitage où Gourfoed élevait les enfants d'Armorique.

« Comme Hervé allait à l'école, le soleil entourait son front d'un cercle de lumière ; les colombes chantaient sur sa route, et son chien blanc jappait de joie.

« Arrivé sur la porte de l'ermitage, le chien jappa de plus en plus fort ; si bien que l'ermite l'entendant sortit pour recevoir le fils de sa nièce.

« — Que Dieu bénisse l'orphelin qui vient de bon cœur à mon école, qui vient me trouver pour être fait clerc ; ô mon enfant ! que ta chevelure soit bénie ! »

« Hervé apprit la grammaire, le chant, la musique, et il devint tellement habile qu'il remportait le prix sur tous ses condisciples.

« Il étudia sept ans, et sept ans il resta loin de Rivanone, sa mère bien-aimée ; il souhaitait si vivement la revoir que Gourfoed promit de le conduire près de la sainte recluse ; mais celle-ci poussée par le même besoin de tendresse vint trouver son enfant, et tout en approchant de la maison rustique de Gourfoed, Rivanone chantait :

« — Je vois une procession de moines qui s'avance, et j'entends la voix de mon fils ; il y en aurait mille chantant que je distinguerais celle d'Hervé ; je vois mon fils habillé de gris, avec une corde de crin pour ceinture : « Dieu soit avec vous, mon fils e clerc ! »

« — Dieu soit avec vous, ma mère bien-aimée ! Dieu est bon ! la mère est fidèle à son fils. Venir de si loin pour me voir, quand vous ne pouvez plus marcher ! »

« — Puisque je suis venue pour vous voir, mon fils, que me demandez-vous ? »

« — Je ne vous demande rien, ma mère, que la permission de rester ici, pour prier Dieu jour et nuit, afin que nous nous voyions dans le paradis. »

« — Au paradis ou aux environs nous nous verrons, mon fils, avec l'aide de Dieu. Quand j'y monterai vous serez prévenu, vous entendrez chanter les anges. »

« Rivanone la sainte, Rivanone la femme poète partit, laissant Hervé dans la pensée qu'il ne retrouverait plus sa mère qu'à l'heure où le ciel la réclamerait. Mais selon la parole qu'elle lui avait donnée, ayant une nuit entendu des chants harmonieux, il comprit que le moment du trépas de l'épouse d'Hyvarnion était proche, et conduit par Gourfoed il arriva près du lit de la mourante pour recevoir sa suprême bénédiction. Et pendant deux jours et deux nuits on put voir, au-dessus de la cellule de Rivanone la bienheureuse, une échelle brillante touchant jusqu'au ciel, et par cette échelle montaient et descendaient les anges, chantant de mélodieux cantiques...

— Tu ne sais pas, Patira, dit l'Enfant-Bleu en appuyant sa tête sur l'épaule de son ami, moi aussi, j'entends chanter les anges... tiens, quand le sommeil me prend, et que des rêves passent devant mes yeux je commence à entendre des cantiques aussi beaux que ceux d'Hervé patron des chanteurs... Et dis-moi, Patira, que fit-il quand sa mère mourut?

— Son oncle Gourfoed, voulant vivre d'une façon encore plus parfaite, s'enfonça dans la forêt avec quelques disciples, et Hervé l'aveugle continua à instruire les enfants qui, des manoirs et des chaumières, arrivaient près de lui, comme un essaim d'abeilles. La réputation d'Hervé devint si grande que son évêque voulut lui donner la tonsure, mais Hervé dans son humilité ne consentit à recevoir que les ordres mineurs, puis désireux de trouver une solitude pour y vivre dans la contemplation, il marcha vers l'Orient avec ses disciples, jusqu'à ce qu'il entendit une voix lui dire : — Faites ici votre demeure! Une fontaine miraculeuse jaillit de la terre pour désaltérer les voyageurs et un homme du pays ayant accordé à Hervé l'emplacement nécessaire pour y bâtir un couvent, le saint s'en alla avec ses disciples quêter le bois nécessaire dans le pays de Léhon, dans les montagnes d'Arez, et en Cornouaille. Et quand plus tard les ouvriers exténués de fatigue ne pouvaient continuer leur besogne, Hervé le barde chrétien les charmait et les reposait aux accents de sa voix.

« Il survécut peu de temps à l'achèvement de son église, et un soir qu'il était enfermé dans l'église avec l'évêque de Léhon son ami, ses yeux aveugles s'ouvrirent, il vit descendre vers lui Rivanone et Hyvarnion qui lui tendaient les bras, et il s'écria :

« Je vois le ciel ouvert, le ciel ma patrie ! Je voudrais m'envoler comme une petite colombe blanche !

« Les portes du paradis sont ouvertes pour me recevoir ; les saints et les saintes s'avancent au-devant de moi.

« Je vois en vérité, je vois Dieu le père, et son fils béni, et l'Esprit-Saint.

« Qu'elle est belle, la Vierge sainte, avec les douze étoiles qui forment sa couronne !

« Je vois, chacun une harpe à la main, les anges et les archanges chantant les louanges de Dieu.

« Que de vierges de tout âge, que de saints de toute condition, que de femmes, que de veuves, couronnés par Dieu !

« Je vois rayonnant de gloire et de beauté, mon père et ma mère ; je vois mes frères, les hommes de mon pays.

« Des chœurs de petits anges portés sur leurs petites ailes, si gentils et si roses, voltigent autour de leurs têtes, comme un essaim d'abeilles dans un champ de fleurs plein de parfums et de chansons.

« O bonheur sans pareil ! plus je vous contemple, et plus je vous désire ! »

« Trois jours après Hervé demandait qu'on lui préparât un lit de cendres, avec une pierre pour oreiller ; il s'y étendit, et entouré de prêtres, de chefs d'abbayes, et d'évêques accourus pour honorer en lui le poète, le barde, le conférencier et le solitaire, il rendit à Dieu son esprit bienheureux !

La voix de Patira se tut, l'Enfant-Bleu fit un effort pour soulever ses paupières fatiguées, il y parvint avec peine, et murmura d'une voix indistincte :

— Je vois le ciel ouvert, le ciel ma patrie ! Je voudrais m'envoler comme une petite colombe blanche.

— Il dort ! fit Patira en mettant un baiser sur le front de l'enfant.

Le Fignoleur tourna ses regards vers la grosse horloge :
— Onze heures ! fit-il.

Et lui-même rapprochant son front du front d'Hervé s'abandonna au besoin d'un sommeil impérieux.

Depuis quinze jours qu'il n'avait pas quitté l'enceinte de Léhon, il avait pris à peine quelques instants de repos.

Tout à coup le son des cloches de Léhon s'éleva dans le silence de la nuit ; elles s'éveillaient, les saintes filles d'airain, jetant la prière aux quatre coins du ciel par leurs voix sonores. Ces voix protestaient contre les passions mauvaises dévorant à cette époque tant de cœurs et d'esprits ; elles ralliaient autour de l'autel ceux qui venaient offrir au Seigneur leurs expiations volontaires et leurs amendes honorables pour les crimes commis contre l'autel et pour le massacre de ses ministres. Chastes et pures comme aux anciens jours, elles dominaient les temps et jetaient à travers les siècles leurs harmonies chrétiennes. Peut-être sonnaient-elles pour la dernière fois, et le chant aérien qu'elles jetaient dans l'air sonore allait-il se changer en glas funèbre...

A ce signal, les cellules des moines s'ouvrirent discrètement, les religieux traversèrent à pas étouffés et lents les grands corridors dont l'ombre s'éclairait à peine de la lueur vacillante d'une veilleuse brûlant aux pieds d'une statue de la Vierge. Le front incliné, les mains perdues dans l'ampleur des manches de leurs robes de bure, ils descendirent les escaliers et se rendirent à la chapelle. Un merveilleux spectacle les attendait.

Le frère sacristain s'était surpassé dans l'ornementation de l'autel. Les flambeaux d'or, d'argent, de vermeil, supportaient des centaines de bougies, tandis que sur les lampadaires précieusement ciselés brûlaient d'énormes torches de cire. Ces clartés se reflétaient d'une façon prodigieuse sur une niche de vermeil représentant une église gothique, sous le portail de laquelle se dressait l'ostensoir constellé de pierreries. Des pendeloques de châtelaines, des colliers de princesses, des diadèmes de reines, des ceintures d'orfèvrerie avaient donné leurs brillants, leurs émeraudes, leurs saphirs, pour la création de cette œuvre unique dont l'auteur avait achevé sa vie dans le cloître même que cette œuvre enrichissait. Des statues d'argent massif accotées à l'autel s'éclairaient du reflet des lampes. Les reliquaires d'émail byzantin renfermant des corps saints entourés de bandelettes de satin brodées d'or et de perles luisaient au milieu des fleurs. Des tentures garnies de crépines d'or descendaient de la voûte à plis lourds; dans les encensoirs le charbon rouge s'allumait aux balancements du plus jeune des novices, et l'orgue préludait au fond de la chapelle sous les doigts habiles du père Laurent.

Et les cloches sonnaient, fières, harmonieuses, emportées dans leur vol comme un oiseau merveilleux, elles allaient et revenaient obéissantes, mêlant leurs timbres d'argent aux ronflements de l'airain heurté par le battant de métal.

La porte latérale de la chapelle s'ouvrit, et lentement, après une génuflexion faite devant l'autel, les pères s'agenouillèrent dans leurs stalles.

Un prie-Dieu avait été réservé pour le frère Antoine, en face même du tabernacle.

Le *Veni Creator* s'élança à la fois de toutes les âmes. Si grande était la ferveur de ces hommes qui, à la veille du martyre, célébraient leurs dernières pompes monacales qu'il leur semblait entendre planer au-dessus de leurs têtes les ailes de la colombe mystique évoquée par l'hymne sacrée.

La joie était d'autant plus grande parmi les moines de Léhon, que, depuis cinq ans qu'il recevait chez eux une hospitalité fraternelle, l'étranger connu sous le nom de frère Antoine, et dont le supérieur possédait seul le secret, s'était fait chérir de tous par sa douceur, sa bonté, son humilité patiente. La sainte famille de Léhon se réjouissait de s'attacher cet infortuné par des liens indissolubles.

Frère Antoine n'a pas quitté la chapelle depuis l'heure où le père Athanase lui a promis que cette nuit même il serait appelé à prononcer ses vœux.

Agenouillé sur les dalles, l'esprit perdu dans la contemplation, le cœur inondé d'une paix céleste, il ne trouve plus dans son âme que des actions de grâces à rendre au Dieu qui le prend par la main et l'appuie sur sa poitrine pour le consoler. Il tourne vers le ciel ses tendresses et ses espérances, il se jette à l'avance dans l'abîme de l'éternité, et mesurant l'étendue de ses nouveaux devoirs, il demande au Seigneur la force de les emplir.

Ces devoirs lui prescriront d'être humble et pauvre ; mais depuis qu'il habite Léhon, l'infortuné n'a-t-il point renoncé à son rang, à son nom ; que pourraient contre lui les suggestions de l'orgueil, quand volontairement il a mis entre lui et le monde les murailles d'un monastère?

On lui commandera l'obéissance ; mais il n'a plus de volonté propre. Jadis son vouloir était de réaliser le bonheur d'une créature choisie ; elle a quitté la terre, il ne songe qu'à la rejoindre, et les sentiers épineux étant ceux qui le mèneront le plus vite vers elle, il choisira ces sentiers, afin de se rapprocher davantage de la sainte qu'il a perdue.

On exigera de lui la promesse de garder son âme dans ses mains, pure de toute pensée dont pourraient rougir les anges ; mais l'objet de son unique tendresse a quitté une terre indigne d'elle, et le cœur que Blanche avait occupé sans en combler l'abîme, puisque Dieu seul est assez infini pour suffire à l'âme humaine, se tournera tout entier vers celui qui le forma pour son amour et sa gloire.

En sondant son âme, frère Antoine ne trouve rien qui l'attriste en ce monde et les tendresses qu'il ressent le rapprochent du ciel, loin de l'en éloigner.

Il n'a point entendu le sacristain et les novices aller et venir dans la chapelle, sans bruit, et cependant avec un pieux empressement; le chant du *Veni Creator* le réveille, et il invoque avec un redoublement de ferveur les inspirations et les lumières de l'Esprit-Saint dont les flammes embrasent à la fois les cœurs et les intelligences.

Quand le chant s'est achevé, le père Athanase s'avance vers la balustrade de l'autel et d'une voix tremblante d'émotion, il dit au frère Antoine :

— Que demandez-vous?

— L'entrée du cloître, mon révérend père.
— Aucun lien ne vous attache au monde ?
— Aucun.
— Vous porterez le joug de vos vœux ?
— Avec joie.

— Mon frère, dit le père Athanase, je ne puis que me réjouir à la pensée que vous allez faire partie d'une famille dont vous êtes aimé... Le fardeau que vont soulever vos épaules est léger, et le joug que vous acceptez est doux, selon la parole même de Jésus... Vous venez à nous courageusement, généreux, à l'heure de la tempête et du danger ; ce nous est une nouvelle obligation de vous accueillir avec une charité joyeuse... Pour tous ceux qui vous entourent, vous êtes depuis longtemps un frère, et je vous considère comme un fils... Je crois être encore au jour où je vous trouvai sur les bords de la Rance, brisé dans votre corps, l'âme meurtrie, le cœur noyé d'angoisses... Vous avez trouvé douce l'hospitalité de notre maison, Dieu en soit loué ! le Sauveur vous ouvre les bras avec amour, et je vous donne en son nom sa bénédiction pour le temps et pour l'éternité.

Puis se tournant vers les moines agenouillés dans leurs stalles, le prieur leur demanda :

— Quelqu'un d'entre vous connaît-il une raison pouvant empêcher frère Antoine, connu dans le monde sous le nom de Tanguy de Coëtquen, comte de Combourg, baron de Vaurufier, de prononcer des vœux éternels ?

Les moines secouèrent négativement la tête ; l'éclair de leur regard trahit seul leur étonnement en apprenant que le marquis Tanguy s'était pendant cinq ans humblement caché sous le nom de frère Antoine.

Pour la seconde fois, le père Athanase répète cette solennelle question, sans obtenir d'autre réponse qu'un silence ému.

Tanguy se lève, son regard brillant se fixe sur l'autel tandis que les moines entonnent le *De profundis*. L'homme doit mourir en lui afin que le chrétien seul subsiste. On le retranche du monde des vivants, avant de l'admettre dans la solitude qui embrasse à la fois le jardin des Oliviers, le Carmel et le Thabor.

Tanguy mêle sa voix à celle de ses frères, il chante ses propres funérailles, et à mesure que l'hymne de mort s'avance, il lui semble qu'il se dépouille de son enveloppe terrestre pour respirer dans l'air natal du paradis.

Quand l'*Amen* s'est prolongé sous les voûtes, le père Athanase élève la voix et répète pour la troisième fois cette adjuration :

— Si quelqu'un a une révélation à faire, et que cette révélation doive entraver la résolution de Tanguy, marquis de Coëtquen, je le somme de parler au nom de Dieu et de l'Église.

En ce moment une petite porte s'ouvre, et une voix vibrante répond :

— Moi, mon père, moi !

Tous les yeux se tournent vers l'entrée de la sacristie, Tanguy tressaille et son cœur bat plus vite dans sa poitrine quand il reconnaît Patira tenant par la main le petit Hervé.

Le Fignoleur marche droit vers la balustrade, il se trouve alors en face de Tanguy et à la gauche du père Athanase.

Le vieillard semble profondément troublé ; quant à Tanguy, ses deux mains se cramponnent à la galerie de l'autel, et il semble défier de l'attitude et du regard qu'une créature humaine soit capable de changer sa volonté et de l'arracher à Dieu.

L'Enfant-Bleu promène ses regards interrogateurs et

candides de Patira à frère Antoine dont pour la première fois il voit le visage couvert de cicatrices pâles.

Le Fignoleur arrache de son cou un sachet de toile que Tanguy reconnaît : il sait qu'il renferme les deux écus donnés par la marquise Blanche, mais ce qu'il n'a jamais vu, c'est une longue mèche de cheveux blonds dont la vue et le vague parfum le font tressaillir.

Patira prend ensuite dans sa poitrine une croix d'argent dont il presse le ressort. La croix s'ouvre, et le Fignoleur, désignant l'étroite bandelette de parchemin entourant les reliques de saint Hervé, dit d'une voix tremblante :

— Au nom du ciel, Monseigneur, regardez et lisez !

Le marquis de Coëtquen saisit le reliquaire, ses yeux troublés se fixent sur l'étroite banderole couverte d'une écriture tracée d'une main tremblante en caractères de sang... Il lit le nom de sa femme, le nom d'Hervé de Coëtquen, son fils... une date funèbre... puis ces mots terrifiants : *Du fond de la Tour-Ronde...*

Ses mains serrent nerveusement la croix d'argent qu'il porte à ses lèvres ; un sanglot s'échappe de sa poitrine.

— Parle ! dit-il à Patira, parle ! cet enfant...

D'un mouvement rapide, Patira relève la manche de la tunique bleue d'Hervé et répond à Tanguy :

— Monseigneur, voici la croix que madame Blanche traça dans la chair de l'enfant, après l'avoir baptisé et nommé Hervé-Tanguy...

Le marquis de Coëtquen enlève dans ses bras le petit Hervé, il le couvre de baisers, le serre sur sa poitrine. Son cœur déborde de joie. Il lui semble retrouver sa femme si amèrement pleurée.

— Enfant de la douleur et du miracle ! s'écrie-t-il.

— Mon frère, dit le père Athanase en serrant dans ses mains la main du marquis de Coëtquen, les bras de cet enfant vous rattachent au monde, et Dieu vous laisse un impérieux devoir à remplir.

Tanguy, son fils dans ses bras, tombe à genoux devant l'autel, puis apercevant Patira qui le regarde avec des yeux voilés de larmes :

— Comment as-tu sauvé cet ange de la rage des bourreaux ?

— J'ai pu parvenir jusqu'à la meurtrière de la Tour-Ronde, Monseigneur ; sa mère me l'a donné... Moi, petit, méprisé, pauvre, j'ai eu pour tâche de le sauver, de le protéger... et puis...

Il s'arrêta, étouffé par son émotion, puis il dit :

— Après avoir soigné madame Blanche, j'ai dû l'ensevelir de mes mains sous le chêne des Douze-Archers.

— Oh ! noble et courageux enfant ! combien de choses merveilleuses et lamentables il te reste à m'apprendre... Ainsi, quand tu vins à l'abbaye remettre Hervé dans les mains du père Athanase...

— Je le soustrayais à la haine de Jean l'Enclume...

— Tu n'oses prononcer d'autres noms...

— Je ne suis point le juge de vos frères, Monseigneur !

Patira n'eut pas le temps de poursuivre, le chant de la *Carmagnole* parvint en ce moment aux moines renfermés dans la chapelle ; un cliquetis de ferraille l'accompagnait.

— Les sans-culottes ! les assassins ! dit Patira d'une voix sourde.

— Mon Dieu ! s'écria Tanguy de Coëtquen en pressant Hervé sur son cœur, ne me l'avez-vous rendu que pour me le reprendre ?

XII

LE GARDIEN DU TRÉSOR

Le père Athanase ne perdit pas une minute son calme et sa présence d'esprit. Il se prosterna devant l'autel, fit une fervente prière, puis étendant la main vers le marquis Tanguy de Coëtquen :

— Mon fils, lui dit-il, vous ne pouvez rien pour la défense de cette maison contre laquelle vont se ruer des monstres altérés de sang et de pillage, et vous vous devez au salut de votre enfant ; votre unique devoir à cette heure est de le mettre en lieu de sûreté !

— Mon père ! s'écria Tanguy, vous l'avez dit, la horde des révolutionnaires va forcer cette porte... l'abbaye n'a plus droit d'asile.

— Vous vous trompez, Tanguy, elle restera votre arche protectrice.

Le père Athanase s'arrêta un moment, les cris de la colonne commandée par Jean l'Enclume se changeaient en hurlements ; encore une minute et l'attaque de la sainte maison commençait.

Le vieillard se tourna vers l'adolescent que Dieu semblait avoir désigné pour être l'instrument de salut de tous les membres de la famille de Coëtquen :

— Patira ! dit le père Athanase d'une voix douce.

Le Fignoleur leva sur l'abbé de Léhon ses grands yeux bleus intelligents.

— Je t'ai montré l'entrée du souterrain ?

— Oui, mon père.

— Tu te souviens de la façon dont on fait jouer le ressort de la porte de fer ?

— Parfaitement.

— Prends un des cierges de ce lampadaire, et veille à la sûreté du marquis Tanguy de Coëtquen et de son fils Hervé.

Un terrible combat se livrait dans l'âme du mari du Blanche. Il ne pouvait se résoudre à laisser en plein péril ceux dont l'hospitalité lui avait été protectrice et douce durant cinq années. D'un autre côté, il sentait bien qu'il se devait à l'enfant qui venait de lui être rendu d'une façon miraculeuse, et dont les petits bras se nouaient autour de son cou. Peut-être, entraîné par un sentiment chevaleresque, allait-il refuser de s'enfuir à l'heure du péril et remettre pour la seconde fois le salut d'Hervé entre les mains du Fignoleur, quand trois coups de marteau de Jean l'Enclume résonnèrent sur la porte de l'abbaye comme un bélier d'assaut.

L'enfant, effrayé, se serra sur le sein de Tanguy, et répéta :

— J'ai peur, père, j'ai peur !

Le regard du prieur étincela sous ses cils blancs.

— Partez ! dit-il, partez avec mes souhaits de bonheur et ma bénédiction !

Patira s'élança dans la nef et Tanguy le suivit en criant :

— Adieu ! adieu !

Hervé agita ses mains en répétant plus bas

— Adieu ! adieu !

Dans la cour on entendait le bruit grossissant des

assaillants. Au son que rendait la porte attaquée par la masse de fer du forgeron, il était facile de deviner qu'elle ne tiendrait pas longtemps. Les moines qui jadis élevèrent l'abbaye et son église à la gloire de Dieu n'avaient point prétendu en faire une forteresse. Ils pensaient dans leur pieuse confiance que le Seigneur la prendrait sous sa garde et la défendrait contre ses ennemis ; s'il plaisait à Dieu de souffrir temporairement le triomphe des méchants, les saints fondateurs que protégeait Noménoë savaient bien que Dieu prendrait une revanche éclatante. Rien ne se trouvait donc préparé pour qu'il fût possible aux moines de supporter un siége ; leurs seules armes au moment où la révolution heurtait à leurs portes étaient la prière et la résignation.

— Venez, monsieur le marquis, venez ! dit Patira.

L'adolescent saisit la main de Tanguy et l'entraîna.

La torche du Fignolour jetait sur les murailles une lueur incertaine ; les grands corridors s'allongeaient dans les ténèbres, et jamais le dédale des couloirs et des escaliers n'avait semblé enchevêtré d'une façon plus compliquée.

Patira démasqua dans une boiserie la porte donnant accès à l'escalier, puis il descendit quelques marches, en élevant la torche de telle sorte que Tanguy pût distinguer les degrés de la vis de pierre s'enfonçant dans les entrailles du sol.

— Père ! père ! dit Hervé saisi brusquement par le froid humide des murailles et inquiété par la nuit au sein de laquelle on l'emportait, père, j'ai peur, où allons-nous ? j'ai grand peur !

— Hervé, mon chérubin, dit Patira, nous sommes là tous deux, le seigneur de Coëtquen ton père, et moi ton fidèle ami ; prends courage et prouve-nous que tu seras un homme ; nous arrivons bientôt.

L'enfant posa son front sur l'épaule de Tanguy.

Lorsque le Fignoleur parvint au bas de l'escalier, il prêta l'oreille et tenta de distinguer quelques-uns des bruits du dehors ; une rumeur sourde arriva jusqu'à lui, assez semblable à un roulement lointain de l'orage.

A l'aide de la clef que le père Athanase lui avait remise, Patira ouvrit la porte du premier souterrain.

— Monsieur le marquis, dit-il, vous êtes maintenant à l'abri des assaillants de l'abbaye.

Puis traversant la grande salle remplie d'armoires et de coffres scellés à la muraille, Patira descendit l'escalier aboutissant à la chambre destinée à renfermer les trésors de Léhon.

En ce moment les panneaux des vitrines se trouvaient ouverts ; il ne restait que de rares objets d'orfèvrerie, les chefs-d'œuvre les plus précieux ayant servi cette nuit-là à décorer l'autel, afin d'ajouter à la pompe chrétienne de la prononciation des vœux du marquis Tanguy.

— C'est la salle du trésor, dit Patira d'une voix rapide ; dès que vous serez en sûreté, Monseigneur, j'y reviendrai pour remplir un autre devoir non moins sacré que celui que j'accomplis en vous sauvant.

Patira marcha vers le fond de la salle. Il appuya le doigt sur un bouton, et l'entrée d'un couloir étroit et bas s'offrit au marquis.

— Monseigneur, reprit Patira, voici la porte d'un souterrain dont les sans-culottes ignorent l'existence ; pénétrez-y sans crainte, et marchez aussi longtemps que ses voûtes vous protégeront. Je n'ai point eu le temps de le traverser depuis le jour où le père Athanase m'en révéla le secret ; je sais seulement qu'il aboutit à un amoncellement de roches naturelles placé au milieu d'un bois de bouleaux... Restez caché dans cet asile jusqu'à ce que j'aille vous y rejoindre...

Patira baissa la tête et ajouta plus bas :

— Si vous ne me voyiez pas, Monseigneur, c'est que j'aurais été tué en défendant contre les hommes de Jean l'Enclume le trésor de l'abbaye dont je vais avoir la garde...

— Tué, toi ! mon second fils ! s'écria le marquis.

— Dieu seul est le maître, Monseigneur ; je remplirai mon devoir, le reste est dans ses mains... S'il m'appelait à lui, promettez-moi de parler souvent de Patira à l'Enfant-Bleu, à mon cher Hervé...

— Ah ! je jure...

— C'est assez de promettre, Monseigneur ; ensuite...

L'adolescent s'arrêta brusquement.

— Que souhaites-tu encore ? demanda Tanguy de Coëtquen avec bonté.

— Ce serait trop, oui, sans doute, ce serait trop désirer pour le jeune enfant volé, meurtri, battu et méprisé...

— Rien de trop pour toi, Patira ; tu es de ceux à qui Dieu donne des cœurs de héros ! et sur ma parole de gentilhomme, j'exaucerai ton suprême désir.

— Eh bien ! si je meurs... faites-moi ensevelir à l'ombre du chêne des *Douze-Archers*, où moi-même j'ai couché madame Blanche.

Un sanglot s'échappa de la poitrine de Tanguy.

— Tu ne mourras pas ! dit-il, je ne veux pas que tu meures ! Je te dois les dernières joies d'une vie cruellement éprouvée, et je tiens à payer ma dette ! Mais tu dis vrai, Dieu seul est le maître ! Si tu succombais dans ta noble tâche je te ferais ensevelir près de ma femme bien-aimée... le sauveur à côté de la victime... Va, mon enfant, et que Dieu te garde !

D'un mouvement rapide, le Fignoleur saisit à deux mains le front d'Hervé et le couvrit de baisers, puis ramassant un bout de cire resté dans la salle, il l'alluma à la torche du marquis ; ensuite, désignant de nouveau à Tanguy l'entrée du couloir :

— Partez vite, Monseigneur, on a besoin de moi là-haut.

— Je t'attendrai dans la grotte du bois.

— Je vous y porterai des vêtements de paysan et des vivres ; si je chargeais un ami de cette commission, souvenez-vous de n'accorder votre confiance qu'à celui qui vous abordera en vous citant la devise de votre maison :
« *Que mon supplice est doux !* »

— Je tremble pour toi ! dit Tanguy en serrant les mains de Patira.

— Adieu, Monseigneur ! répondit le Fignoleur, je viens de sauver Hervé, le trésor des Coëtquen, je vais tenter de sauver le trésor de l'abbaye de Léhon.

Le marquis s'enfonça dans le souterrain sombre, portant d'une main la torche de cire vacillante, et de l'autre soutenant Hervé qui gardait un stoïque silence, mais dont les yeux bleus roulaient de grosses larmes.

Quand la petite porte se fut refermée, Patira traversa en courant les deux chambres mystérieuses et gravit l'escalier conduisant aux corridors de l'abbaye.

Au dehors le tumulte grandissait ; les cris de rage, les chants obscènes, le retentissement du fer sur le bois, le bruit sec des pierres lancées contre les vitraux de la chapelle, augmentaient de minute en minute.

A peine le Fignoleur venait-il de disparaître avec le marquis Tanguy, que les moines de Léhon se précipitèrent vers l'autel, enlevant le tabernacle de vermeil, l'ostensoir d'or ruisselant de pierreries, les chandeliers d'argent, les vases chefs-d'œuvre d'orfèvrerie, et les châsses précieuses dans lesquelles reposaient les corps saints. Chacun s'occupait activement mais sans bruit ; le silence précurseur de la mort enveloppait cette église qui allait devenir une tombe. Les lampes avaient été décrochées de leurs longues chaînes, il ne resta bientôt plus dans la chapelle que la lueur indécise d'une veilleuse se balançant devant le grand crucifix.

Patira rencontra les religieux au moment où ils s'apprêtaient à descendre l'escalier du souterrain.

Le courageux enfant débarrassa de son fardeau le plus âgé des pères, puis allumant une lanterne, il guida la file des moines vers la grande salle dont le supérieur et le sacristain connaissaient seuls l'existence.

En un instant le sol de la pièce sur laquelle s'ouvraient les portes de l'écluse se trouva couvert d'objets d'une valeur inestimable. Sous les clartés de la lanterne fixée au mur, rayonnait un amoncellement d'or, d'argent et de pierreries. C'était l'éblouissement d'un rêve, une vision empruntée aux mille et une nuits. L'or blanchissant sous la lumière se confondait presque avec l'argent; le vague parfum de l'encens remplissait encore les encensoirs; les châsses s'allongeaient sur le sol laissant voir couchés sur leurs lits de brocart les corps sanctifiés auxquels d'habiles artistes avaient rendu l'aspect de la vie, grâce au modelé de la cire. On eut dit une nécropole d'or au sein de laquelle dormaient du sommeil des justes ceux que Dieu sacra pour le martyre.

Dans un angle de la salle de riches ornements en drap d'or couverts de fleurs d'or frisé et de broderies en relief formaient une magnifique tenture. Jamais tant de richesses n'avaient été réunies dans un si petit espace. Les moines groupés autour priaient tout bas pour que le ciel défendît les objets sacrés de toute profanation.

— Mes frères, dit le père Athanase d'une voix grave dans laquelle vibraient des notes douloureuses, Dieu m'est témoin que si le trésor de Léhon m'appartenait en propre, je l'abandonnerais à ceux qui tentent à cette heure de nous l'arracher par le pillage. Je leur épargnerais les crimes dont ils vont charger leurs consciences déjà trop souillées, s'il s'agissait de choses périssables que chacun est le maître de distribuer. Mais ce que vous voyez ici n'appartient à aucun de nous ! Nous vivions pauvres et mortifiés au milieu de ces richesses. Nos prédécesseurs nous les ont léguées, nous devons les transmettre à nos successeurs. Mourir pour les défendre est un devoir, et ce devoir nous saurons le remplir. Les possessions de l'Église restent à l'Église. Combien de générations de moines ont passé ici, trouvant une joie édifiante à voir grossir nos saintes richesses ! En ont-ils moins jeûné, ont-ils été moins mortifiés, moins pauvres ? Notre royaume n'est pas de ce monde, et tous nous y avons renoncé volontairement. Les misérables qui heurtent à nos portes et vont nous demander du sang ou de l'or ne peuvent comprendre que nous devons périr à côté des possessions de Dieu, dont nous sommes les dépositaires. Que les entrailles de la terre les dérobent à tous les regards... qu'elles restent à l'abri de la profanation et du sacrilège ! Dieu saura nous payer ce que nous allons souffrir pour sa cause.

Le père Athanase attira le Fignoleur sur sa poitrine.

— Avant une heure, lui dit-il, nous serons tués ou dispersés... Notre mort est la confession de notre foi, et nous ne ferons rien pour échapper au supplice... Les biens de notre maison se trouvent en sûreté... tu connais le moyen de les défendre... uses-en à la dernière extrémité... ce que garde la Rance est bien gardé...

— Comptez sur moi, mon père, dit Patira d'une voix qu'il s'efforçait d'affermir.

Le pauvre enfant ne tremblait pas pour lui, mais à

l'idée de quitter pour jamais le saint vieillard, son jeune cœur se brisa :

— Dieu voit tes larmes, dit le père Athanase, il te les compte pour des prières ! Moi je te bénis !

Le vieillard serra l'adolescent sur sa poitrine, puis il fit un signe aux moines de Lôhon.

Patira reprit sa lanterne afin d'éclairer la route aux pères qui regagnaient lentement la vis de pierre.

Depuis que le trésor était enfermé dans la grande salle, Patira ne craignait plus de le voir profaner, et avide de savoir ce qui se passait dans le couvent, dont Jean l'Enclume et ses hommes faisaient le siège, le Fignoleur remonta avec eux l'escalier du souterrain.

Au moment où les moines rentraient dans les couloirs, la horde des révolutionnaires envahissait la cour.

Quelques minutes seulement séparaient les martyrs de la mort.

— Allons au chœur, dit le père Athanase.

Patira suivit ses protecteurs.

Alors, tandis que les misérables compagnons de Jean l'Enclume se précipitaient dans la sainte maison, hurlant, criant, blasphémant, brisant les meubles, fouillant les salles, et demandant à grands cris ceux dont ils avaient soif de répandre le sang, les moines groupés dans le chœur autour du père Athanase faisaient une confession suprême et recevaient l'absolution de la dernière heure.

A son tour le père abbé se prosterna devant le frère Malo, et celui-ci prononça sur la tête de son supérieur les paroles sacramentelles.

Patira tendit ses mains jointes vers le père Athanase.

— Et moi ? moi ? demanda-t-il.

Le vieillard exauça l'héroïque Fignoleur, puis tirant de son sein des hosties consacrées qu'il gardait pour cette heure suprême, il déposa sur les lèvres de ses frères et sur celles de Patira le viatique du suprême voyage.

Les moines s'absorbèrent dans le sentiment de la possession de leur Dieu.

Le père Athanase adressa au Pignoleur un signe solennel, et celui-ci disparut après s'être prosterné devant l'autel dont le tabernacle restait vide.

Les moines agenouillés se rapprochèrent et tandis que les cloches s'éveillaient dans le clocher, leurs voix se confondaient pour la dernière fois.

Ces cloches n'annonçaient plus la pompe joyeuse fêtant l'entrée d'un novice dans la maison du Seigneur; elles n'éclataient plus en sonorités triomphantes; leurs voix paraissaient avoir oublié l'hymne de l'allégresse; douées d'une âme vivante, elles se lamentaient et pleuraient, tintant le chant des morts et traînant les sons d'un chant funèbre...

L'humble frère convers chargé de sonner les offices avait voulu jusqu'au bout remplir les devoirs de sa charge.

Il n'ignorait point que les sans-culottes lui feraient payer ce zèle de la vie, mais il lui semblait n'avoir plus à remplir d'autre mission que celle d'annoncer à tous l'agonie de ses frères.

Les moines, à genoux, les bras en croix, chantaient le *Dies iræ*.

Tout à coup, une trombe humaine pénétra dans l'église.

Les révolutionnaires, traversant la nef, arrivèrent dans le chœur, le blasphème aux lèvres, des couteaux, des fourches, des sabres à la main.

Aucun des moines de Léhon ne cessa de chanter; l'hymne de mort s'éleva avec un redoublement de force et de ferveur.

Jean l'Enclume leva son marteau, et ce marteau brisa le crâne du père Athanase.

Le frère Malo eut la poitrine traversée par une pique, et le père Claude tomba à la renverse ; un coup de sabre, en coupant l'artère carotide, avait interrompu la strophe latine sur ses lèvres. Nul des moines ne résista, nul ne se défendit ; quand ils ne furent plus que deux, ils se jetèrent dans les bras l'un de l'autre, recommençant la phrase solennelle du *Dies iræ*...

Un paysan armé d'une faux emmanchée à revers trancha à la fois les deux têtes pâles sur lesquelles se reflétait la clarté de la lampe du sanctuaire.

Après le massacre vint l'orgie ; les assassins se prirent par les mains et dansèrent le *Ça ira* autour des cadavres palpitants.

Quelques sans-culottes coururent au réfectoire, dans l'espérance d'y trouver du vin ; d'autres cherchèrent l'entrée des caves.

Jean l'Enclume gardait son idée fixe.

Depuis le jour où pour la première fois il avait assisté à un office solennel dans l'abbaye de Léhon, il ne cessait de rêver à ces ostensoirs magnifiques, à ces diamants montés en gerbes, en couronnes, et dont la piété des moines ornait l'image de Marie. Au fond, il lui importait peu de tuer les moines de Léhon et de brûler le monastère, s'il ne gagnait rien à ces sacriléges.

Une fois déjà il s'était vu frustrer dans ses espérances ; au château de Coëtquen, il n'avait trouvé qu'un cadavre au fond de l'oubliette dont il conservait la clef mystérieuse depuis plus de cinq ans.

Mais à Coëtquen, le trésor rêvé par lui pouvait ne pas exister. Rien ne prouvait que Florent et Gaël n'eussent point disposé des diamants de la marquise Blanche, et de la vaisselle d'argent amassée par des générations successives.

En cinq ans, des hommes du caractère de Gaël et de Florent commettent bien des folies. Les maîtres de Coëtquen pouvaient donc avoir changé en or sonnant les pièces d'argenterie difficiles à emporter, s'ils se trouvaient jamais obligés de fuir.

Mais les moines avaient gardé intact le trésor dont la garde leur était confiée depuis la royale fondation de Noménoë ; et suivant une vague tradition répandue dans le pays, il devait être dans les profondeurs de la terre.

Tandis que ses camarades brisaient les pauvres meubles des cellules, Jean, un couteau à la ceinture, son marteau sur l'épaule, un bout de cierge à la main, suivit les couloirs au hasard, et finit par trouver le corridor sur lequel s'ouvrait la porte conduisant aux souterrains.

Alors il se pencha au-dessus du gouffre et regarda : une faible lumière tremblotait en bas.

— Tiens ! pensa-t-il, quelqu'un m'a devancé.

Il s'appuya contre la muraille, trouva la première marche et descendit ; la lueur de sa torche pouvant le trahir, il la jeta derrière lui.

— C'est assez d'une chandelle pour deux, dit-il en regardant la faible étincelle qui s'agitait au-dessous de lui.

Le cœur de Jean l'Enclume battait avec une extrême violence ; il devinait qu'il approchait du but ; quant à s'inquiéter de celui qui le précédait, la pensée ne lui en vint même pas. Il se réjouit au contraire de ce qu'un être sans doute bien renseigné lui indiquerait la route des salles souterraines.

Du reste, celui qui venait d'atteindre la porte de la première salle marchait lentement et courbé sous un fardeau qu'il traînait plus qu'il ne portait.

Il dut s'en débarrasser un moment, afin de prendre une clef et de l'introduire dans la serrure d'une porte étroite ;

puis, quand cette porte se fût ouverte, il se baissa pour reprendre deux énormes chandeliers d'argent, dont son épaule ne pouvait supporter le poids. A l'instant où franchissant le seuil il allait attirer sur lui le panneau massif bardé de fer, un obstacle imprévu l'en empêcha.

Il se retourna surpris, et un cri d'angoisse s'échappa de ses lèvres.

Jean l'Enclume venait de placer son pied entre la porte et la muraille.

Cette fois, il ne dit point : « — Part à deux ! » comme il avait fait dans le château de Coëtquen en s'adressant à Simon. Il trouvait une occasion unique de vengeance. Sa haine et son avarice allaient se trouver satisfaites en même temps.

Dans le jeune homme se hâtant de porter des lampadaires dans les souterrains, il venait de reconnaître Patira.

Les deux mains du forgeron s'abattirent sur les épaules de l'adolescent. Il le lança pour ainsi dire dans la salle, repoussa les chandeliers du pied, tourna la clef dans la serrure, afin d'empêcher l'intervention d'un de ses complices dans l'accomplissement de sa vengeance et dans la perpétration du vol ; puis s'adressant au Fignoleur d'une voix qui tremblait de rage :

— Ah ! te voilà ici, vermine ! avec moi, face à face ! si loin de tous que nul ne pourra te défendre... Avorton qui as cru avoir raison du colosse ! mendiant qui as voulu l'emporter sur moi et ruiner ma forge au profit de la tienne ! Je te déteste ! je te hais ! Depuis longtemps, je voulais ta vie, et je vais la prendre.

Tout à coup, les yeux de Jean l'Enclume, qui s'accoutumaient à l'obscurité relative du souterrain, se tournèrent vers la seconde salle ; au milieu des pénombres il vit luire l'or et l'argent, et secouant d'une main une torche pour en aviver les clartés, de l'autre serrant à le briser le bras de Patira, il descendit les marches conduisant à la seconde salle, au milieu de laquelle se trouvaient réunies dans le désordre inévitable qui avait accompagné leur mise en sûreté les richesses sacrées du monastère.

— A moi ! dit Jean l'Enclume, à moi tout ! tout !

— Tu te trompes, dit Patira d'une voix calme, à Dieu, à Dieu seul !

— Mon rêve ! répétait Jean, un rêve d'or et de diamants... des vases précieux, des choses merveilleuses ! et je ferai de tout cela des lingots, et je vendrai les pierreries à Paris, et je serai riche ! riche !

— Tu te trompes encore, maître Judas, répéta Patira en le regardant en face, crois-moi, si tu touches à ces vases sacrés, à ces reliques saintes, tu es perdu.

— Qui me châtiera ?

— Dieu !

— Je n'y crois pas ! Non, je n'y crois pas ! et pour que ma joie soit complète, je te tuerai, toi mon ennemi, en face de ces choses que tu vénères, et je boirai ton sang dans un de ces calices...

Au moment où Jean l'Enclume proférait cet abominable blasphème, un sourd grondement se fit entendre, et la porte donnant sur le premier des souterrains retomba sourdement.

Patira frissonna.

Derrière lui toute retraite se trouvait coupée.

— Le Dieu que tu blasphèmes vient de te répondre, Jean ; tu as pu entrer dans cette salle, tu n'en sortiras jamais !

Le forgeron s'élança vers la porte.

— La clef, dit-il, donne-moi la clef.

— Je ne l'ai pas, répondit l'adolescent.

— Tu connais le secret qui l'ouvre, au moins.

— Je sais seulement que vous allez mourir.

— Mourir ! moi ! mais tu me prends donc pour un être chétif semblable à toi ? Cette porte, je la jetterai dehors d'un coup d'épaule.

— Essayez ! dit Patira tranquillement.

Le colosse bondit vers la porte, il tenta de la briser avec son marteau, mais les bandes de fer qui la doublaient rendirent ses efforts inutiles ; il le comprit et revint vers Patira.

— Le secret, dit-il, le secret, et je te donne une part du butin.

— Non, dit Patira.

— Le quart, veux-tu le quart ?

— Non, Jean, non.

— Eh bien ! nous partagerons, Patira, nous partagerons... Tous deux nous serons riches, je cesserai de te haïr... Au fond, tu as eu souvent des torts... Je sais que tu es habile, on t'a surnommé le *Fignoleur*... le secret ? apprends-moi le secret....

— Écoutez, Jean, reprit Patira d'une voix grave comme celle d'un juge, vous m'avez fait du mal, vous avez torturé mon enfance, et broyé mes membres sous vos coups... cela, je vous le pardonne, je suis chrétien... Maintenant, nous sommes deux hommes l'un en face de l'autre... Vous êtes robuste et je suis faible, et pourtant à cette heure, le plus calme c'est moi... Voulez-vous renoncer à la coupable pensée de vous approprier des trésors qui ne sont pas à vous, et dont les saints moines de Léhon avaient reçu le dépôt... ? Voulez-vous, regrettant votre vie de crimes, de débauches, jurer de revenir à des sentiments meilleurs ? A cette condition, et en souvenir de Claudie, je vous ferai grâce... Si loin que soient ces temps, rappelez-vous que vous avez été fait chrétien, que vous avez reçu l'hostie sacrée sur vos lèvres d'enfant !

ayez pitié de vous, Jean, ayez pitié de votre âme !

— Je n'en ai pas ! répondit le forgeron.

— Songez à votre éternité.

Jean l'Enclume éclata de rire.

— Courte et bonne, voilà comme je veux la vie. Il m'est égal que ma carcasse pourrisse dans un lieu ou dans un autre... Il n'y a point de paradis, il n'y a point d'enfer !

— Mon Dieu ! mon Dieu ! fit Patira en joignant les mains, il ose dire ces choses dans une tombe.

Le forgeron bondit vers le monceau de richesses étalé dans la salle souterraine :

— Comme ça reluit ! comme ça brille ! dit-il ; à moi ! à moi ! tout... la fièvre me prend, rien qu'à manier ces choses, une étrange fièvre, la fièvre de l'or...

Puis, voyant tout à coup vaciller le reste de la torche, il revint vers Patira.

— Ne le vois-tu pas, dit-il, la lumière va s'éteindre !

— Qu'importe ! répondit Patira.

— Nous n'y verrons plus pour nous échapper.

— Nous ne nous échapperons pas !

— Quoi ? tu dis...

— Je dis que tu as fermé toi-même l'issue donnant sur le couvent, et que tous deux nous allons mourir...

— Mourir ! mais je ne veux pas, moi ! Je suis fort, je suis robuste ! J'aime la vie ! Et puis, me voilà riche ! Mourir ! J'aurais attendu une révolution, j'aurais assassiné, pillé, incendié, et je mourrais dans une cave ! Ouvre-moi, Patira, ouvre-moi... je le veux...

— Je ne veux pas ! répondit l'adolescent.

Des lueurs sanglantes passèrent devant les yeux de Jean l'Enclume ; la colère lui monta à la gorge jusqu'à l'étouffer ; il bondit vers son apprenti le couteau à la main, et l'arme s'enfonça dans l'épaule de l'adolescent qui roula sur le sol en jetant un cri de douleur.

Jean repoussa le corps du pied, puis arrachant une chappe de brocart, il commença à la remplir d'ostensoirs, de ciboires et de calices. Il ne pouvait croire qu'il ne parviendrait point à briser la porte qui venait de lui résister.

Après avoir amoncelé une partie des richesses qu'il comptait s'approprier, il reprit son marteau, et de nouveau il s'attaqua à la porte, frappant à coups redoublés sur les panneaux de chêne doublés de fer.

Pendant ce temps, Patira, revenu du premier étourdissement de la douleur, s'était soulevé sur le côté. Il souffrait peu de sa blessure, mais le sang qu'il perdait l'affaiblissait beaucoup.

Le colosse qui venait de le frapper ne songeait plus à lui.

— S'il brisait la porte? se demanda Patira.

Le Fignoleur s'appuya contre la muraille et se traîna sans bruit jusqu'à la croix de fer dont le ressort formait les écluses de la Rance. Par un effort suprême, il se redressa, appuya la main sur la clef que lui-même avait forgée, et la tourna.

Une seconde après son oreille collée à terre perçut un grondement sourd.

— Que Dieu fasse justice! dit-il.

Puis, continuant à se traîner le long de la muraille, Patira se trouva, après quelques secondes d'angoisse, à l'endroit où s'ouvrait le souterrain dont une heure auparavant il avait ouvert la porte au marquis de Coëtquen.

Accoté contre la muraille, une main crispée sur le ressort, Patira, blanc comme la mort et faible jusqu'à l'évanouissement, répéta d'une voix à peine distincte :

— Repens-toi, Jean l'Enclume! tu ne sortiras jamais de cette tombe!

Les eaux de la Rance ne bruissaient plus sourdement,

elles bouillonnaient ; Patira comprit qu'une seconde encore et elles envahiraient la salle basse.

En entendant la voix de celui qu'il croyait avoir tué d'un seul coup, le forgeron s'élança pour achever sa victime ; mais la muraille venait de s'entr'ouvrir sous la pression d'un secret, et Patira avait disparu.

Jean, qui venait de prendre son élan pour atteindre son souffre-douleurs, glissa subitement sur le sol détrempé. Surpris de trouver la terre si humide, il y porta la main et la retira toute mouillée. En même temps, le bruit grossissant des eaux de la Rance se fit entendre, les portes de l'écluse s'écartèrent davantage sous la pression de la masse d'eau qui se frayait un passage, et Jean comprit que le fleuve faisait irruption dans le souterrain. L'eau lui venait à la cheville.

Alors seulement il devina le sens de la menace de Patira :

— Repens-toi, tu ne sortiras pas de cette tombe !

Mais le forgeron ne se repentait pas ; si la mort le frappait, elle l'atteindrait en plein crime, en plein sacrilége. Les mauvais anges ne se sont point repentis de leur révolte, et Dieu permet qu'un grand nombre de coupables meurent dans l'impénitence finale.

L'heure de la grâce est passée !

Certes, pour Jean l'Enclume elle sonna souvent ! Depuis le jour où il épousa l'infortunée Claudie, l'exemple de la douceur, de la prière, lui avait été donné ; il voyait à son foyer une femme chrétienne, des enfants innocents ; mais rien n'avait été capable d'entamer ce cœur pétrifié qu'il cachait dans sa poitrine. Il puisait dans la vertu d'autrui la source d'une irritation croissante, ce qui aurait dû le porter au repentir le jetait dans l'endurcissement.

Quand le misérable acquit la certitude que l'eau continuait à monter dans le souterrain, il chercha par quelle voie elle se frayait passage, et l'ayant découvert, il arracha des vêtements de drap d'or et tenta d'aveugler la voie d'eau ; mais il s'aperçut vite de l'impuissance de ses efforts ; la violence avec laquelle la Rance pénétrait dans la salle devint telle que le colosse trébucha au moment où il tentait d'intercepter le libre passage laissé au fleuve.

Il comprit l'imminence du danger qu'il courait.

— Mourir ! dit-il, Patira me parlait de mourir... Mais je ne veux pas ! la Claudie parlait un jour de la force d'un géant de la Bible dont les mains ébranlaient les colonnes des palais et des temples... J'enfoncerai bien cette porte, quand même le diable se mettrait contre moi... Je n'ai point perdu la force de mes poignets !... oh ! cette eau qui gronde et qui menace... Il faut que je me hâte, il faut que le panneau vole en débris !

Le forgeron leva par trois fois le marteau, et trois fois il le laissa retomber ; la porte gémit, cria, mais elle ne se fendit même pas.

L'eau couvrait la première marche, encore un moment elle gagnerait la seconde.

— Malédiction ! fit Jean en bondissant vers le trésor ; quoi ! j'aurais eu dans mes bras, sous mes pieds, ce que j'ai passé ma vie à convoiter, et ces richesses enviées ne m'appartiendraient pas ! J'ai brûlé Coëtquen pour être riche, j'ai assassiné le père Athanase, et je mourrais seul, tout seul, noyé comme un chien !

Le misérable saisit son front à deux mains :

— Je deviens fou ! dit-il, je deviens fou ! Il existe un moyen de salut cependant.... cette eau monte, elle monte toujours, elle couvrira bientôt le trésor... au moyen de quel secret pénètre-t-elle dans cette salle? Un ressort la fait tomber dans le déversoir... Patira le connaissait... le misérable Patira ! Comment a-t-il disparu, lui ? car il s'est échappé... la muraille s'est ouverte brusquement, puis elle s'est refermée... Il pouvait me sauver... il me l'a même proposé, et je n'ai pas voulu... le salut venant de lui, quelle humiliation...! Mais la mort par l'eau, la mort sinistre, froide, la mort qui me menace et qui va me dévorer..., c'est horrible, horrible !

L'eau gagnait les genoux de Jean l'Enclume.

Elle ne bouillonnait plus, elle montait lentement, doucement comme une marée.

A la muraille un morceau de cire jaune jetait encore de faibles lueurs.

Jean ne voyait plus que les derniers rayons d'un ostensoir, le sommet du tabernacle, et les clochetons des châsses des saints figurant des basiliques.

Le forgeron voulut une dernière fois essayer d'ébranler la porte, il chercha son marteau, le marteau avait été entraîné ; avec le couteau dont il s'était servi pour frapper Patira, il essaya de forcer la serrure, la lame cassa comme du verre.

Jean l'Enclume colla son oreille contre la porte, et l'écho affaibli des chants d'ivresse des sans-culottes lui arriva comme un vague murmure.

Il appela, il cria ; les bruits de l'eau, clapotant contre les marches et renversant les uns sur les autres les objets amoncelés dans le souterrain, lui répondirent seuls.

Il pouvait se maintenir quelques minutes encore, mais désormais il ne se faisait plus illusion ; sa force herculéenne lui devenait inutile ; s'il ne se perçait pas de son poignard, l'eau qui montait toujours lui servirait de linceul.

Alors dans cette âme ténébreuse la rage prit les proportions de la haine des damnés. Jean maudit Dieu qu'il avait dédaigné, repoussé, chassé ; il maudit

13.

l'éternité dans laquelle il allait descendre ; il maudit et blasphéma jusqu'à ce que l'eau de la Rance gagnant ses épaules, étouffât un dernier râle sur ses lèvres. Le lesse perdit pied, agita les bras et retomba suffoqué sous son froid linceul.

La Rance montait toujours... elle monta jusqu'à ce qu'elle atteignît la voûte du souterrain, et tandis qu'elle gardait en le recouvrant le trésor de l'abbaye, la flamme achevait son œuvre destructive, et changeait en ruines fumantes le monastère du roi Noménoë.

XIII

LES FUGITIFS

Au moment où le souterrain se referma derrière lui, Patira se trouvait dans une obscurité complète. En étendant les mains, il toucha les murailles du couloir, en levant la tête il se heurta le front contre la voûte. Il fallait marcher courbé, hésitant, dans les ténèbres épaisses de ce chemin dont il ne connaissait pas l'issue.

Si le courage n'abandonnait point l'adolescent, les forces physiques commençaient à lui faire défaut; le coup porté par Jean l'Enclume lui causait de lancinantes douleurs; et son bras pendait immobile le long de son corps; de temps en temps il s'appuyait contre la muraille, cherchant pour se ranimer un souffle vivifiant qui manquait à sa poitrine. L'air du couloir était lourd, méphitique; des miasmes dangereux montaient du sol, plus d'un renard ou d'une bête fourvoyée y avait trouvé la mort; les pieds de Patira heurtaient autant d'ossements que de cailloux. De plus, le voisinage de la Rance produisait des infiltrations d'eau, et le Fignoleur marchait par intervalle dans des flaques putrides ou tirait avec difficulté ses pieds d'un chemin boueux. Il avançait lentement avec le sentiment que, s'il essayait de se hâter, la force lui ferait défaut tout à coup, et qu'il se verrait dans l'impossibilité de se soutenir. Les difficultés du chemin, la douleur cuisante causée par sa blessure, l'impression terrible laissée en lui par les événements qui venaient de s'accomplir ne lui permettaient plus de garder une notion exacte du temps qui venait de s'écouler. Par instant son cerveau fatigué s'emplissait de bruits étranges. Les pétillements de la flamme consumant l'antique abbaye, les grondements de la Rance se précipitant par l'écluse, le tintement des cloches sonnant le glas des moines de Léhon, le *Dies iræ* s'élevant avec une force sublime sous les voûtes de la chapelle se mêlaient, se confondaient pour lui. Et au milieu des crépitements, des bruits sourds, des retentissements de l'airain, des notes désolées de l'hymne de la mort, Patira distingua, tranchant sur cette basse funèbre, le dernier adieu du père Athanase, le dernier cri du petit Hervé !

Le Fignoleur ne marchait plus sur le sol inégal et rocailleux du souterrain, il se traînait. La soif brûlait ses lèvres ; sa poitrine était comme une fournaise ; il levait avec peine ses pieds endoloris, et devant ses yeux flottaient des milliers d'étincelles rouges.

— Mon Dieu ! murmura-t-il, c'est la fin !

Le pauvre Fignoleur essaya de s'accoter de nouveau contre la muraille, ses jambes se dérobèrent sous lui, il tomba sur les genoux ; la défaillance l'envahissait ; ses mains se tendirent en avant comme s'il cherchait un point d'appui, n'en trouvant pas, il glissa sur le sol, et demeura sans souffle, les yeux clos, enveloppé dans les ténèbres de la mort.

Alors il eut le sentiment d'une agonie horrible, solitaire, suivie d'une mort sans consolation, sans secours.

Nul ne viendrait à son aide dans ce lieu inconnu de tous, hors des moines tombés sous les coups de leurs assassins, et du marquis de Coëtquen qui était alors bien loin de se douter que Patira suivit cette route dangereuse.

Le courageux adolescent avait plus d'une fois affronté la mort. Il s'était vu menacé par Jean l'Enclume, exposé à être submergé dans l'étang de Coëtquen quand il le traversait pour aller au secours de Blanche ; mais alors il voyait face à face le danger, il luttait contre lui, et son courage se doublait de la difficulté qu'il devait vaincre. Mais cette fois il était seul, tout seul, dans une tombe murée. Il ne pouvait retourner en arrière, car l'eau remplissait la salle du trésor et cette énorme masse empêcherait d'ouvrir la porte mystérieuse ; sans doute, la lumière, la liberté l'attendaient à l'extrémité du souterrain, mais il sentait qu'il n'aurait pas la force de l'atteindre. Cependant il tenta un effort suprême ; incapable de marcher, il se traîna sur les genoux, ses mains débiles se tendaient en avant, comme celles d'un aveugle, il avançait avec une lenteur inouïe, et se coulait entre les murailles suintantes comme un serpent blessé. Mais une minute vint où si lent que fut ce mouvement, il lui devint encore impossible ; des bourdonnements confus bruirent dans ses oreilles, un soupir d'angoisse monta à ses lèvres décolorées, et il s'affaissa sans mouvement sur le sol. Un tressaillement nerveux parcourut son corps des pieds à la tête, dernier effort d'une vie expirante, puis une sorte de rigidité cadavérique s'empara de son être.

Autour de Patira le silence, la nuit, la mort.

Il revit subitement les phases diverses de sa vie, son âme appela à son aide le Dieu dont ses lèvres ne pouvaient prononcer le nom, puis la pensée oscilla dans son cerveau comme une lampe près de s'éteindre, elle s'éteignit.

Au bout de trois ou quatre heures, un bruit se fit entendre dans le chemin sombre, les murailles fouettées tour à tour par des ailes membraneuses renvoyèrent un son étouffé, un vol lourd, étoupé, se rétrécit dans ces ténèbres, puis ce vol s'abattit sur le sol et un râle s'échappa des lèvres de l'adolescent.

Une chauve-souris énorme venait de se poser sur son visage, et le froid visqueux de ses ailes, la morsure de ses ongles avaient ranimé le Fignoleur. Il étendit les mains pour repousser le monstre, se redressa sur les pieds, et reposé par évanouissement, il se releva avec lenteur, secoua ses membres frissonnants et se reprit à marcher.

Tout à coup il trébucha. Son pied venait de se poser sur un objet rond, élastique, qui se tordit et grouilla : c'était un reptile. Le Fignoleur, ne pouvant lutter dans la nuit contre son adversaire, rassembla ses forces et tenta de courir. Il réussit à mettre assez d'espace entre lui et l'immonde bête pour n'avoir plus rien à craindre, puis, lancé sur une pente déclive, il parcourut sans trop de fatigue un espace assez considérable.

Il lui sembla qu'un point bleu se montrait au loin.

Mais des éblouissements étranges avaient trop de fois frappé son regard, pour qu'il s'en fiât à ses impressions ; il n'osait se reposer sur une espérance ; cependant il hâta sa marche, et vit en même temps grandir le point bleu sur lequel s'attachaient ses yeux.

— Si c'était le jour ? se demanda le Fignoleur.

Cette pensée lui rendit de l'énergie.

En dépit de son courage il lui fut impossible de se traîner plus loin ; Patira aspira une bouffée d'air qui s'engouffra dans l'étroit couloir, puis se soulevant sur les coudes, il appela :

— A moi ! à moi !

Le Fignoleur l'avait deviné : le coin bleu qu'il voyait, c'était le ciel devenu visible par l'élargissement de la grotte. Au moment où Patira appelait au secours, deux êtres s'y trouvaient blottis : un homme enveloppé d'une robe de moine et un petit enfant habillé de bleu.

L'enfant reposait dans les bras de celui que l'on appela longtemps frère Antoine, et à qui le supérieur de Léhon avait rendu quelques heures auparavant son nom de marquis de Coëtquen.

Hervé se souleva dans les bras de son père :

— Entends-tu ? demanda-t-il en approchant ses lèvres de l'oreille de Tanguy, entends-tu ? on appelle au secours.

Le marquis se redressa inquiet.

— Dans quelle direction ? demanda-t-il à Hervé.

L'enfant désigna le couloir sombre.

Patira avait formellement annoncé à Tanguy qu'il viendrait le rejoindre par le chemin de la forêt. Au milieu des événements qui se multipliaient cette nuit-là avec une rapidité terrible, tout pouvait être piége ou danger.

— N'ayez confiance en personne, avait répété le Fignoleur, hors en celui qui vous abordera en vous citant la devise de votre maison.

Cependant une voix expirante venant jusqu'au marquis, il n'hésita pas ; l'humanité parlait en lui plus haut que le sentiment de sa propre sûreté, et quelque péril qu'il dut courir en s'aventurant dans le souterrain vide au moment où il l'avait traversé, et dans lequel s'étaient peut-être réfugiés des assassins, il se glissa sous la voûte, avançant avec une lenteur pleine de sollicitude. Il ne distinguait rien dans l'ombre croissante qui s'étendait devant lui, et la voix tremblante qui l'avait appelé avait cessé de le guider. Mais se baissant sur le sol il saisit une petite main glacée tendue en avant.

Alors se couchant davantage il tâta avec précaution, et comprit qu'un infortuné venait de perdre le sentiment de la vie. Tanguy le souleva par les épaules, et lentement, doucement, l'amena dans la grotte.

A peine l'Enfant-Bleu eut-il jeté son regard sur l'infortuné sauvé par son père, qu'il se précipita sur le corps rigide :

— Patira ! mon ami Patira ! dit-il.

Et couvrant de baisers le front pâle du Fignoleur, Hervé tenta de le ranimer par ses caresses.

Tanguy venait appuyer Patira contre le rocher, quand il vit ses habits maculés de sang à l'épaule droite.

— Blessé ! il est blessé ! murmura-t-il.

— Père, oh ! père, dit Hervé dont les yeux s'emplirent de larmes, est-ce qu'il va mourir, mon ami Patira ?... Lui qui m'a sauvé tant de fois ne trouvera-t-il personne pour lui venir en aide ? Je t'aime déjà bien, mais je te chérirai encore davantage si tu me rends mon ami...

— Prie, mon ange, répondit le marquis, Dieu fait des miracles.

Tanguy enleva la veste du Fignoleur, déchira la chemise de toile roidie par le sang, banda la plaie, puis il étendit Patira sur un amas de fougères laissé là par quelque pâtre. Une minute après, mouillant son visage d'eau froide, il le rappelait à la vie.

Le regard de Patira rencontra les yeux inquiets et affectueux du marquis, il se souleva et d'une voix faible comme un murmure, il dit :

— « *Que mon supplice est doux !* »

— Généreux enfant, répondit Tanguy, tu acceptes la lutte, la souffrance, avec le sourire des martyrs. Tu trouves doux ton supplice pourvu que tu te dévoues ! Dieu ne permettra pas que tu succombes ; Hervé et moi nous ne te quitterons pas.

Le Fignoleur venait de retrouver toute sa présence d'esprit :

— Je ne pense pas qu'on nous poursuive ici, dit-il, personne ne connaît le secret de la grotte, hors vieille

Jeanne, peut-être, et de celle-là nous n'avons rien à craindre... Mais il faut que je trouve assez de force pour quitter cet abri, afin d'aller vous chercher des vivres......

— Non ! dit le marquis, c'est impossible, tu es trop faible... Nous passerons bien une journée sans manger.

— Vous peut-être, Monseigneur, mais l'enfant.

— Oh ! moi aussi ! répondit Hervé, je suis un homme !

— Je vous dis que cela ne se peut pas, Monseigneur ; que vous jeûniez un jour, ce serait déjà difficile, mais il me faut des habits pour vous et pour Hervé... Si l'on vous rencontrait dans la grotte ou dans la forêt, on vous massacrerait sans pitié... Moi, c'est différent ! Quoiqu'on sache dans le pays combien j'aimais les moines de Léhon, on ne me fera pas de mal... j'irai donc seul, j'irai chez Servan...

Patira s'arrêta un moment, se demandant quel spectacle allait frapper ses yeux quand il se trouverait en face de l'abbaye.

A partir du moment où la porte du souterrain se refermant lui rendit impossible de rejoindre les moines pour les défendre ou mourir avec eux, il ignorait ce qui s'était passé dans le monastère. Chargé par le père Athanase de faire respecter le trésor de Dieu, il avait accompli une loi de justice, et prononcé une condamnation suprême.

Pour la première fois depuis qu'il avait gagné le souterrain, le sentiment d'une responsabilité terrible pesait sur lui.

Il éprouvait une hâte dévorante de connaître le reste des événements de la nuit. Dût-il tomber vingt fois en route, il résolut de se mettre en marche. Du reste le pansement de sa blessure lui procurait un soulagement réel ; il pria le marquis de lui casser une forte branche d'arbre, et s'appuyant sur ce bâton, Patira redescendit vers Léhon, en traversant la forêt, puis la campagne. Il ne rencontra personne dans les champs. L'épouvante paraissait avoir dépeuplé le pays. Apercevant une maison dont les locataires l'aimaient, il heurta à la porte, et comme nul ne lui répondit, il entra. Des galettes de sarrazin se trouvaient sur la table, près d'un pichet de cidre ; Patira prit une galette, avala une gorgée de cidre, posa quelques sous sur la table et sortit.

Cette maigre réfection lui rendit quelques forces. Il marcha plus rapidement, et au bout de deux heures, coupées par des moments de repos, il parvint sur les bords de la Rance.

Sans s'en apercevoir il avait dévié de sa route, et il lui fallut au moins un quart d'heure pour regagner les *Forges de Saint-Eloi !*

Mathée se trouvait seule dans la chambre.

Assise à terre, ses enfants dans les bras, comme si elle voulait les faire disparaître dans son sein, elle semblait avoir perdu le regard et la pensée. Une stupéfaction profonde immobilisait ses traits d'habitude souriants et doux.

Patira lui frappa doucement sur l'épaule :

— Mathée, dit-il, où est Servan ?

La femme étendit le bras du côté de l'abbaye, serra de nouveau ses enfants avec un geste farouche, puis elle retomba dans son mutisme.

Le Fignoleur entra dans son cabinet de travail, prit dans un petit meuble tout l'argent qu'il possédait et le mit dans la poche de sa veste.

Après un signe de pitié adressé à la pauvre Mathée, il sortit et marcha du côté de Léhon.

Ses jambes tremblaient sous lui ; une sueur froide inondait son visage ; il redoutait d'avancer, tant il savait d'avance combien l'épouvanterait le spectacle dont il allait être témoin.

A travers les arbres montaient encore des spirales de fumée ; de temps en temps on entendait la lourde chute d'une pierre dans le brasier ; les plafonds s'abattaient, l'abbaye achevait de crouler dans les décombres.

En bas, la Rance coulait paisiblement entre ses deux berges.

Dans l'espace où l'on voit aujourd'hui une oseraie, Patira aperçut un homme courbé sur sa bêche. Il creusait une excavation large et profonde ; et à deux pas de lui, rigides dans leurs robes de bure, s'étendaient six cadavres de moines.

La pâleur de la mort éclairée par un reflet d'espérance divine régnait sur leurs fronts ; leurs lèvres semblaient entr'ouvertes encore par ce chant suprême du *Dies iræ*.

Une créature agenouillée, dont le visage disparaissait dans les mains tremblantes, se tenait au chevet de ce vaste lit mortuaire ; on entendait à la fois ses sanglots et ses prières, et de temps en temps elle répétait :

— Seigneur ! ne faites pas retomber leur sang sur ces petits !

Patira reconnut l'infortunée.

— Claudie ! pauvre Claudie ! murmura-t-il.

Le Fignoleur traversa le petit pont jeté sur la Rance et rejoignit le forgeron.

— Servan, dit-il, ma blessure ne me permet pas de te venir en aide ; mais je te remercie de ce que tu fais pour ceux qui ont répandu dans le pays le bonheur et l'aisance et que des misérables ont payés par le supplice. Nobles grands cœurs ! saints moines de Léhon, vous passiez en faisant le bien, et la Révolution a fait de vous ses premières victimes ! Priez pour nous, maintenant que vous êtes des saints !

Servan s'arrêta une minute, s'essuya le front, donna quelques coups de bêche, puis jugeant la fosse assez grande, il s'approcha d'un des moines.

Claudie se leva, prit les pieds de la victime, les enveloppa pieusement dans les plis de sa robe de bure, et continua ainsi, jusqu'à ce que le dernier religieux fut couché dans sa tombe. Alors elle cassa quelques rameaux, les effeuilla sur eux, et se prosterna sur le sol en répétant :

— Mes enfants ne sont pas coupables ! Seigneur ! ne faites pas retomber sur eux le sang des justes !

Servan prit de larges pierres, les plaça sur le tertre en forme de croix, récita tête nue une prière, puis s'avança vers le Fignoleur :

— Quelle nuit ! dit-il, quelle nuit !

Claudie prit ses enfants par la main et murmura :

— Patira, réponds sans mentir, Jean était là, n'est-ce pas ? Jean a commencé la tuerie des saints moines ?

Patira baissa la tête.

— Où est Jean ? ajouta Claudie.

— Pauvre femme ! il faut prier, prier beaucoup ! répondit le Fignoleur.

— Je veux savoir où est Jean, répéta l'infortunée.

— Le corps de Jean est roulé dans les eaux de la Rance, répondit Patira ; l'âme de Jean a déjà paru au jugement de Dieu.

Claudie courba plus bas la tête, et s'éloigna sans pleurer ; Noll et Gwen s'attachaient à ses vêtements ; Françoise suivait, portant dans ses bras la statuette de faïence.

Patira savait bien que, dans un pareil moment, il ne pouvait rien pour alléger le fardeau de douleurs de la veuve ; d'autres malheurs plus impérieux l'appelaient. Le Fignoleur plia les genoux sur la tombe des martyrs, deux grosses larmes roulèrent sur ses joues, il montra le ciel à Servan :

— Viens, lui dit-il d'une voix grave, j'ai besoin de toi.

Sans parler, perdus qu'ils étaient dans leurs pensées, les deux hommes gagnèrent les *Forges de Saint-Éloi*.

Quelque sûr qu'il fût de la discrétion de Mathéo, Patira entraîna le forgeron dans son cabinet de travail.

— Ami, dit-il, je suis blessé, si blessé que je me suis traîné jusqu'ici sans savoir comment il me serait possible de regagner la grotte où j'ai laissé deux êtres dont je suis le seul soutien...

— L'Enfant-Bleu ? demanda le forgeron.

— Et son père, le marquis de Coëtquen.

— Le marquis Tanguy que l'on croyait mort ?

— Et qui pendant cinq ans habita l'abbaye sous le nom de frère Antoine ; sans moi, cette nuit, il y prononçait des vœux, et sans moi il y était massacré.

— Que puis-je faire ? demanda Servan.

— Il faut pendant trois jours nous approvisionner de vivres, et aujourd'hui même apporter des vêtements au marquis...

— Des vêtements, mais je n'ai que les miens.

— Tout autre costume serait dangereux.

— Mais toi, Patira, toi ?

— Dieu y pourvoira, répondit le Figuelour.

En ce moment une voix cassée s'éleva près du seuil et cette voix cria :

— Le sang a coulé dans la Rance, et la Rance est rouge, toute rouge... les corbeaux volent en grands cercles, et leurs becs gardent des lambeaux de chair... l'œuvre du démon s'avance, mais le Seigneur aura sa revanche, et malheur à ceux qui tomberont entre les mains de Dieu.

— Jeanne la Fileuse ! dit Patira, c'est Dieu qui l'envoie.

Une minute après la vieille femme pansait l'épaule du Fignoleur, la couvrait d'un onguent dont elle seule avait le secret, puis quand le jeune garçon se trouva reposé et fortifié, la Fileuse lui remit une provision de remèdes.

— L'œuvre n'est pas finie, dit-elle, et grâce à Dieu tu ne verras point ses heures les plus horribles... les mouettes volent loin et trempent leurs ailes dans l'eau de la mer, puis elles reviennent au rocher natal... toi aussi Patira, tu t'en iras vers la haute mer, mais tu reverras un jour les ruines de Léhon, la tombe où dorment les moines et la Rance purifiée de ses souillures....

Patira saisit les mains de la vieille femme.

— Jeanne ! dit-il, Jeanne ! devons-nous donc nous dire adieu ?

— Adieu est le mot de ceux qui n'espèrent plus, au revoir est le mot des chrétiens ! Si la terre nous manque, le ciel nous reste !

Une seconde après, Jeanne, heurtant le sol de son bâton, s'en allait à travers les ruines en récitant des prières d'une voix désolée.

En une minute, Servan, aidé par Mathée, fit un paquet de hardes de droguet et de drap commun ; on y ajouta un costume d'enfant, un panier de vivres, puis le Fignoleur et son compagnon reprirent le chemin de la grotte.

Si sûr qu'il fût de la discrétion de son ami, Patira ne lui révéla point le secret du souterrain ; l'existence de la caverne en était indépendante ; pour passer du couloir étroit sous les roches, le marquis avait dû déplacer des pierres amoncelées, il suffirait de boucher de nouveau l'orifice du couloir pour dissimuler la route souterraine conduisant à l'abbaye. Soulagé par le pansement de la Filouse, Patira marchait d'un pas moins lent ; quand la fatigue l'accablait, il prenait le bras de Servan.

Le silence régnait entre eux, un silence pénible et lourd ; de temps en temps le Fignoleur essuyait deux grosses larmes roulant sur sa joue. Il avait à peine dix-huit ans, et n'était point encore armé de ce stoïque courage qui refoule les pleurs dans les yeux des hommes et les accumule dans le cœur jusqu'à l'étouffer. Il ne croyait point montrer de la faiblesse en laissant s'épancher des regrets profonds ; il savait bien que si le moment du péril venait à sonner, il se retrouverait ce qu'il fut toujours dans les heures solennelles, prêt à sacrifier sa vie pour ceux qu'il aimait. Mais tandis qu'il cheminait avec Servan, Patira éprouvait une sensation étrange ; le sol lui brûlait les pieds ; il lui semblait qu'il ne respirerait plus jamais à son aise dans ce pays ravagé par des misérables, et d'où la révolution voulait exiler Dieu. Il éprouvait le besoin de fuir une terre profanée, de s'en aller loin, bien loin, au delà des mers, s'il le pouvait, afin de ne plus rien voir des abominations qui ne manqueraient pas de s'y multiplier. Son regard errait craintivement aux alentours ; la présence d'un voyageur, d'un inconnu, l'eût effrayé pour le sort de ceux qu'il allait secourir. Heureusement, il ne rencontra personne dans la campagne déserte, et gagna la grotte sans avoir été aperçu.

Le marquis de Coëtquen connaissait Servan le forgeron, et il accepta ses services ; on convint seulement que l'excellent homme viendrait le soir apporter aux proscrits les vivres dont ils auraient besoin.

Dès que Servan se fût éloigné, le marquis de Coëtquen revêtit le costume apporté par Servan. Ce costume l'eut rendu complètement méconnaissable, même si la terrible chute qu'il avait faite du haut de la poterne des Dinnâmas n'eut pas profondément altéré et déchiré son visage.

Mais quand il s'agit d'enlever à Hervé ses vêtements bleus populaires dans le pays, mais qui l'eussent désigné à la haine des brûleurs d'abbayes, il fallut soutenir contre l'enfant une véritable lutte.

— Je ne veux pas ! disait-il ; si je quitte la livrée de Notre-Dame, les méchants me tueront... c'est toi-même qui l'as dit, Patira, ma mère m'a confié à la Vierge ; elle cessera de me protéger si je la renie.

Il fut impossible de faire céder l'Enfant-Bleu ; tout ce que l'on obtint, c'est qu'il cacherait sous un costume de paysan une partie de ses vêtements bénits à Nazareth.

La robe monacale de frère Antoine, roulée dans l'angle le mieux caché de la grotte, servit de lit et de couverture à Hervé. L'enfant s'endormit au bruit des voix du marquis Tanguy et de Patira. Celui-ci racontait au maître de Coëtquen dans ses moindres détails de quelle façon providentielle il avait été attiré vers le cachot au fond duquel on avait jeté la pauvre Blanche.

Quand le Fignoleur eut achevé son récit, Tanguy attira le vaillant adolescent sur sa poitrine.

— Tu ne me quitteras jamais ! dit-il, entends-tu, jamais !

— Je vous le jure, répondit Patira.

Tous deux s'endormirent à leur tour. L'éclat d'un beau soleil d'hiver les réveilla ; leurs membres étaient engourdis ; Patira ramassa du bois mort, le marquis battit le briquet, et l'Enfant-Bleu, en s'éveillant, put chauffer ses petites mains. Durant cette journée, le couloir fut refermé avec des pierres, consolidées par de la terre ; au printemps, des mousses et des pariétaires ne pouvaient manquer de dissimuler ce travail informe, et de lui donner l'apparence de l'ancienneté.

Le soir, Servan revint. Aux questions qui lui furent adressées, il répondit qu'il n'avait rien appris de nouveau ; la bande des sans-culottes ravageait les environs de Dinan, et le citoyen Brutus venait de reprendre ses fonctions dans la ville et de signaler son zèle par l'arrestation d'un grand nombre d'hommes et de femmes accusés de conspiration contre la République.

— Mais, demanda le marquis, êtes-vous sûr qu'ils n'aient aucun mauvais projet contre le château de Coëtquen ?

Le marquis ne savait pas encore que l'incendie du manoir héréditaire et la mort de Florent et de ses serviteurs avaient précédé de quelques heures seulement le sac de l'abbaye.

Servan baissa la tête et Patira garda le silence.

Tanguy comprit. Il saisit la main du Fignoleur et l'étreignit avec une violence qui en disait plus que bien des paroles.

— Mes frères ? murmura-t-il enfin.

— Nous prierons pour eux, monsieur le marquis.

— Oh ! pensa Tanguy, la vengeance de Dieu a été bien prompte.

Patira ignorait que Gaël de Coëtquen avait réussi à quitter le château avant l'arrivée de Simon et de la bande de Jean l'Enclume.

Si grand qu'eût été le crime de ses frères, la nouvelle de la terrible mort qu'ils venaient de subir ne laissa pas que d'emplir son cœur d'amertume. Il se représenta leur lutte terrible contre les révolutionnaires ; si le frère frémit, le chrétien s'épouvanta, et cachant son front dans ses mains, Tanguy répéta :

— Seigneur, ayez pitié de leurs âmes !

Au bout de trois jours, Patira dit à Servan :

— Tu ne reviendras pas demain dans la grotte, ami ; nous aurons changé d'asile ; viens apporter des provisions au chêne des *Douze-Archers*.

— Te crois-tu donc en état de marcher ? demanda le forgeron.

— Oui, répondit Patira, et pour le salut commun, il n'est pas prudent de rester longtemps dans la même « cache ».

En effet, le soir même les trois fugitifs quittèrent la grotte de Léhon.

Le marquis tenait Hervé par la main ; Patira, de son bras valide, portait le panier aux provisions. La terre durcie par la gelée craquait sous les pieds ; l'enfant frissonnait parfois, et cependant cette promenade à l'air vif par une nuit constellée lui arrachait des exclamations joyeuses. Le marquis et Patira interrogeaient l'horizon avec angoisse ; de temps à autre, une colonne de fumée s'élevait au loin, ou bien un reflet rouge couvrait le ciel ; sans rien dire, Patira et Tanguy étendaient la main vers le point de l'horizon : un incendie s'allumait là.

Au bout d'une heure, Hervé se sentit las, Tanguy l'enleva et le garda sur sa poitrine. Avant onze heures, tous deux atteignirent le chêne des *Douze-Archers*, non loin duquel s'affaissait de plus en plus la vieille hutte du sabotier. D'un geste Patira désigna une place rendue sacrée, et le marquis s'agenouilla sur la tombe de Blanche.

— La sainte dort ici, murmura Hervé.

Puis il ajouta :

— Et c'est là que le cheval du comte Florent a manqué m'écraser sous ses sabots.

— Prie, mon ange, et ne songe qu'à prier ! dit le marquis.

Servan vint le lendemain. Il apportait de mauvaises nouvelles.

— Personne n'échappera, dit-il ; les bandits ont mis le feu au château de la Hunandaye, et Montafilan a aussi passé par le feu...

— Encore deux jours, reprit Patira, et mon épaule sera presque guérie ; il me sera alors possible de chercher un moyen de faire traverser la Manche au marquis de Coëtquen. Dès aujourd'hui, merci de ta bonne volonté, Servan, nous allons aller devant nous, et le Ciel nous viendra en aide.

— Dieu vous bénisse et vous ramène tous ! dit le forgeron en levant son chapeau.

Il s'éloigna pensif et le cœur troublé.

Le lendemain, les proscrits s'engagèrent dans le bois ; ils commençaient à s'accoutumer à l'idée de la lutte ; pendant les premiers jours, le marquis Tanguy, préoccupé de l'idée du danger de son enfant plus que de sa propre sûreté, sentait son cœur battre à l'idée de traverser un pays mis à feu et à sang par la révolution ; il lui semblait que chacun allait le reconnaître ; mais il se rassura après avoir croisé le long du chemin trois tenanciers de Coëtquen qui arrêtèrent Patira et causèrent avec lui sans reconnaître le propriétaire des fermes qu'ils cultivaient. Malheureusement les voyageurs ne pouvaient toujours rester dans la forêt, il fallut prendre la grande route. Tous trois marchaient pédestrement, quand Patira vit venir à lui deux hommes dont la rencontre l'inquiéta : l'un était Kadoc l'Encorné, l'autre Corentin la Fumade.

Soit que Kadoc eût un soupçon, soit qu'il éprouvât réellement le besoin de vider un pichet de cidre, il dit à l'ancien apprenti de Jean l'Enclume :

— Le cabaret de la Fumade est tout proche, que payes-tu à un patriote comme moi ?

— Toute l'eau de la Rance pour te noyer ! dit Patira en riant.

— Ça ne suffit pas ! répondit Kadoc ; joins-y du cidre doux de la Fumade... Faut faire quelque chose pour les patriotes, vois-tu. Est-ce que tu l'es, toi, patriote ?

— Tandis que Jean l'Enclume, Trécor le Borgne et toi, vous me battiez du matin au soir, je n'ai guère eu le temps de me former une opinion politique... Je besogne ferme pour gagner ma vie, voilà ce que je sais, et chacun en devrait faire autant...

— Et où vas-tu comme cela ?

— Du côté de Dinan, pour savoir ce qui se passe.

— Entre au cabaret de Corentin, je te le narrerai.

— C'est que je suis pressé, objecta Patira.

— Tu sais, toi, je te suspecte, mon petit ! dit Kadoc.. On te voyait le dimanche à la messe, tâche de faire oublier que l'abbé Guéthenoc était ton ami, et que tu te confessais au curé de Saint-Hélen.

— Sommes-nous en république ? demanda Patira.

— Sans doute.

— Alors les opinions sont libres.

— C'est-à-dire que vous êtes forcés d'adopter les nôtres, sinon...

— Sinon la guillotine, n'est-ce pas ? Viens boire, Kadoc, tu as raison, les patriotes se reconnaissent le verre à la main...

Corentin la Fumade les conduisit dans son bouge.

— Il faut griser ce misérable ! pensa Patira, sans cela il nous arriverait malheur.

Le cabaretier apporta trois verres ruisselants et trois pichets.

— De l'eau-de-vie ! dit Patira, et paie-toi sur cet écu, la Fumade !

Celui-ci posa un quatrième verre, en ajoutant :

— S'il s'agit d'eau-de-vie, offre-m'en, petit.

Patira versa largement dans les verres, approcha le sien de ses lèvres, tandis que par un mouvement brusque il jetait une partie de son contenu sous la table.

— Fameux ! dit Kadoc en faisant claquer sa langue, un velours... et le camarade qui t'accompagne...

— C'est un forgeron comme moi, répondit Patira.

— Verse encore, Fignoleur, et sans rancune... je t'aime depuis que tu nous régales... celui qui aime les patriotes et leur donne à boire est un pur... fameuse eau-de-vie, la Fumade... elle réchauffe et veloute l'estomac... Maintenant, je puis bien te le dire, Patira... Il m'était venu l'idée de te confier au citoyen Brutus... Je suspectais ton civisme... tiens, pour un forgeron, ton camarade a les mains blanches... Il ne donne pas trop sur la limaille... J'ai des étincelles dans les yeux, vrai ! je vois deux Corentin la Fumade, comme si ce n'était pas assez d'une canaille comme lui !... Je dirai que tu es un pur... verse encore, Patira... un velours ! la Nation est la République, et la République...

Le misérable n'acheva pas, il allongea ses bras sur la table, et cacha son front entre ses bras.

Corentin titubait avec la prétention de danser un passepied.

— Partons, dit le marquis Tanguy.

A peine les fugitifs se trouvèrent-ils dehors, que Patira respira :

— Un peu plus, dit-il, et nous étions perdus ; si vous m'en croyez, Monseigneur, nous ne continuerons pas ce chemin. Au lieu de traverser Dinan où je dois aller chercher un renseignement indispensable, nous prendrons la route de Brest, et vous m'attendrez au village de Saint-Esprit, tandis que j'entrerai dans la ville.

13.

— Soit! dit le marquis, je me fie à ta prudence comme à ton dévouement.

Il pouvait être en effet dangereux que le marquis pénétrât dans la ville ; la blancheur de ses mains pouvait être une seconde fois remarquée ; d'ailleurs, si son visage conservait d'indélébiles cicatrices, son regard trahissait encore la noble fierté de sa race. Et puis, bien qu'il fût habillé en paysan, il pouvait facilement être arrêté sous le prétexte qu'il dédaignait la carmagnole et le bonnet rouge.

Les voyageurs gagnèrent donc le côté des Bas-Foins, et ne tardèrent pas à se trouver au milieu d'un amas de maisons indigentes composant le village de Saint-Esprit.

Une grande croix, souvenir artistique et chrétien du quatorzième siècle, en faisait l'ornement, et à chaque heure du jour s'y pressaient, dévotement agenouillés, des pèlerins, des passants, des pauvres récitant leur chapelet devant les tableaux divers représentés par les « piqueurs de pierre » du moyen âge.

C'était un monument simple, mais complet, soigné et naïf tout ensemble.

Il s'élevait du sol à plus de trente pieds, et sur un piédestal triangulaire se dressait une croix couverte de curieuses sculptures représentant l'Annonciation, le Couronnement de la Vierge, la Nativité, la Vierge et l'Enfant divin. Le Christ cloué à la croix était surmonté d'une figure bénissante du Père éternel, tandis que la divine Colombe complétait la Trinité sacrée.

— Père, dit Hervé qui ne connaissait point ce calvaire, qui donc éleva cette belle croix?

— La tradition ne le dit pas, peut-être est-ce le duc de Lancastre qui laissa dans ce village où furent dressées ses tentes, une trace de son passage ; tu as raison dans tous les cas, cher enfant, c'est une très-belle œuvre.

— Voici des pèlerins, ajouta Hervé.

En effet, une femme et trois petits enfants venaient de s'agenouiller devant le calvaire. La femme leva ses mains tremblantes vers ce Sauveur, et murmura :

— Ils sont innocents de tout crime, Seigneur ! que le sang versé ne retombe pas sur leur tête.

En même temps, une voix lointaine et dolente psalmodia ces étranges paroles :

> Un bâton, deux bâtons, trois bâtons,
> Si j'avais encore un bâton, ça f'rait quatr' bâtons !

puis le malheureux continua sur le même timbre :

> Cinq bâtons, six bâtons, sept bâtons,
> Si j'avais encore un bâton, ça f'rait huit bâtons !

— Père, demanda Hervé, que chante donc ce pauvre homme sur l'air de l'*In exitu Israël ?*

— Mon mignon, dit Patira, le malheureux est idiot ; les notes de l'air lui sont seules restées dans la mémoire, et il répète là-dessus n'importe quelles paroles..., cependant, on affirme que tous les paysans d'Aucalleuc, les plus ignorants, du moins, chantent les vêpres de cette façon depuis de longues années.

— N'offensent-ils point Dieu, mon ami ?

— L'intention est bonne, repartit le Fignoleur..., les pauvres gens ignorent le latin ; ils croient sans doute que la psalmodie est la partie importante des vêpres, et sur cette musique ils adaptent des paroles dont il leur semble trouver la consonnance dans les mots qu'ils entendent à travers les ronflements du serpent de la paroisse.

— Certainement, dit le marquis, et la façon de chanter les vêpres à Aucalleuc est populaire dans toute la Bretagne.

— Est-ce que ce pays est bien éloigné des villes ? demanda Hervé.

— Non, répondit le marquis ; Aucalleuc est un endroit assez pauvre, comptant plus de landes que de terres labourables, mais il fait partie de la subdélégation de Dinan. La famille des Beaumanoir y avait autrefois droit de haute et basse justice.

La voix de la jeune femme répéta d'une voix gémissante :

— Pitié ! Seigneur Jésus ! ayez pitié d'eux et de moi... Nos mains sont pures du sang des prêtres et de la profanation des églises !

Et l'idiot reprit d'une façon lamentable :

> Neuf bâtons, dix bâtons, onze bâtons,
> Si j'avais encore un bâton...

— Tu aurais les côtes cassées, imbécile ! dit la voix irritée d'un homme dont la main, agitant en moulinet une espèce de trique, s'abattit sur les épaules de l'innocent, qui tomba sur le sol.

— La bonne farce ! s'écrièrent cinq individus accompagnant l'agresseur de l'idiot. Hardi les gars ! On te les chantera sur le dos, les vêpres d'Aucalleuc.

Le pauvre idiot se releva sur les genoux, et se traîna vers le calvaire qu'il entoura de ses deux bras. Sa figure ronde et naïve refléta une immense terreur ; la jeune femme se plaça devant lui avec ses enfants :

— Trécor, dit-elle au sans-culotte qui venait de frapper le malheureux, vous savez bien qu'il n'a pas sa raison ; ces innocents-là ne s'entendent plus avec les hommes, mais ils sont compris des anges.

— Tais-toi, la Claudie, tais-toi ! s'écria Trécor ; le citoyen Brutus nous a recommandé de ne point te faire de mal, mais si tu continues à errer dans les ruines des églises que nous brûlons, et à prier devant les calvaires, je te le jure, foi de Trécor, tu sentiras le poids de ma trique comme José l'idiot que je vais assommer.

— Jésus ! s'écria Claudie en essayant d'arracher son bâton à Trécor, vous seriez capable de ce crime, aux pieds du Sauveur Jésus attaché sur cette croix.

— Attends ! fit Trécor, j'assommerai l'idiot d'abord, je fusillerai le crucifix après.

Claudie leva ses bras en signe d'horreur ; Trécor recula de deux pas et leva son bâton.

Le marquis Tanguy s'élança sur la route.

— Qu'allez-vous faire ? lui demanda Patira plein de terreur.

— Laisserai-je devant moi maltraiter les pauvres, et insulter mon Dieu ! Garde Hervé, Patira, ton bras ne te permet pas de soulever une arme.

Tanguy ramassa sur le chemin une branche dépouillée, et bondit au milieu des révolutionnaires. Ils étaient cinq dont deux portaient des armes à feu. Tanguy saisit par le canon le fusil de l'un de ses adversaires, et l'attira d'un mouvement si brusque que le sans-culotte tomba la face contre terre. Mais ce succès faillit coûter cher au marquis, les bras des misérables se levèrent sur lui, et il dut non pas essayer d'envoyer une balle, mais se servir de l'arme conquise comme d'une massue bonne à casser quelques têtes. Un coup rudement asséné délivra l'idiot. Trécor se retourna livide de rage. Puis reculant de deux pas, il dit d'une voix tremblante de colère.

— Je ferai ton affaire tout à l'heure, citoyen de potence ! mais j'ai promis une balle au crucifix, et il l'aura.

— Arrête ! arrête ! cria l'idiot, tu seras châtié, Dieu se vengera.

— Va donc, Trécor, hurlèrent les compagnons du

Borgne, tout en essayant d'éviter les coups terribles que leur portait Tanguy.

Claudie restait debout au pied de la croix, dans l'attitude de la Mère désolée.

A quelques pas de là Patira priait. Il gardait le visage d'Hervé caché dans son sein, afin que le doux enfant ne fut pas témoin de cette profanation.

Trécor épaula son fusil et visa le Christ.

— Au cœur ! dit-il.

La balle frappa le Christ, ricocha en pleine poitrine, et revint percer Trécor qui tomba à la renverse.

Un cri de terreur s'échappa des lèvres des bandits, ils crurent voir osciller la masse de granit du calvaire, et s'enfuirent dans des directions diverses, sans même songer à relever le corps de Trécor le Borgne.

Patira se rapprocha avec Hervé.

— Dieu s'est vengé ! murmura-t-il.

— Ce n'est pas la faute de mes chéris, répéta Claudie d'une voix pleine de larmes, non vraiment, Seigneur Jésus, ce sont de petits anges, ne faites point tomber sur leurs têtes le poids de ces crimes...

L'idiot venait de reprendre la psalmodie des vêpres d'Aucalleuc.

Le marquis prit dans ses bras le corps du blessé, et le plaça sur la première marche du calvaire ; il soutint contre son épaule la tête vacillante du misérable et tandis que Patira courait chercher un verre d'eau, Tanguy disait à l'oreille de Trécor :

— Dieu t'a châtié pour ton blasphème, mais il acceptera ta mort en expiation de tes crimes... repens-toi, tu vas mourir...

Le malheureux essaya de se soulever, il regarda l'homme qui le tenait dans ses bras et qui lui parlait de miséricorde, puis tout à coup une lumière se fit dans son esprit, il se souvint d'avoir vu jadis ce visage penché vers le sien; il reconnut non pas les traits mais le regard de celui qui le secourait à cette heure suprême, et il répéta :

— Le marquis de Coëtquen... si je vis, je vous dénoncerai...

— Buvez, dit Tanguy, en lui tendant un verre d'eau.

Le blessé le saisit, mais avant de le porter à ses lèvres, il ajouta :

— J'ai tué votre frère Florent.

La main de Tanguy trembla en approchant le verre des lèvres décolorées du moribond.

— Repentez-vous ! dit-il, la mort vient... vous allez paraître devant le juge suprême, demandez miséricorde au Christ dont vous avez profané l'image.

Un peu ranimé par l'eau qu'il venait de boire, Trécor parvint à s'asseoir sur la marche de la croix, et tandis que Patira, Claudie, Tanguy et Hervé priaient pour son âme, il entr'ouvrit sa carmagnole, fit couler dans sa main le sang de sa blessure, puis le lançant vers l'image du Christ il cria :

— Sois maudit !

Il retomba livide, glacé, mort.

Claudie s'enfuit pleine de terreur, tandis que l'idiot s'asseyant à côté du cadavre continuait son chant bizarre d'une voix monotone tout en dodelinant sa grosse tête ronde.

— Venez, monsieur le marquis, venez, dit Patira.

Au lieu de continuer sa route vers Dinan et de prier le marquis de l'attendre au village de Saint-Esprit comme d'abord il en avait l'intention, Patira dit à Tanguy :

— Le danger nous environne de toutes parts... rester une heure de plus ici est exposer, non-seulement notre vie, mais celle d'Hervé, qui n'a que nous pour défenseurs... Je ne puis me dispenser dans votre intérêt de me rendre à Dinan... mais je ne puis répondre de ne pas me trouver obligé d'y passer un jour, peut-être davantage... Il faut que je vous sache en sûreté, monsieur le marquis, pour avoir la liberté nécessaire... partez donc seul et sans délai pour le Guildo... l'abbaye vient d'être brûlée, l'œuvre de sang est accomplie de ce côté, les révolutionnaires n'y retourneront pas. Cachez-vous avec Hervé dans les ruines de l'ancien château de Gilles de Bretagne... je ne tarderai pas à vous y rejoindre... quand vous entendrez sonner les pierres du Val, vous saurez que l'heure de la délivrance est proche....

— Embrasse Hervé, dit le marquis, et puisses-tu réussir.

Patira prit dans sa poche les écus trouvés par lui dans son cabinet de travail des *Forges de Saint-Éloi*, il les tendit à Tanguy.

— Ne dédaignez pas l'obole du pauvre, Monseigneur, dit-il. On vous vendra bien du pain et du lait dans quelque ferme... Adieu, et que Notre-Dame de l'Arguenon vous soit en aide !

Le marquis serra les mains de Patira, puis tous deux se séparèrent, et le Fignoleur après avoir suivi Hervé du regard prit en courant la route de la ville.

XIV

L'IDÉE FIXE DE GAEL

Au moment où Gaël abandonnait le château de Coëtquen, et renonçait à le défendre de concert avec Florent, il avait déjà pris une résolution. Sans se préoccuper de ce qui allait se passer, et coupant à travers champs, pour éviter de rencontrer la bande conduite par Brutus et ses acolytes, le vicomte gagna rapidement la ville de Dinan. Le costume dont il était revêtu le déguisait d'une façon complète. En passant près d'un ruisseau fangeux, il y trempa ses mains, et se crut désormais à l'abri de toute suspicion. Il était dit que des chances favorables se réuniraient pour déjouer à son égard la curiosité ou la malveillance, car à la porte d'un cabaret d'où sortaient trois citoyens ziguezaguant dans la rue, il aperçut un morceau de carton qu'il s'empressa de ramasser. Le hasard mettait dans ses mains une carte de civisme. Aucun nom n'y était encore tracé, Gaël se promit d'y écrire le sien, quand il aurait cherché dans un calendrier républicain le nom et le prénom qui le pouvaient classer parmi les patriotes dont la Nation pouvait être fière. Le vicomte marchait lentement dans la ville, examinant l'aspect des hôtelleries et des auberges, et se demandant laquelle de ces maisons borgnes et lépreuses pourrait lui offrir sans danger immédiat un abri suffisant. Il n'était pas d'ailleurs sans inquiétude. Dans sa hâte d'abandonner ses habits de gentilhomme, il n'avait point songé qu'il y laissait sa bourse, et la poche de la peau de bique flottant sur son dos contenait à peine quelques deniers. Donner son véritable nom était courir à sa perte ; entrer dans une auberge sans savoir comment il pourrait y payer son écot était s'exposer d'une façon non moins grave.

Le vicomte de Coëtquen, baron de Vaurufier, commençait à se trouver dans un grand embarras, quand il s'aperçut qu'il gardait au doigt un diamant de haut prix.

— Je suis sauvé ! pensa-t-il.

Dans l'espérance d'apercevoir tout de suite une boutique de bijoutier, Gaël marcha d'un pas rapide, inspectant les devantures de magasins derrière lesquelles on vendait plus de cotonnades que de bijoux.

Enfin la vitrine d'un horloger frappa ses regards, et à côté du nom du raccommodeur de montres, il lut avec un sourire : *Achat d'or, d'argent et de pierreries.*

Gaël poussa la porte et entra.

Au bruit qu'il fit, un petit homme chétif et pâle leva la tête, donna à ses bésicles un coup rapide qui les fit remonter de son nez à son front, puis il attendit que le chaland expliquât ce qu'il attendait de son habileté.

Sans parler, sans saluer, Gaël s'approcha de l'établi, ôta la bague de son doigt, et la plaça devant le petit vieillard, en demandant d'une façon laconique :

— Combien ?

Daniel Lampsmann prit le bijou, le regarda, fit jouer la lumière sur ses facettes, puis fixant ses yeux gris sur le vicomte :

— Vingt écus, dit-il.

Gaël se mit à rire.

— Mon bon homme, répliqua-t-il, vous êtes, je n'en

doute point, un excellent horloger, mais à coup sûr vous ne vous y entendez guère en brillants.

— Bah ! fit Daniel Lampsmann, j'en ai cependant beaucoup vendu.

— J'aurais voulu vous connaître dans ce temps-là.

— Pourquoi ?

— Parce qu'on les aurait payés bon marché, au prix où vous estimez cette bague.

— Vous vous trompez, citoyen, je suis un excellent lapidaire ; j'ai habité quinze ans la Hollande, et j'ai travaillé à Amsterdam.

Gaël étendit la main.

— Rendez-moi ma bague, dit-il brusquement.

— Un moment, vous êtes prompt, jeune homme.

— Je suis pressé !

— De conclure cette affaire ?

— Je vous le répète, rendez-moi ma bague.

— J'ajouterai cinq écus, dit Daniel.

— Vous êtes, je vous le répète, un ignorant ou un fou... ce diamant que vous prisez vingt-cinq écus a coûté six mille livres.

— C'est bien possible, dit Daniel avec indifférence.

— Encore une fois, ma bague !

— Je la regarde, jeune homme, et je l'admire, car c'est une fort belle pierre en vérité, oui une fort belle pierre, si belle que je suis surpris de la voir dans vos mains... Vous restez sans doute parfaitement libre de ne pas me la vendre, mais je conserve le droit de m'étonner qu'un bijou de ce genre appartienne à un garçon vêtu d'une peau de bique... Vous savez, la Nation est scrupuleuse, les magistrats républicains très-intègres, chacun de nous doit veiller à la stricte observation des lois... il est de mon devoir de ne vous restituer une bague de cette valeur que devant un magistrat, afin qu'il apprenne de vous comment vous vous l'êtes procurée.

— Et je dirai à ce magistrat, répondit Gaël, que vous m'en avez offert vingt-cinq écus.

Daniel se mit à rire.

— Je voulais m'assurer d'abord que vous en connaissiez la valeur.

— Ainsi, vous me tendiez un piége ?

— C'est possible.

— Et si je vous l'eusse vendue ?

— Je vous aurais compté vingt-cinq écus.

— Misérable Juif! dit Gaël.

— Raisonnons, raisonnons, citoyen, dit Daniel : ou cette bague vous appartient en propre, et alors vous n'êtes point ce qu'indique votre habit, et grâce à l'argent que vous recueillerez de ce bijou vous passerez en Angleterre; ou bien vous avez dérobé cette bague, et il importe à la justice de savoir à qui...

Un éclair de rage brilla dans le regard de Gaël; son poing s'abattit sur l'établi et une exclamation insolente pressa ses lèvres.

Le petit Juif se leva :

— Allons à la section, dit-il, nous pourrons nous expliquer.

Le vicomte comprit qu'il devait se laisser voler sous peine de se voir sans nul doute emprisonner sur l'heure, et il répliqua brusquement :

— Les vingt-cinq écus ! j'attends.

— Allons donc ! pensa le Juif, je savais bien que tu y viendrais.

Il compta les pièces lentement, comme s'il les regrettait, Gaël les mit dans sa poche et sortit de la boutique.

Il pouvait désormais entrer dans une auberge.

Après avoir longuement inspecté une maison surmontée de cette enseigne : « *Au vrai Patriote* », Gaël en monta les degrés, et s'avança vers la maîtresse du lieu, grosse virago haute en couleur, à voix enrouée, qui surveillait trois fourneaux tout en distribuant des taloches à quatre enfants sales et mal peignés dont la chevelure embroussaillée était surmontée d'une loque rouge.

— Pouvez-vous me loger ? demanda Gaël.

— Est-ce que ça t'écorcherait la bouche de m'appeler citoyenne ? demanda la mégère en jetant un regard soupçonneux sur le nouveau venu.

— Voici ma carte de civisme, répondit le vicomte, Spartacus, le citoyen Spartacus, rien que cela, dit Gaël en faisant miroiter la carte sur laquelle il n'avait encore rien écrit.

— Et dans la poche ? ajouta la femme en tournant rapidement un roux qui brûlait.

— Des écus de six francs qui s'ennuient.

— Tubéreuse ! cria l'aubergiste, Tubéreuse ! conduis le citoyen à la chambre bleue.

Les quatre enfants continuaient à se tirer les cheveux avec une louable émulation. Leur mère bondit et flanqua deux gifles à l'aînée des petites filles en vociférant :

— Pourquoi ne réponds-tu pas quand je t'appelle.

— Tu m'as appelée ?

— J'ai répété sur tous les tons « Tubéreuse ! Tubéreuse ! » ah bien oui, on se dispute avec ses frères, au lieu de m'obéir.

La petite fille frotta énergiquement ses deux joues, sans doute pour affaiblir la cuisante douleur qu'elle ressentait, puis elle dit en frappant du pied :

— Est-ce que j'y suis faite, moi, à ce nom de Tubéreuse ?

— C'est une fleur patriote, dit la femme, tâche de ne pas l'oublier, sinon...

— Oui, je sais... des soufflets... patriotiques... j'aimais mieux le temps où l'on n'était pas si libre.

Tubéreuse ne prononça qu'à mi-voix cette observation, elle conduisit le locataire dans une petite pièce sombre, éclairée par un jour de souffrance et manquant absolument de cheminée. Le vicomte fut tenté de refuser ce bouge, mais il réfléchit que ses vingt-cinq écus ne pouvaient le mener bien loin. Il redescendit peu après, et dit à la cabaretière :

— Citoyenne...

— Anémone, répondit la cabaretière ; c'est un parterre ici ; mon petit dernier s'appelle Haricot, la blonde là-bas Pivoine, le rougeaud Coquelicot, et l'aînée Tubéreuse.

— Eh bien ! citoyenne Anémone, il fera froid dans ma chambre ; me permettrez-vous de venir me chauffer dans cette salle ?

— D'autant mieux qu'après souper un grand nombre de patriotes y viennent raconter les nouvelles et causer politique. On y organise un club, et soigné ! Tous montagnards ! de vrais sans-culottes, quoi ! Les femmes accompagnent souvent leurs maris ; elles tricotent tout en écoutant discuter les choses du jour ; vous n'aurez pas le temps de vous ennuyer ce soir, car la journée a dû être chaude.

Gaël quitta la salle et gagna la rue. Il y rencontra peu de monde. La plupart des maisons étaient fermées. La terreur emplissait un grand nombre d'âmes ; chaque heure voyait s'augmenter les crimes des agents et des fauteurs de la Révolution. Il n'était pas une famille connue par sa fortune, ses bienfaits et sa piété, qui ne dût trembler sur son avenir. Les salles et les cachots du château de Dinan regorgeaient de prisonniers.

Les prêtres fidèles à leurs devoirs venaient d'être remplacés par des intrus, et les fidèles n'assistaient point à leurs cérémonies sacrilèges. La Révolution jetait l'interdit sur la France, et si quelque ministre de Dieu remplissait au péril de sa vie les devoirs de son ministère, il devait se cacher comme un malfaiteur, célébrer la messe dans les greniers ou dans les caves, baptiser avec mystère les nouveau-nés, et donner aux fiancés la bénédiction nuptiale, tandis que le comité signait peut-être à la même heure l'ordre d'arrestation des jeunes époux.

Vers l'heure du souper, Gaël rentra dans la salle de l'auberge. Elle se trouvait à moitié pleine. On parlait haut, on buvait, on gesticulait. Gaël apprit de la bouche de ces misérables comment s'était terminé le drame de Coëtquen... La mort de Florent, l'incendie du manoir héréditaire lui furent racontés par les assassins dont il frôlait la carmagnole et dont les mains n'avaient pas été lavées depuis l'attentat.

Un moment le sentiment de sa lâcheté envahit le cœur du vicomte à tel point qu'il faillit se lever et crier :

— Je me nomme Gaël de Coëtquen ! faites de moi ce que vous avez fait de mon frère !

Mais il se contint et s'accouda sur la table, prêtant l'oreille au récit des assassins et des incendiaires.

Anémone mit fin aux conversations en apportant sur la table une soupière fumante. Bientôt on n'entendit plus dans la salle que le choc des cuillers d'étain et le bruit agaçant des lourdes mâchoires. Le vicomte, écœuré par les hôtes et par la cuisine, torturé par le souvenir de ce qui s'était passé, toucha à peine aux mets grossiers placés devant lui ; et ce soir-là, en dépit de sa résolution d'assister à la réunion donnée dans la salle des « vrais patriotes », il se retira dans sa logette sombre, et tomba sur le lit sans même avoir le courage d'enlever ses misérables vêtements. Un lourd sommeil s'empara de lui, mais ce sommeil, plus terrible qu'une insomnie, lui retraça tour à tour les scènes qui avaient précédé la mort de sa belle-sœur, puis le massacre et l'incendie qui avaient coûté la vie à Florent et à ses serviteurs. Quand Gaël s'éveilla, les membres secoués par un tremblement nerveux, les cheveux humides, dressés sur son front, il espéra un instant que les battements de son cœur l'étoufferaient. Quoi! ce n'était pas assez du spectre de Blanche hantant son sommeil, il aurait encore devant lui désormais le souvenir de Florent, lui reprochant sa faute et le menaçant de ses bras à demi rongés par les flammes?

— Je ne veux plus dormir, pensa Gaël; je ne dormirai plus jamais....

Il ralluma sa chandelle de suif, puante et jaune, et dont la mèche charbonnait sous de petits champignons rouges, puis assis sur sa couche, il attendit le jour.

Il vint lentement, triste, gris. Peu à peu la maison s'éveilla; Anémone commença la distribution des gifles maternelles; Tubéreuse pleura, Haricot poussa des cris aigus, Coquelicot fut à demi étranglé par une quinte de toux, et Pivoine, se révoltant contre le châtiment qu'elle croyait n'avoir pas mérité, égratigna Haricot dont ce n'était pas la faute. Le citoyen Sdrubal sortit de sa chambre, criant après Anémone et la menaçant à son tour d'une correction de bâton de cormier. Toute la famille était bien éveillée.

Quand le vicomte descendit prendre une tasse de lait, le mari d'Anémone, à qui la Révolution profitait assez pour qu'il pût s'enivrer avec du vin, l'apostropha en lui donnant sur l'épaule un large coup du plat de la main.

— Citoyen de mon cœur, la journée sera bonne! bonne comme la nuit qui vient de s'achever. Je suis levé à peine, et je sais déjà des nouvelles: les gars de Jean l'Enclume ont brûlé l'abbaye de Léhon ! et aujourd'hui ! ah ! dame, aujourd'hui, ce sera une vraie fête pour les patriotes...

— Que se passera-t-il donc, aujourd'hui ? demanda Gaël.

— On ouvrira les portes des couvents de femmes.

— De tous ?

— Oui, citoyen, et on commencera par les *Calvairiennes !*

Gaël s'appuya sur la table pour ne pas chanceler.

— En serez-vous, citoyen ? demanda Sdrubal.

— Si j'en serai ! s'écria Gaël, voilà cinq ans que j'attends cette heure.

— Alors vous êtes un vrai, un pur, un...

— Je suis tout ce que vous êtes, dit Gaël d'une voix âpre.

Puis, repoussant la tasse de lait fumant que Tubéreuse venait de placer devant lui, il répéta :

— Du vin, et du meilleur ! vous trinquerez avec moi, Sdrubal.

— Allons donc ! répondit le cabaretier, on montre son civisme ! Je commence à t'apprécier, citoyen, et je te donnerai mon estime ; je ne la prodigue pas plus qu'Anémone mon épouse ne prodigue ses liards. Vois-tu, pour un patriote, tu gardes je ne sais quoi qui inquiète, et sans ce que tu viens de dire et de m'offrir, je t'aurais regardé en louchant. A ta santé, citoyen...

— Spartacus ! dit Gaël.

— C'était un citoyen, Spartacus ?

— Un esclave qui rompit ses chaînes et celles de ses frères.

— Eh bien ! Spartacus, un conseil, là, un conseil d'ami ; les chapeaux sont révolutionnaires et sentent l'aristocratie, coiffe-toi d'un bonnet phrygien, faut accuser ses opinions par son costume. Vois les petits ! tous le bonnet rouge, et Anémone la cocarde à la coiffure. Je te prêterai un de ces bonnets pour aujourd'hui.

Sdrubal, qui trouvait plus euphonique d'enlever un A à son nom, ouvrit une armoire, en tira un bonnet rouge, et le posa sur les cheveux du vicomte, qui tressaillit comme si le bourreau l'avait touché.

Il emplit de nouveau son verre, vida une seconde bouteille, et, le cerveau troublé par ces libations, il sortit et se mit à errer dans la ville. Une grande animation y régnait. Des groupes de femmes se formaient dans les rues, elles parlaient haut et gesticulaient avec force. Mais il ne fallait point les confondre avec les mégères hanteuses de clubs, femelles des sans-culottes, pourvoyeuses de la guillotine. Celles que Gaël remarquait paraissaient indignées, et leur colère semblait avoir une noble cause. On ne voyait rien dans leurs habits qui trahît la pensée d'afficher une opinion républicaine ; la sévérité de leur costume paraissait indiquer au contraire la résolution de former une ligue opposée à celle des citoyennes qui comptait Anémone au nombre de ses membres.

A mesure que le temps s'avançait, le mouvement s'accentuait dans les rues ; bientôt on vit arriver une colonne de gardes nationaux armés de piques, de sabres, de haches, puis à leur suite se pressait la trombe républicaine criant, hurlant, chantant tour à tour ou à la fois *Madame Veto*, la *Carmagnole* et le *Çà ira*. Quelques mégères, munies de leur éternel tricot, se réjouissaient à la pensée d'un curieux spectacle.

Gaël se rencontrant à l'angle d'une rue avec les soldats de la Révolution, se joignit à la bande qui les accompagnait, et ne tarda pas à se trouver au premier rang.

— Où allons-nous ? demanda-t-il en courant.

— Au couvent des Calvairiennes ! répondit une voix.

Alors Gaël se mit à courir ; il voulait devancer la troupe de soldats ; il eut voulu enfoncer lui-même la porte du monastère, pénétrer seul dans cette retraite sacrée dont pas un homme ne franchissait le seuil, et là dicter des lois aux filles de Dieu qui pouvaient sacrifier leur vie plutôt que de renoncer à leurs vœux et à leurs croyances.

Déjà les gardes nationaux et les sans-culottes apercevaient les portes du monastère, quand un groupe de femmes s'avança à leur rencontre.

C'étaient pour la plupart, les mères, les sœurs des misérables qui allaient forcer la clôture des Calvairiennes. Elles comprenaient l'horreur du crime qui allait se commettre ; elles savaient que ce sacrilége était doublement monstrueux, et avant de laisser violer l'enceinte du couvent, et insulter de nobles filles consacrées au Seigneur, elles voulaient tenter un dernier effort pour toucher le cœur des révolutionnaires. Les généreuses créatures se jetèrent au milieu des soldats, priant, suppliant et pleurant, demandant grâce pour les saintes recluses qui avaient répandu autour d'elles le parfum de leurs vertus et l'abondance de leurs aumônes.

— Non ! s'écria une femme en s'adressant à son fils, tu ne seras point assez lâche pour te montrer ingrat. Sais-tu qui paya les remèdes et le médecin quand tu faillis mourir il y a dix ans ? Sœur Augustine. Toi, Landral, elle t'a nourri avec les tiens durant un rude hiver... tous vous devez à ces saintes filles les vêtements de vos enfants, et les secours providentiels distribués dans vos ménages... Et vous croyez que nous permettrons contre elles des insultes et des violences ? Jamais ! Vous passerez sur nos corps avant d'entrer chez les Calvairiennes !

— Oui ! oui ! répétèrent les femmes accompagnant Marthe Giroux, nos filles ont trouvé là l'instruction, la consolation, le secours.

— Qui les menace nous menace ! ajouta une autre.

— Rentrez chez vous les hommes, nous restons ici, c'est notre poste d'honneur.

Un moment surpris par cette opposition à laquelle ils ne s'attendaient pas, les gardes nationaux hésitèrent. Ils ne pouvaient nier les vérités avancées par leurs femmes et leurs filles ; leurs souvenirs luttaient contre la résolution prise dans les clubs révolutionnaires. Quelques-uns entraînés par leurs mères, par leurs sœurs, quittaient déjà leurs rangs, quand une voix animée par la passion s'éleva au-dessus des prières ardentes, des défenses timides et des larmes étouffées.

— Vous violez la loi qui ordonne d'ouvrir sans délai les portes des couvents ! Vous n'êtes plus des patriotes dévoués à la chose publique, et vous méritez d'être rangés parmi les suspects, si vous écoutez les discours des femmes !

— Bien dit, Spartacus ! hurla Sdrubal le cabaretier.

— Renvoyez les ménagères à leurs enfants, reprit la voix ; les portes du couvent doivent s'ouvrir à vos ordres ou être brisées à coups de crosses de fusils ! Heurtez, frappez, appelez ! sinon, brisez, enfoncez ! Il faut entrer, nous entrerons !

L'homme qui parlait de la sorte avait le visage d'une pâleur livide, les lèvres blêmes, et dans les yeux cet éclair de haine qui dut briller dans le regard des mauvais anges.

Cette parole acerbe, brûlante, rappelant la loi qui, à cette époque, était aussi sanglante que le couperet de la guillotine, produisit dans la masse un mouvement auquel les femmes de Dinan tentèrent en vain de s'opposer.

L'élan était donné, et le heurtoir de la porte retomba sous la main de Spartacus.

Alors les femmes qui jusqu'alors avaient prié se révoltèrent à leur tour :

— Vous n'avez pas le droit de nous déshonorer en vous déshonorant ! cria Marthe Giroux.

Toutes s'élancèrent vers les gardes nationaux essayant une suprême tentative ; leurs doigts se crispaient sur les armes qu'elles essayaient d'arracher des mains de ceux qui leur étaient chers ; repoussées d'abord avec une certaine douceur, puis avec une brutalité inspirée par la colère, elles se cramponnèrent aux bras, au cou des sansculottes ; elles tombèrent à genoux sur le pavé, les mains tendues, sanglotantes ; quelques-unes se couchèrent en travers de la porte des Calvairiennes, et Spartacus écrasa à demi Marthe Giroux sous sa lourde chaussure.

— Maudits ! soyez tous maudits ! cria une vieille femme en étendant les mains vers les officiers municipaux.

Mais elles furent impuissantes à conjurer le mouvement donné par Spartacus ; insultées, bafouées, les femmes se trouvèrent repoussées vers le côté opposé de la rue.

La porte du couvent continuait à rester close.

Un serrurier fit une trouée avec ses coudes, brisa la serrure, et le portail s'ouvrit à deux battants, livrant passage à la horde révolutionnaire.

Dans la sainte maison, ni chant, ni bruit, rien : le silence de la prière et le calme de la mort.

Un officier suivi de Spartacus pénétra dans le parloir, que bientôt la foule envahit. C'était une vaste pièce séparée en deux par une grille de bois sombre derrière laquelle flottait un rideau d'étamine noire aussi.

Tout à coup le rideau s'écarte, et une femme de taille majestueuse, dont un voile couvre complétement le visage, se trouve en face de la meute révolutionnaire.

Elle ne parle pas, elle attend.

L'officier prend la parole, et d'une voix rude, il enjoint à sœur Augustine d'ouvrir les portes du monastère et d'évacuer le couvent avec ses compagnes.

— Messieurs, dit la supérieure d'une voix grave et douce, vous êtes les maîtres, vous avez pour vous la force... Nous nous sommes volontairement consacrées au Seigneur, lui seul peut nous délier de nos serments... Que sa volonté soit faite !

— Aux grilles ! brisons les grilles ! crie Spartacus.

En un instant les officiers municipaux, les soldats, se ruent sur les grilles et les arrachent. La clôture cède sous l'effort ; la balustrade tombe en entraînant les grilles et le rideau, et les sans-culottes envahissent l'enceinte dont les rois et les prélats franchissaient seuls le seuil.

Les misérables s'avancent déjà vers les Calvairiennes, s'apprêtent à les saisir et à les arracher par la violence à l'asile qu'elles ont librement choisi, mais par un mouvement inattendu, les saintes filles se rangent tout à coup autour de leur supérieure, se prosternent avec elle la face contre terre, et psalmodient les versets du *Miserere*.

Furieux, les sans-culottes leur enjoignent de se lever, et tentent de les y contraindre, elles ne répondent ni aux invitations, ni aux menaces, et continuent le chant du psaume désolé.

Pendant ce temps la horde révolutionnaire pille le monastère, saccage l'autel et profane les cellules des filles de Dieu.

Tandis que l'on met le couvent à sac, Gaël, dont le nom de Spartacus commence à se répandre, attend adossé à la muraille le retour de ceux qui oublient l'exécution des lois, pour les profits du pillage.

Son regard fixe, ardent, vipérin, ne quitte pas une jeune religieuse prosternée à côté de sœur Augustine. Il ne témoigne aucune hâte et garde une sorte de patience, comme si rien désormais ne pouvait l'empêcher d'atteindre son but.

Les sans-culottes ayant pillé, ravagé, détruit, se précipitent de nouveau dans la salle ; alors se passe une scène odieuse : des mains brutales relèvent du pavé sur lequel elles s'étaient étendues les Calvairiennes dépossédées de leur asile, et les gardes nationaux les chassent, comme un troupeau qui n'a plus ni pasteur ni bergerie.

Sous leurs voiles les religieuses pleuraient ; elles s'attachaient à la robe de leur supérieure, demandant au Seigneur de prendre leur vie avant de les arracher à leur sainte clôture.

Une seule calvairienne s'était trouvée dans l'impossibilité de rejoindre ses sœurs... Maintenue contre la muraille par une main de fer, elle se vit enlever son voile, et une voix qu'elle ne reconnut pas d'abord murmura à son oreille :

— Loïse de Matignon, c'est moi !

La Calvairienne leva des yeux épouvantés.

— Gaël de Coëtquen ! murmura-t-elle.

— J'avais bien dit que je te disputerais à Dieu.

— Vous me tuerez, dit sœur Adélaïde, j'attends la mort et je la bénis.

— Tu vivras, Loïse de Matignon, tes vœux sont brisés

— Dieu les garde.

— Les hommes les dénouent.

— J'y tiens plus qu'à mon existence.

— Viens, la liberté t'ouvre la porte de cette prison.

— J'en veux faire ma tombe.

Gaël arracha sœur Adélaïde à la porte intérieure qui lui servait d'appui, et la saisissant par les poignets, il la traîna sur le sol.

En ce moment un mouvement de recul s'opéra dans la foule. Une voix tonnante s'éleva, dominant les sanglots, les clameurs et les cris, et un homme dont le seul aspect troubla les sans-culottes passa au milieu des groupes et gagna la cour du monastère.

— Qu'est-ce que cela signifie ? demanda-t-il. Ai-je donné l'ordre d'investir le couvent des Calvairiennes ; la loi est votée, et je serai le premier à la faire respecter, mais jusqu'à présent je n'ai rien dit, rien commandé, ni moi, ni mes secrétaires...

— Citoyen, dit Annibal en se redressant, ce fait n'est pas de notre compétence.

— On ne m'a pas consulté, ajouta Scévola d'une voix lugubre.

— Grâce ! pitié ! s'écria sœur Adélaïde, en s'échappant des mains de Gaël.

— Qui donc a dirigé ce mouvement, reprit Brutus, qui ? je veux le savoir.

Sdrubal le cabaretier lança le nom de Spartacus.

Aussitôt vingt voix répétèrent :

— Spartacus ! Spartacus !

Et les sans-culottes désignaient le misérable qui venait d'insulter Loïse de Matignon.

Trois officiers municipaux le prirent par le bras et l'amenèrent devant le représentant du comité nantais.

D'un revers de main celui-ci fit voler le bonnet phrygien de Spartacus ; puis, Brutus poussant un sinistre éclat de rire se tourna vers les sans-culottes :

— Et vous croyez que cet homme s'appelle Spartacus ? qu'il est du peuple, qu'il partage vos convictions, et veut défendre vos libertés ! Son nom je vais vous le dire, moi !

c'est Gaël de Coëtquen, baron de Vaurufier, dont vous avez brûlé le château hier; Gaël, le frère de Florent; Gaël qui assassina Blanche de complicité avec son frère, et qui, après avoir demandé en mariage la fille du comte de Matignon, cherche aujourd'hui à l'arracher au seul asile qu'elle eût trouvé assez sûr pour la protéger contre lui.

Puis secouant l'épaule de Gaël :

— Nous nous retrouvons, lui dit-il, et nous réglons nos comptes !

— C'est un traître ! cria Sdrubal.

— A mort ! hurlèrent vingt voix.

— La justice prononcera... dit Brutus; nous devons un arrêt avant le supplice du traître.

— Au château de Dinan ! au château de Dinan !

Les Calvairiennes restaient toujours immobiles, serrées les unes contre les autres, entourant sœur Augustine de leurs bras.

— Eh bien ! leur demanda le représentant du comité nantais, vous êtes libres, qu'attendez-vous?

— Qu'on nous conduise en prison, répondit doucement sœur Augustine.

Une heure après les portes du château de Dinan se refermaient sur elles.

XV

LE CHATEAU DE DINAN

Lorsque Jean IV, duc de Bretagne, comte de Montfort et de Richemont, donna ordre à Patry de Châteaugiron de bâtir un château dans « sa bonne ville de Dinan », il songeait à élever à la fois une citadelle capable de soutenir un siége contre les Anglais, et un palais dans lequel il lui fût possible de recevoir sa fidèle noblesse. La situation de Dinan permettait de fortifier le château d'une façon unique et redoutable. Un entassement de roches granitiques devait servir de base à la citadelle, et ses épaisses murailles continueraient les défenses naturelles de la place. Quand le duc Jean IV vint avec Jeanne de Navarre, sa femme, visiter le château, œuvre de Patry de Châteaugiron, il dut se trouver satisfait d'avoir été si intelligemment compris.

En effet, du sommet de la plus haute tour son regard pouvait embrasser le manoir de Léhon à demi caché dans la verdure, l'abbaye assise sur les bords fleuris de la Rance, la fraîche coulée du Bas-Bourgneuf, le calvaire monumental de Saint-Esprit, le castel de Beaumanoir, l'épaisse forêt de Bécherel, puis à la limite extrême de l'horizon le mont Dol avec le reste de ses autels païens, plus loin encore les roches battues par la haute mer, enfin au milieu même des vagues, la roche de Saint-Michel, orgueilleuse de sa triple couronne murale : la ville, la commanderie et la basilique.

Le château de Dinan proprement dit se composait de deux robustes tours accolées ; la grande *Tour de Coëtquen* dominait l'ensemble de l'édifice. On parvenait à la citadelle au moyen d'un pont-levis remplacé depuis par une arche de pont enjambant les anciens fossés. Au-dessus de la porte principale s'étalaient les armes sculptées de la ville que le marteau des démolisseurs venait d'abattre au moment où se passaient les divers événements du drame que nous racontons.

Le château de Dinan servait alors de prison aux suspects, en attendant qu'on les transférât à Rennes ou à Nantes. Ce n'était pas la première fois, du reste, qu'il s'emplissait de captifs : en 1562 il avait déjà reçu les prisonniers calvinistes qui tentaient de rétablir en France le schisme des Iconoclastes ; en 1744 trois mille prisonniers de guerre y furent incarcérés ; la révolution devait le peupler de martyrs.

Les vastes pièces où les souverains de Bretagne recevaient jadis leur bonne noblesse voyaient à cette heure les représentants des premières familles du pays livrés aux insultes de misérables guichetiers. La *Salle du Duc,* la *Salle des Gardes,* la chapelle où se trouvait encore au fond d'un retrait le dur siége de pierre de la reine Anne, la *Chambre du Connétable,* le *Poste du Guet,* la *Salle d'Armes,* se trouvaient, quelques jours après l'arrivée à Dinan du citoyen Brutus, remplis de prisonniers de sexes et d'âges différents. Quarante prêtres ayant refusé le serment constitutionnel occupaient la *Salle d'Armes ;* une autre pièce renfermait pêle-mêle les captifs politiques accusés d'avoir pris part à la conspiration du chevalier de Prémorvan, ayant pour but de délivrer le Roi et sa famille de la captivité du Temple.

La belle comtesse Jacqueline de Guingamp, madame de Tournemine dont le mari se trouvait alors à Coblentz, Alix de Prémorvan, Aliette de Gouvello et Havoise de la Houssaye avaient depuis l'heure de leur arrestation donné les preuves d'une invincible énergie. Elles avaient dû parcourir presque complétement à pied, et par des chemins difficiles, la distance séparant de Dinan le château de Prémorvan. Insultées par les sans-culottes, brisées de fatigue, et voyant dans l'avenir se dresser devant elles les poteaux ou la guillotine, ces femmes d'âges si différents s'étaient juré de montrer un égal courage, et depuis leur incarcération, elles n'avaient eu d'autre désir et d'autre soin que de faire oublier à leurs compagnons le sort qui les menaçait.

On se tromperait grandement si l'on s'imaginait que l'intérieur d'une prison sous la Terreur présentait de toutes les façons un aspect lugubre. Sans doute les murailles étaient nues, les lits insuffisants remplacés souvent par des bottes de paille, la nourriture chétive et distribuée d'une façon avare ; mais en opposition avec les privations physiques chacun des détenus redoublait de bonne grâce, de bienveillance et d'esprit. Les hommes paraissaient prendre à tâche de relever le courage de leurs compagnes, et celles-ci par la grâce de leur langage, la tranquillité de leur attitude, semblaient repousser bien loin l'idée du danger. Nul ne se faisait illusion cependant. Toute accusation était à l'avance une sentence de mort ; du tribunal à l'échafaud il y avait à peine une distance de quelques pas. Et cependant à voir durant une après-midi d'hiver ces captifs renfermés dans la *Salle du Connétable*, on eut pu croire que, par le fait d'un magicien, une réunion choisie venait brusquement d'être transplantée de l'intérieur d'un opulent manoir, dans une salle démeublée du château de Jean IV.

Auprès des fenêtres Alix de Prémorvan, Havoise et Aliette travaillaient à une tapisserie, tandis que Jacqueline de Guingamp continuait une lettre en forme de journal qu'elle se proposait d'envoyer à son mari, le jour où se présenterait une occasion favorable. Madame de Tournemine lisait attentivement dans un livre d'heures ; quelques gentilshommes poursuivaient les chances d'une partie d'échecs ou de tric-trac, tandis que M. de Prémorvan immobile dans un angle de la salle fixait sur sa petite-fille un regard plein d'angoisse.

Tout à coup la porte de la *Salle du Connétable* s'ouvrit brusquement, et les geôliers y poussèrent plus qu'ils n'y introduisirent les Calvairiennes chassées de leur couvent et qui préférant la prison à la liberté avaient demandé comme une grâce leur incarcération.

Captives, elles restaient les victimes d'une loi inique ; libres, elles eussent paru accepter le décret qui les rendait à la vie séculière.

Un homme franchit en même temps que les religieuses le seuil de la *Salle du Connétable* ; ce fut Gaël de Coëtquen. Devinant de quel mépris ses anciens amis le devaient tenir, Gaël masqua son visage d'une railleuse insolence ; sans saluer personne, même les femmes, il gagna l'angle le plus obscur de la pièce, s'assit sur une méchante chaise de paille, et les bras croisés sur le dossier il enveloppa d'un regard vipérin les groupes divers réunis dans la salle, mettant un nom sur chaque visage, et se rappelant des moindres circonstances de sa vie qui l'avaient rapproché de ces fiers gentilshommes et de ces belles jeunes femmes.

Bien différent avait été l'accueil fait aux saintes recluses dépossédées. Au moment où elles entrèrent, tous les hommes se levèrent avec respect, et quelques-unes des femmes qui comptaient des Calvairiennes dans leur famille se jetèrent en pleurant dans les bras des nouvelles prisonnières.

Sœur Adélaïde qui jadis s'appelait Loïse de Matignon prit place à côté de Jacqueline de Guingamp.

— Amie, lui dit-elle, vous êtes ici pour le Roi, nous y venons pour Dieu ; nos deux causes sont dignes d'envie.

La supérieure dut raconter l'attaque du monastère ; quand elle en vint à la trahison de Gaël, la charité et la pudeur retinrent sur ses lèvres une accusation foudroyante. Mais le silence qu'elle garda dénonça le coupable ; madame de Guingamp se souvenait que le frère de Tanguy avait jadis demandé Loïse en mariage, et elle comprit tout.

— Le lâche ! murmura-t-elle, le lâche !

A partir de ce moment la situation des prisonniers prit un nouvel aspect. La partie la plus reculée de la pièce fut réservée aux religieuses. On leur refusait la consolation d'être seules, on les mêlait à d'autres captifs pour aggraver leur peine, mais la délicatesse et la bonté de leurs compagnons et de leurs amies leur firent au contraire trouver une consolation dans ce qui devait être un tourment nouveau. Il est à remarquer que les hommes, et parfois même les hommes faibles, se résignent vite à un inévitable malheur. Ils l'acceptent sans forfanterie ; le combat, s'ils en ont un à soutenir, reste un secret entre Dieu et eux. A l'époque de la Révolution tous les prisonniers que l'on entassa dans les cachots n'étaient certes pas doués de la même énergie morale, et pourtant placés en face de l'inévitable, tous l'acceptèrent avec une grande noblesse. Les femmes montrèrent un semblable courage. Quelques années, quelques mois avant ces événements terribles, ces mêmes hommes et ces mêmes femmes assistaient aux bals de la cour, et vivaient dans une atmosphère de luxe et de plaisir ; la transition, si brusque qu'elle fut, les trouva prêts. Ils accueillirent le malheur et plus tard la mort avec un dernier sourire. Dans les prisons qui les réunissaient on trouvait la fleur de courtoisie de Versailles. Chacun croyait de son devoir de ne pas assombrir un présent déjà trop douloureux ; tous les matins les guichetiers en tirant les verroux laissaient passer les greffiers chargés de faire l'appel des accusés appelés devant le tribunal révolutionnaire ; ceux-ci se levaient, serraient la main de leurs amis ou de leurs proches et quittaient la salle où ils ne devaient plus rentrer. Un nuage de tristesse passait sur tous les fronts, mais bientôt chacun faisait de nouveau un effort pour dompter sa tristesse, on serrait les rangs et on demandait : — « Quand viendra mon tour ? » — Nul ne gardait d'espérance. Les cœurs aimants épanchaient leur tendresse avec une éloquence plus entraînante ; on avait hâte d'échanger sur la terre les derniers témoignages des saintes affections.

M. de Prémorvan passait souvent de longues heures près de sa petite-fille, pressant ses petites mains dans ses mains tremblantes, et la couvrant d'un regard obscurci par les pleurs. Il se reprochait, non pas d'avoir rempli ce qu'il considérait comme un devoir, mais de ne point avoir assuré le salut d'Alix, en l'envoyant rejoindre une de ses tantes qui depuis longtemps était parvenue à gagner l'Angleterre. La mort lui eût semblé bien plus facile à supporter, s'il n'avait dû être témoin des souffrances de son enfant. Alix les supportait cependant avec un souriant courage. Jamais ses beaux yeux n'avaient rayonné de tant de fierté douce, jamais de plus affectueuses paroles n'avaient passé ses lèvres. Mais les grâces, les délicatesses charmantes de cet esprit alerte et de ce cœur aimant ne servaient qu'à rendre plus amers les regrets du chevalier.

— J'avais le droit de donner ma vie, disait-il, et non celui de risquer la tienne.

— Que regrettes-tu ? demandait Alix; que peux-tu regretter, puisque nous partagerons la même destinée ? Je remercie le ciel de ce qu'il ne nous sépare pas en ce monde, et paiera des périls communs d'une récompense semblable... Que serais-je devenue loin de toi ? La pensée de ton trépas m'eût poursuivie comme un remords... Au lieu de cela, je reste à tes côtés dans cette prison, nous paraîtrons ensemble devant le tribunal, et sans nul doute, nous monterons dans la même charrette pour mourir à la même heure... Oh ! grand-père ! cher grand-père, ne crains rien pour moi... Jadis à l'idée de finir sur un échafaud, j'aurais été saisie d'épouvante, mais aujourd'hui que les ministres des autels, que les filles de Dieu nous montrent le chemin, je sens que je resterai digne de toi, digne de notre nom, digne surtout d'un trépas qui nous sera compté comme un martyre.

Le chevalier ne répondait que par ses larmes.

Quand l'horloge sonna l'heure où les Calvairiennes avaient coutume de réciter leur office, elles se levèrent et psalmodièrent les psaumes à mi-voix. Alors madame de Tournemine ferma son livre, madame de Guingamp se recueillit, Havoise et Aliette s'agenouillèrent, et leurs blondes têtes inclinées l'une vers l'autre, elles prièrent avec une angélique ferveur.

On parla peu ce soir-là.

Des bruits vagues circulèrent le lendemain dans le château de Dinan; les prisonniers s'attendaient à passer rapidement en jugement; quelques hommes préparaient non pas une défense, ils se savaient d'avance condamnés, mais les réponses qu'ils se proposaient de faire à leurs juges, afin d'affirmer une dernière fois leurs opinions royalistes et leur foi chrétienne.

Une seule inquiétude troublait grandement les prisonniers. Ils se demandaient si la veille de leur mort on leur permettrait de faire venir un des prêtres insermentés détenus dans le château de Dinan. Peut-être leur offrirait-on comme une dérision dernière l'assistance d'un des intrus qui venaient de s'emparer du gouvernement des paroisses.

Madame de Guingamp soumit cette crainte à la supérieure des Calvairiennes :

— Madame, lui répondit la religieuse, si grande que vous croyiez la miséricorde divine, elle dépasse encore de beaucoup ce que vous la rêvez... Dieu « sonde les cœurs » et c'est d'après le cœur qu'il nous juge. Je garde d'ailleurs une foi si complète dans sa miséricorde que j'attends avec confiance le ministre dont nous pourrons dire : « Un ange parut, et la lumière se fit dans la prison. »

Au matin on amena de nouveaux prisonniers, et la femme de l'un des geôliers, qui vendait à prix d'or quelques adoucissements aux captives, avoua que ce château était tellement rempli de malheureux, qu'on en avait jeté dix dans l'oubliette du prince Gilles.

— Havoise, demanda Aliette à sa jeune amie, qu'avait donc fait ce prince Gilles pour être enfermé dans un cachot ?

— Ma chère mignonne, répondit le chevalier qui entendit la question d'Aliette et craignit qu'Havoise n'y répondit pas d'une façon satisfaisante, le prince Gilles, frère de François Ier duc de Bretagne, s'attira la haine de son frère au point de rendre celui-ci capable d'un crime. Gilles était jeune, beau, aventureux, il ne fut pas difficile de l'entraîner à commettre des actes légers que l'on s'efforça de dénaturer. François, qui l'avait envoyé en Angleterre afin d'y remplir une mission, trouva au retour de Gilles que l'amitié du roi de la Grande-

Bretagne pouvait devenir dangereuse; la querelle commencée au sujet de l'héritage paternel s'envenima au point que Gilles dut implorer l'appui du roi de France ; il l'obtint, grâce à l'influence du connétable de Richemont, mais François méditait un parjure, et sous le plus fallacieux prétexte il fit arrêter Gilles au Guildo, en 1446, puis on jeta l'infortuné prince dans un cachot du château de Dinan.. Je l'ai visité autrefois, il est peu vaste, plus long que large, éclairé par une meurtrière à travers laquelle s'engouffre le vent ; Gilles y passa près de deux années... On le transféra successivement dans les châteaux de Rennes, de Châteaubriant, de Moncontour, de Touffou, pour l'envoyer mourir de faim dans les souterrains de la Hardouinaye.

— Allons, dit Havoise, si Dieu fit si triste le sort d'un prince dont le frère était duc régnant de Bretagne, nous n'avons pas le droit de nous plaindre.

— Notre agonie sera moins longue, ajouta Aliette.

— Et Dieu nous enverra, je l'espère, un saint comme le cordelier qui consola les derniers instants du jeune prince Gilles.

Le soir même on prévint les quinze personnes impliquées dans la conspiration dont le chevalier de Prémorvan était le chef que le lendemain elles comparaîtraient devant le tribunal révolutionnaire.

Dès huit heures on vint les chercher.

Les hommes étaient dignes et calmes ; les femmes avaient apporté un soin méticuleux à leur parure ; elles voulaient prouver aux juges que leur conscience était assez paisible pour leur laisser avec leur présence d'esprit les préoccupations d'une innocente coquetterie.

Au moment où les captifs quittaient la prison, une grande foule se pressait aux abords du château. Quatre enfants dans lesquels il était facile de reconnaître les héritiers de la citoyenne Anémone se tenaient au premier rang des curieux ; ils n'avaient jamais vu de gens si près de la mort, et pensaient trouver sur leurs visages des traces de grande épouvante.

Haricot et Coquelicot avaient fiché de travers sur leurs cheveux emmêlés la loque rouge représentant leur bonnet phrygien ; Pivoine s'accrochait des deux mains à la robe de Tubéreuse qui tenait à pleins bras un beau bouquet de fleurs d'hiver.

Au moment où les captifs franchirent le pont, le chevalier de Prémorvan offrit le bras à la comtesse de Guingamp ; madame de Tournemine accepta celui de Luc de Matignon ; Alix, Havoise et Aliette enlacèrent leurs bras et marchèrent ensemble, tandis qu'en arrière se pressait le dernier groupe des accusés.

Tubéreuse parut stupéfaite de voir le doux visage des femmes, de rencontrer le bon regard des jeunes filles, aussi prenant vivement son énorme bouquet, le mit-elle dans les mains d'Alix en lui disant :

— Acceptez-le, je vous en prie.

— Merci, dit mademoiselle de Prémorvan, apprends-moi ton nom, fillette, je m'en souviendrai jusqu'à la fin…

— On m'appelle maintenant Tubéreuse, avant j'avais saint Louis pour patron.

— Merci, petite Louise, et qu'un jour ta pitié te soit rendue !

Puis avec une grâce charmante Alix partagea les fleurs avec ses compagnes.

Un moment après chacune d'elles portait un bouquet de chrysanthèmes à son corsage.

A mesure que les prisonniers approchaient du tribunal le peuple se pressait, se foulait davantage. Quelques patriotes insultaient les hommes, dans la bouche de plusieurs femmes on surprit des paroles de pitié.

Lorsque les malheureux pénétrèrent dans la salle, les juges étaient en séance ; ils avaient déjà prononcé trois condamnations à mort. De même que le tigre devient plus féroce à mesure qu'il lèche et boit le sang, Brutus et ses acolytes sentaient se développer en eux les sentiments de haine qui devaient se traduire par de terribles arrêts.

La foule était grande dans la salle ; les sans-culottes en carmagnole et en bonnet rouge riaient à pleine gorge en rappelant les détails de la dernière et rapide procédure. Quelques mégères tricotaient avec une activité fiévreuse. Au moment où parurent M. de Prémorvan et ses amis un grand mouvement de curiosité se fit dans la salle ; on savait qu'il y avait cinq accusées, hommes et femmes avaient hâte de les regarder en face.

Jamais encore il n'avait été donné à la tourbe révolutionnaire de voir une femme plus noble dans son attitude que la comtesse de Tournemine, plus régulièrement belle que Jacqueline de Guingamp, et surtout, trois jeunes filles, trois enfants chastes et ravissantes comme Havoise, Aliette et Alix. Un peu de compassion s'éveilla dans l'âme de quelques spectateurs à la vue de ces charmantes créatures dont les yeux candides parcoururent rapidement les bancs sur lesquels s'entassaient les curieux.

Brutus présidait ce tribunal, deux juges se tenaient à sa droite et à sa gauche, Scévola et Annibal étaient prêts à écrire l'interrogatoire des accusés.

Il ne pouvait être que sommaire. On accusait Prémorvan et ses amis de conspiration, mais on n'avait saisi ni liste, ni correspondance. Leurs noms les rendaient suspects, leurs opinions bien connues les dénonçaient d'avance, mais rien ne prouvait leur prétendu crime, et les sans-culottes ne se dissimulaient pas que la séance pourrait bien finir par un acquittement, si les accusés mettaient un peu d'habileté et de diplomatie dans leurs réponses.

Mais chacun d'eux était résolu à confesser ses convictions et ses projets ; nul de ceux qui comparaissaient à la barre de Brutus n'espérait sauver sa tête, mieux valait la livrer avec grand courage que de la disputer au bourreau.

On savait d'ailleurs ce que valaient le plus souvent les acquittements des tribunaux révolutionnaires, ils renvoyaient les accusés absous d'un chef d'accusation, et huit jours après ils les traduisaient de nouveau devant la justice du peuple. L'angoisse était plus longue, le résultat restait le même.

Brutus prit la parole, et s'adressant au grand-père d'Alix :

— Vous vous nommez Prémorvan ?

— Henri, chevalier de Prémorvan.

— La Nation a supprimé de vains titres.

— Je tiens le mien de mon père, je le garde avec honneur.

— Vous êtes accusé d'avoir conspiré contre la tranquillité du pays, reprit Brutus.

— La tranquillité du pays ! s'écria le chevalier, vous l'avez détruite sous le nom de liberté. Depuis que la République a renversé le trône, la terreur nous environne, les prisons regorgent d'innocents, et le couperet de la guillotine s'ébrèche sur le cou de vos nombreuses victimes. Les églises pillées, dévastées, sont envahies par des apostats, à qui nous dénions le droit de s'occuper de nos âmes ; l'espionnage guette partout de nouvelles victimes, vous enveloppez dans une même proscription les enfants et les vieillards. Oui, je le dis hautement, j'ai maudit ce régime abominable, j'ai flétri les juges iniques, j'ai rêvé de rendre à ma patrie le bonheur dont elle jouissait jadis quand elle était gouvernée par le meilleur des Rois.

— Il avoue ! il avoue ! dirent vingt voix.

— A mort ! à mort ! hurla un boucher en mettant la main sur le coutelas sanglant passé à sa ceinture.

Brutus commanda le silence d'un geste.

— Ainsi, reprit-il, ton but était d'enrégimenter des paysans, et d'en faire des soldats pour arracher le Roi au Temple ?

— Ces paysans n'avaient pas besoin de mes conseils pour sentir leur cœur bondir d'indignation, à la vue des crimes qui se commettent. Vous leur enlevez les maîtres qu'ils sont accoutumés à chérir, les recteurs de leurs paroisses qui leur distribuaient les sacrements, n'en est-ce point assez pour qu'ils s'arment de leurs fourches et de leurs faux afin de défendre le Roi dont ils connaissent le cœur, et le crucifix devant qui ils ont coutume de plier les genoux ? L'élan de la révolte contre la tyrannie est donné, cet élan, vous ne l'arrêterez plus. La tyrannie contre laquelle on luttera, c'est la vôtre ; de tous les côtés, le Perche, le pays Mançau, l'Anjou et la Bretagne se lèvent. Vous pouvez faire tomber nos têtes, vous n'étoufferez dans notre pays, ni le sentiment royaliste, ni le sentiment catholique. Le drapeau qui tombera de nos mains mutilées sera relevé, les Rois dont vous maudissez la race remonteront sur le trône, et le culte que vous abolissez sera triomphalement rétabli.

— Ainsi vous avouez avoir rêvé d'arracher Louis Capet à la justice du peuple ?

— Je ne reconnais pas la justice du peuple, répliqua M. de Prémorvan.

— Nous en sommes les mandataires.

— Toi ! Simon *dit* Brutus ! s'écria le chevalier, tu as

mangé le pain du marquis Tanguy de Coëtquen pendant quarante ans, et c'est sur sa fortune que s'est greffée la tienne.

— Il insulte les magistrats, dit une tricoteuse.

— A mort ! à mort !

L'interrogatoire du chevalier ne fut pas poussé plus avant ; en ce qui le concernait la cause était entendue. Alix se jeta dans ses bras :

— Tu t'es perdu ! lui dit-elle.

— Fallait-il me déshonorer ?

La jeune fille essuya ses yeux et ajouta :

— Heureusement, ils me condamneront aussi !

Tour à tour Luc de Matignon, Jean de Bédée, Malo de Sérak, Louis de Kervan et leurs amis furent interrogés.

Tous déclarèrent que dans les divers cantons où ils possédaient de l'influence, ils avaient cherché à rallier les paysans dans une idée de légitimes représailles.

— Si un voleur pénètre dans mon domaine, dit Luc de Matignon, j'ai le droit de défendre mon bien jusqu'à mort d'homme, et vous voulez que, menacé dans les traditions de ma famille, et les croyances de mon âme, je ne lutte pas les armes à la main ? Allons donc ! Vous parlez de liberté, je garde la mienne ! N'en existerait-il plus maintenant que pour les sans-culottes et les bourreaux ?

Quand vint le tour des accusées, un mouvement de pitié se manifesta dans les groupes. Néanmoins leur qualité de femmes d'émigrés présageait trop le sort réservé à madame de Tournemine et à la comtesse de Guingamp.

Comme elles ne gardaient nulle illusion, elles ne cachèrent point qu'elles avaient brodé et distribué les insignes destinés à reconnaître les chefs de la ligue formée dans le pays de Dinan pour protéger les intérêts du roi Louis XVI et ceux de la religion.

Brutus échangea quelques mots avec ses collègues, Annibal frotta ses mains potelées, et dodelina la tête d'un air joyeux, tandis que Scévola, qui semblait révolté de la franchise généreuse des accusées, griffonnait avec rage leurs courageuses réponses.

Les noms d'Alix de Prémorvan, d'Aliette de Gouvello et d'Havoise de la Houssaye furent successivement appelés.

Les trois amies se levèrent ensemble, échangèrent un affectueux sourire et se prirent les mains comme pour s'encourager.

Quand Brutus les regarda et les vit si jeunes, si belles, si pures, le misérable éprouva un tressaillement. Sa haine fondit. Ne se sentant pas la force de condamner ces enfants, car il lui eût semblé envoyer à la mort sa propre fille, il dit en s'adressant à toutes trois :

— Sans nul doute, en raison de votre jeune âge, vous n'avez été mises au courant d'aucun des complots qui se tramaient au château de Prémorvan, à Pluduno et dans les environs ?

Alix répondit avec vivacité :

— Vous vous trompez, citoyen, on ne nous a fait mystère de rien.

La contrariété qu'éprouva Brutus se trahit sur son visage, et il reprit :

— Oui, oui, vous avez surpris des discours, assisté à des réunions peut-être, mais vous ignoriez la portée des questions politiques débattues autour de vous.

Havoise de la Houssaye se tourna vers le président :

— Pardon, citoyen, dit-elle, quand il s'agit de dévouement à une noble cause, il n'y a ni sexe ni âge. Je connaissais si bien le plan de ce que vous appelez le « complot » que l'on m'y gardait un rôle à remplir ; je suis du même âge que Madame Royale, et l'on dit que je lui ressemble, le jour où l'on aurait sauvé les enfants de France j'eusse pris sa place dans la prison.

Brutus devint pâle ; la pensée lui vint d'abandonner ces enfants qui ne voulaient pas être sauvées, mais le souvenir de Rosette l'attendrit de nouveau, et martelant son bureau avec un couteau à papier, il ajouta :

— Je comprends, je comprends ; on vous a exaltées, fanatisées ; à force d'entendre répéter certaines choses, vous avez fini par y croire... mais l'intelligence est malléable à votre âge, vous comprendrez vite que l'on vous a trompées...

— Trompées ! s'écria Aliette de Gouvello, trompées ! Ainsi, quand on nous parlait de Dieu dont la loi nous guide, du trône que nos aïeux défendirent, de la patrie dont la gloire est chère à tout gentilhomme, on abusait de notre crédulité d'enfant ? Ce n'est pas vrai, Monsieur, ce n'est pas vrai! Havoise, Alix et moi nous nous sommes employées à l'œuvre commune dans la mesure de nos forces ; nous passions nos jours à broder des sacrés-cœurs et des scapulaires pour en faire le signe de ralliement des soldats recrutés par le chevalier de Prémorvan. Quand les conciliabules s'assemblaient la nuit, nous tenions à honneur d'y assister, et plus d'une fois nous avons encouragé hautement ceux qui s'enrégimentaient pour mourir... Vous allez condamner la comtesse Jacqueline de Guingamp et la comtesse de Tournemine comme femmes d'émigrés, nous attendons le même verdict.

Puis se tournant vers ses compagnes :

— Nous irons ensemble à l'échafaud ?

— Oui ! oui ! dit Alix.

— On n'a pas le droit de nous faire grâce, ajouta Havoise.

Le chevalier de Prémorvan regardait sa petite-fille à travers un voile de larmes ; sans doute il s'épouvantait de sa hardiesse, il savait qu'elle la paierait de sa mort ; mais combien il était fier de ce juvénile courage.

— D'ailleurs, pensait-il, Alix n'a-t-elle pas raison de prendre le chemin du ciel ? qui sait ce que la terre lui réserverait d'épreuves et de larmes?

De son côté Brutus répétait :

— Les folles enfants, elles ne veulent pas que je les sauve !

Le délégué du comité nantais s'entretint quelque temps avec ses collègues ; à l'animation de sa parole on voyait qu'il discutait, et débattait une question difficile. Enfin, un éclair ressemblant à de la joie traversa son regard qui se tourna vers les trois jeunes filles.

Après une nouvelle mais courte délibération, Brutus donna lecture de la sentence condamnant le chevalier de Prémorvan et ses complices à la peine de mort.

Les frénétiques bravos des sans-culottes et des tricoteuses formant l'auditoire de la salle saluèrent cette sanglante décision.

Brutus imposa silence de la main, et ajouta :

— Les citoyennes Alix Prémorvan, Havoise Houssaye, Aliette Gouvello, sont acquittées, comme ayant agi sans discernement.

— Non ! non ! dit Havoise, pas de grâce!

Alix se jeta dans les bras de son aïeul :

— Je veux mourir avec toi ! lui répéta-t-elle en fondant en larmes.

Et toutes trois avec un élan dont rien ne peut rendre la noble hardiesse répétèrent en se tournant vers la foule :

— Vive le Roi ! Vive le Roi !

Brutus retomba sur son siége.

— J'ai fait ce que j'ai pu ! murmura-t-il.

Scévola ajouta d'une voix lugubre :

— Nichée de vipères !

— Bonnes pour la guillotine, écrivit Annibal en se frottant les mains.

Un quart d'heure après les condamnés quittaient la salle d'audience et reprenaient le chemin du château.

Comme elles passaient devant un groupe d'enfants, les jeunes filles entendirent un sanglot. En se retournant elles virent Tubéreuse qui le matin même les avait parées pour le sacrifice.

— Adieu ! petite Louise, dit Alix de Prémorvan.

— Dieu fera fleurir tes chrysanthèmes en paradis, ajouta Havoise.

Au même moment la citoyenne Anémone, mettant dans sa poche son tricot inachevé, fichait son aiguille dans ses cheveux, et lançait deux gifles retentissantes à Tubéreuse.

La petite fille se retourna vers sa mère, et la regardant avec des yeux étincelants :

— Essaye donc de me faire guillotiner aussi ! Je m'appelle Louise... je ne répondrai plus au nom de Tubéreuse... et je crierai « Vive le Roi ! » toute la journée...

Aliette mit un baiser sur le front de l'enfant qui se débattait dans les bras d'Anémone prise d'un accès de fureur nerveuse allant jusqu'à la rage.

Un moment après les portes du château de Dinan se refermaient sur les condamnés.

XVI

LES BATEAUX DE LA LOIRE

Le soir du même jour qui avait vu condamner M. de Prémorvan et ses amis, Brutus quitta Dinan en descendant la pente rapide du faubourg du Jersual. Aucune lumière ne brillait aux fenêtres étroites, les masures qui semblent prêtes de crouler et se penchent l'une sur l'autre gardaient un aspect lugubre ; à l'intérieur des maisons on distinguait à peine le bruit produit par le rangement d'un pauvre ménage, un cri d'enfant, l'aboi d'un chien ou le grondement indistinct d'un homme pris de vin ou de colère. Brutus ne put traverser ce pauvre mais pittoresque quartier sans se souvenir du mouvement qui jadis y régnait, et de la gaieté exubérante dont il était le théâtre.

Une pluie fine et rare tombait. A vrai dire, c'était moins de la pluie qu'une brume épaisse, transperçant les habits et donnant une sensation de froid pénétrant jusqu'aux os. Brutus frissonnait ; en dépit du temps qui aurait dû l'engager à presser le pas, il marchait lentement, la tête basse, perdu dans ses pensées.

— Rosette le sait, murmura-t-il, *elles* n'ont pas voulu...

Plus il approchait du but de sa course, plus le chef

du comité révolutionnaire de Dinan ralentissait le pas ; il prit la route conduisant à Saint-Hélen, passa devant l'église profanée et gagna le cimetière.

Quand il eut franchi l'échalier, il tourna du côté de l'appentis, y prit une lanterne, l'alluma, et se dirigeant vers le centre du champ du repos, il reconnut vite une fosse sans croix placée non loin d'une tombe de marbre blanc. Il venait de s'agenouiller sur ce tertre sans nom, quand une ombre franchit à son tour la barrière, et se glissant entre les tombes, gagna le calvaire monumental élevé à la mémoire d'un des recteurs de la paroisse dévastée.

— Qui va là ? demanda Brutus.

Personne ne répondit.

Le révolutionnaire leva sa lanterne et marcha à la rencontre de l'homme qui venait de se prosterner devant la grande croix de granit.

— Qui êtes-vous ? répéta-t-il.

Enlevant le chapeau qui projetait une ombre sur son visage, le nouveau venu se tourna vers le citoyen Brutus.

— L'abbé Guéthenoc !

— Simon !

Ces deux noms se croisèrent, prononcés tous deux avec une égale expression de surprise.

— Que venez-vous faire ici ? demanda Simon avec moins de colère que de regret.

— Vous avez profané mon église, je viens prier devant ce crucifix.

— On vous disait mort... reprit Simon péniblement.

— Dieu m'avait accordé un sursis... répondit l'ancien aumônier de Coëtquen.

— Pourquoi dites-vous : « m'avait accordé un sursis... » le terme de cette grâce est-il venu ?

— Votre présence me l'apprend.

— Quoi ! vous supposez...

— Vous me haïssez plus encore que vous ne haïssiez les maîtres de Coëtquen... Vous m'avez suivi et vous allez m'arrêter...

— Mon Dieu ! mon Dieu ! balbutia Simon.

— Vous prononcez son nom, et vous avez cessé d'y croire.

— Je ne vous ai pas épié, je ne viens point vous arrêter, répondit Brutus.

— Que faites-vous donc dans l'asile des morts, dans le champ de Dieu...

— Voyez-vous ce tertre sans croix, sans fleurs ? demanda Simon d'une voix rauque, Rosette est enterrée là. Maintenant, écoutez-moi, ne vous demandez ni qui je suis, ni pourquoi affectant de ne plus croire en Dieu, j'ai pourtant à vous adresser une prière... Rappelez-vous que je suis père, et ne voyez en moi qu'un homme frappé d'une façon terrible... un des complices de l'assassinat de la marquise Blanche s'est vu châtier de son crime dans son enfant innocente...

— Malheureux ! s'écria l'abbé Guéthenoc.

— Comprenez-vous, reprit Simon, c'est Rosette qui est morte de faim dans l'oubliette de la Tour-Ronde... Rosette dont vous savez la douceur, la piété... Rosette, qui gardait l'âme de sa mère... Ceux qui l'ont trouvée, là-bas, voulaient jeter sa dépouille dans le premier fossé venu.. mais moi, j'ai voulu pour Rosette la terre bénite, l'ombre du calvaire... Et j'ai apporté ses os ici, la nuit... Ce n'est pas tout, oh ! ce n'est pas tout ce que je souhaite, et cela, je vous le jure, je donnerais une part de ma fortune pour l'obtenir...

— Que désirez-vous avec tant d'ardeur ? demanda l'abbé Guéthenoc.

— Des prières, je voudrais des prières pour ma fille... Elle croyait que les prières sauvent les âmes.

— Eh bien ! demanda gravement l'aumônier, ne pouvez-vous appeler ici l'un des curés constitutionnels élus par vous ?

Un tremblement agita les membres de Simon :

— Des intrus, des apostats ! Jamais ! Je sais ce qui s'est passé, je n'ignore point que les hommes de Jean l'Enclume vous ont laissé pour mort dans la grotte au chêne... Les blessures dont votre poitrine fut lacérée sont à peine cicatrisées... Vous êtes un homme de foi et de douleurs, un martyr... Ce sont vos prières que je demande pour l'âme de Rosette... Mettez-vous là, suppliez le Seigneur de lui donner du bonheur pour prix des tortures qu'elle endura... dites-lui de ne pas me maudire... Je l'ai tuée, oui, je l'ai tuée ! et peut-être ne me pardonne-t-elle pas...

— Les saints pardonnent toujours, dit le prêtre.

— Je n'ai point puni vos bourreaux... ajouta Simon.

— Je le sais.

— Vous ne me haïssez pas ?

— Je ne m'en reconnais pas le droit.

— Et vous allez prier pour Rosette ?

— Avec toute la ferveur de mon âme.

L'abbé Guéthenoc tomba sur les genoux, et s'appuyant à la haute croix de marbre, il adressa au ciel des supplications ardentes.

Simon, debout à côté de lui, entendait tour à tour prononcer son nom et celui de sa fille ; il comprenait que le prêtre demandait à la fois la félicité éternelle pour l'âme de l'enfant, et le repentir pour le père égaré : qui pourra dire ce qui se passait dans le cœur du révolutionnaire ? En proie à une lutte terrible, il se sentait tour à tour pressé d'abandonner son œuvre sanglante et de la poursuivre sans relâche.

Sa vengeance n'était pas accomplie d'une façon complète ; Gaël vivait, et il lui fallait la vie de Gaël. Mais quels que fussent les événements qui surviendraient, il ne serait jamais possible à Simon d'oublier que l'un des martyrs de cette Terreur dont il avait inauguré le règne en Bretagne avait prié sur la tombe de sa Rosette bien-aimée...

Le temps passait, le prêtre ne se levait point ; l'horloge enrouée de Saint-Hélen sonna onze heures ; Brutus posa sur l'épaule de l'abbé Guéthenoc une main tremblante. Celui-ci se leva lentement, étendit les bras sur le tertre de Rosette, comme s'il appelait de nouveau la paix du ciel sur cette cendre refroidie, puis il se signa, et demeura un moment sans parler.

— Je ne sais quel remerciement vous adresser, dit Brutus d'une voix étranglée.

— Je veux plus qu'une action de grâce, dit l'abbé Guéthenoc, je demande un salaire.

— Parlez ! s'écria Brutus, je suis riche.

— Il me suffit que vous soyez puissant.

— Que souhaitez-vous ?

— Il a été prononcé aujourd'hui de nombreuses condamnations à mort ?

— Quinze ! dit Brutus en baissant la voix.

— Quand auront lieu les exécutions ?

— Je l'ignore moi-même, et j'en dois référer au comité nantais.

— Ainsi, vous avez au moins trois jours avant de rien décider.

— Au moins.

— Je voudrais, dit l'abbé Guéthenoc, porter aux prisonniers les consolations de mon ministère.

— Y songez-vous ? s'écria Brutus.
— C'est mon vœu le plus ardent.
— Vous jouez votre vie.
— J'en ai fait d'avance le sacrifice.
— C'est impossible ! s'écria Brutus.
— Vous vous trompez ! dit l'abbé Guéthenoc, c'est même aisé. Il est probable que parmi vos prisonniers se trouvent des malades, je les visiterai si vous le voulez en qualité de médecin, et en vérité je ne tromperai personne, puisque je suis le médecin des âmes... Ne me refusez point... Si la Providence veut que je sois reconnu, on m'arrêtera, vous me condamnerez et tout sera dit.

— Tout sera dit ! s'écria Brutus, vous, je vous verrais !... Tenez, votre mort me pèserait plus sur la conscience que celle des quinze condamnés dont vous parlez... Hélas ! j'ai tenté d'en sauver trois... les jeunes filles... Je me souvenais... elles n'ont pas voulu...

— Simon, reprit l'abbé Guéthenoc, consentez-vous ?
— Non ! fit le révolutionnaire, je vous l'ai dit, cela ne se peut pas !
— Au nom de Rosette, reprit le prêtre, au nom de Rosette, pour qui chacun des futurs martyrs priera avant d'aller vers le Seigneur... Songez-y, si votre fille languit après les joies éternelles, toutes ces âmes purifiées demanderont sa grâce à Dieu.

L'abbé Guéthenoc ajouta :
— Elles prieront aussi pour vous.
— Moi ! fit Simon avec épouvante, je suis comme Judas, je suis damné !

Il frémit de tout son corps, posa sa lanterne sur la saillie formée par le piédestal de la croix, puis tirant une carte et un crayon de sa poche il écrivit rapidement quelques mots.

— Merci ! merci ! dit l'abbé Guéthenoc.

— Je viens peut-être de signer votre condamnation à mort, fit Simon en secouant la tête.

Il fit deux pas pour s'éloigner, puis revenant vers l'abbé Guéthenoc.

— Où passerez-vous la nuit ? lui demanda-t-il.

— Sous le toit de l'appentis, puisque je suis ici, dit le prêtre... les autres nuits dans les taillis, sous les hangars, dans la grotte au chêne... demain je serai à Dinan.

Simon allait franchir l'escalier quand l'aumônier ajouta d'une voix douce :

— Dieu garde un pardon pour tous les crimes !

— Tous ? demanda Simon.

— Hors le désespoir.

— Peut-être, dit Simon, mais il faudrait me repentir, et je ne me repens pas.

Le représentant du comité nantais passa l'échalier, et remonta vers Dinan. La brume s'était changée en pluie, le révolutionnaire revint chez lui frissonnant. Il se jeta sur son lit, et le citoyen Blaireau le trouva le lendemain dévoré par une fièvre ardente.

Tandis que les émotions de la veille et les souvenirs du passé le pressaient jusqu'à l'angoisse, l'abbé Guéthenoc, suffisamment travesti pour ne point trahir sa condition et compromettre la signature de Brutus, se rendit au château de Dinan.

Quand il entra dans la salle où les Calvairiennes et les amis de M. de Prémorvan se trouvaient rassemblés, il promena son regard attendri sur les groupes divers que formaient en ce moment les captifs. M. de Prémorvan écrivait quelques pages relatant les derniers instants de sa vie ; les femmes travaillaient à des ouvrages de main, les religieuses roulaient un chapelet dans leurs doigts. Quant à Gaël de Coëtquen, le visage caché sous ses cheveux, il se demandait quelle serait la fin de la terrible tragédie qui se jouait autour de lui.

Un mot du nouveau venu changea le cours de toutes les pensées. Les condamnés venaient d'accepter la mort avec courage, il s'agissait pour eux de la recevoir en chrétiens.

Tour à tour devant l'abbé Guéthenoc s'agenouillèrent les vierges du Seigneur, les femmes des gentilshommes, les jeunes filles qui devaient mourir enveloppées de leurs voiles blancs, les hommes dont l'horizon se limitait à quelques heures, et dont le sacrifice se grandirait par la résignation.

Le lendemain, grâce à la carte signée par le citoyen Brutus, la messe fut célébrée dans la *Salle du Connétable*. Des sanglots se mêlèrent à l'exhortation qui la suivit ; le pasteur disait adieu à ses brebis de la dernière journée, et regrettait que son devoir l'enchaînât à Dinan. Mais il avait à remplir un lourd et imposant ministère ; il fallait non plus rassembler les fidèles, mais aller au-devant d'eux, se cacher le jour, marcher la nuit, et l'aumônier trouvait son unique joie dans l'espérance qu'il viderait un jour la coupe du martyre dans laquelle avaient trempé ses lèvres.

Il semblait que la Providence ménageait cette consolation suprême aux condamnés afin de doubler leurs forces pour l'épreuve, car au matin du troisième jour, le citoyen Brutus reçut une lettre émanant du citoyen Carrier, et lui enjoignant d'expédier sur-le-champ à Nantes une partie des prisonniers renfermés dans le château, afin que l'on exécutât sans délai ceux qui avaient passé en jugement, et que les autres comparussent devant le tribunal des membres du comité de la Loire-Inférieure.

Simon fit transmettre cet ordre à la prison.

Un moment il eut l'idée de garder Gaël et d'achever

sur lui sa vengeance, mais depuis sa rencontre avec l'abbé Guéthenoc, quelque chose d'indéfinissable se remuait dans le cœur de Simon. Il ne regrettait point ses cruautés, mais le cœur lui manquait à l'idée d'envoyer de nouvelles victimes à l'échafaud. L'œuvre de sa haine accomplie, le reste lui importait peu. Sa fille était vengée, cela lui suffisait ; Simon, par le fait, n'avait point d'opinions politiques ; il s'était travesti en citoyen Brutus pour satisfaire une mortelle rancune, il ne demandait rien de plus.

Carrier pouvait faire des condamnés ce qu'il jugerait convenable. Même, au risque de compromettre la pureté de son civisme, Simon dans la lettre qu'il écrivit à son chef insista pour que grâce fût accordée à Alix, Havoise et Aliette que leur jeunesse excusait.

Ce voyage devait être une dure épreuve pour les condamnés. On les entassa dans deux charrettes, et Simon eut soin de conserver l'une d'elles pour les religieuses et leurs compagnes.

Il fallut plusieurs jours pour accomplir ce trajet. Il se fit sous le froid, la pluie et la neige ; quand les prisonnières arrivèrent à Nantes leur santé sinon leur énergie était complètement épuisée. On les transféra directement à l'Entrepôt, prison qui, suivant l'expression de Carrier, « servait d'antichambre patriotique à la mort. » Une fois entrées là, les victimes avaient quatre manières révolutionnaires de périr : — l'échafaud, la fusillade, la noyade ou la contagion. — Le bourreau qui recevait une prime par tête n'abandonnait jamais sa tâche ; les soldats et les noyeurs patentés prenaient une partie de ses profits, et la peste fauchait le reste.

Carrier avait été envoyé à Nantes selon le mot de Robespierre, afin de « passer sur la Vendée comme un fléau destructeur ». Le comité du salut public en envoyant à

Nantes cet Héliogabale de Basoche devinait qu'il laisserait loin derrière lui les exécrables cruautés de Cavaignac, Merlin de Thionville, Philippaux et leurs collègues. Le club de Vincent-la-Montagne fournissait au comité nantais et à la commission militaire des accusateurs et même des bourreaux.

On avait commencé par l'échafaud, mais le couperet n'abattait qu'une tête à la fois, et encore s'ébréchait-il à la fin de la journée; on laissa la guillotine en permanence, et Carrier se donna souvent le spectacle d'une exécution aux flambeaux; mais la mort ne fauchait point assez vite et il fallut recourir à des moyens plus expéditifs. Dans le faubourg de Gigant, sur les bords de la Chésine, et à l'extrémité du quartier Richebourg, on creusa de larges fosses; puis sur les bords de ces fosses on amena successivement des groupes de royalistes comprenant environ cinquante hommes; on les plaçait à genoux, un roulement de tambour se faisait entendre et les feux de peloton ne s'arrêtaient que lorsque les malheureux étaient percés de balles. Encore sabrait-on les cadavres, dans la crainte qu'un condamné eut été épargné par hasard.

Mais Carrier qui voulait « faire de la France un cimetière » trouva les fusillades de Gigant aussi peu satisfaisantes que la guillotine; il voulait que le massacre prît de gigantesques proportions, et jusqu'à ce jour aucun des hideux tableaux qui avaient passé sous ses yeux ne pouvait lui suffire. Il inventa les noyades de la Loire, et à partir de ce moment il ne se passa pas de jour sans qu'une sinistre galiote chargée de condamnés passât au milieu du fleuve, abandonnant à une horrible mort des malheureux dont l'agonie n'avait pas même le droit de s'environner de pudeur.

Les noyades avaient d'abord lieu la nuit; les bourreaux s'enhardirent, on donnèrent en plein jour l'abominable spectacle, et stupéfiés par l'horreur, les Nantais décimés ne trouvèrent pas même le courage de se défendre.

Ce fut pendant cette phase nouvelle de la Terreur implantée en Bretagne, que les Calvairiennes et les amis de M. de Prémorvan furent amenés à l'Entrepôt.

Personne ne savait de quelle façon serait exécuté leur arrêt.

En dépit de leur courage, les trois jeunes filles avaient beaucoup pâli durant le voyage. Alix ne quittait plus son grand-père, elle comptait les minutes qui lui restaient à passer en ce monde, et ne voulait pas en enlever une seule à cette sainte tendresse.

Aliette et Havoise essayaient encore de sourire. Quant à mesdames de Tournemine et de Guingamp, elles n'avaient rien perdu de leur fermeté stoïque ; l'abbé Guéthenoc s'étant chargé de faire parvenir à leurs maris les longues lettres d'adieu qu'elles leur avaient écrites, elles pouvaient fermer les yeux aux choses de la terre pour ne plus les tourner que vers le ciel.

Un matin les geôliers entrèrent dans la salle infecte et misérable dans laquelle on entassait les prisonniers ; on fit un appel, M. de Prémorvan, ses compagnons, ses compagnes, Gaël, les Calvairiennes et une vingtaine d'autres condamnés furent transférés au greffe. Ils savaient bien qu'ils en sortaient pour mourir. Tous se serrèrent les mains avec effusion. Alix resta appuyée sur le bras de son aïeul, Havoise et Aliette enlacèrent leurs bras, et ne se séparèrent point, même après qu'elles furent montées dans la charrette qui les attendait.

Autour des condamnés la foule criait, hurlait, trépignait. On vociférait des chansons hideuses, on agitait des bonnets rouges.

Les religieuses entonnèrent le *Salve Regina*.

On leur intima l'ordre de se taire, les refrains ignobles essayèrent de couvrir leurs voix, on leur jeta des pierres et de la boue, elles continuèrent à chanter.

Havoise et Aliette, debout dans la charrette et se retenant aux montants, regardaient paisiblement la populace ameutée qui venait pour les voir mourir.

Elles avaient bien entendu parler du supplice de la noyade, mais les pauvres enfants croyaient d'abord qu'il était peu douloureux, ensuite il leur semblait qu'il ne s'environnait pas d'un hideux attirail comme la guillotine ; elles se voyaient comme s'il se fut agi d'autres que d'elles-mêmes, descendant le fleuve, dans leurs robes aux longs plis, les cheveux dénoués, le visage tourné vers le ciel où déjà venait de monter leur âme.

Mais Carrier comprenait la férocité d'une façon autrement complète. Nul ne mourait seul ; les « mariages civiques » préparés par le misérable ajoutaient encore à la torture des suppliciés.

Quand les amis de M. de Prémorvan descendirent de la charrette qui les avait amenés sur les bords de la Loire, ils furent brusquement saisis par des noyeurs qui les garrottèrent deux par deux et les poussèrent dans la cale d'une galiote amarrée à la rive.

Au moment où Gaël de Coëtquen se trouva dans les mains des bourreaux, il s'écria en désignant Loïse de Matignon :

— Elle ne m'a pas voulu pour mari, liez-la à moi afin qu'elle partage mon supplice.

L'infortunée poussa un cri de terreur.

— Repentez-vous, Gaël ! cria-t-elle d'une voix pleine de sanglots, votre corps est perdu, ne damnez pas votre âme !

Le noyeur à qui Gaël avait adressé cette prière avait

trouvé plaisant de l'exaucer, et de doubler de la sorte l'angoisse de Loïse de Matignon. Elle se résigna cependant, cette suprême épreuve, qui de toutes devait lui sembler la plus pénible, venait de Dieu comme les autres ; de Dieu qui allait dans quelques instants la récompenser d'une vie passée à son service.

— Si vous aviez voulu, si vous aviez voulu, Loïse ! répétait Gaël en grinçant des dents.

Loïse ne lui répondit rien et reprit avec ses compagnes le chant du *Salve Regina*, au moment où la barque quittait le rivage.

Le temps était superbe. Un magnifique soleil d'hiver brillait au ciel ; une foule compacte couvrait les berges du fleuve, et pour cette fête odieuse, Carrier en compagnie de la Caron et de madame le Normand assistait au spectacle.

Si féroces que fussent les « patriotes » nantais, la vue de cette troupe de jeunes vierges, le chant de ces hymnes, les remua au point que le mot : « Grâce ! » circula. Il ne trouva point assez d'écho pour amener le salut des malheureux ; le bateau, quittant le bord, gagna le milieu du fleuve, fila pendant quelques instants, se balançant doucement sous l'effort des mariniers.

Puis avec une rapidité dont rien ne saurait rendre le foudroyant effet, une soupape ménagée dans la cale fut brusquement ouverte, le chant des religieuses s'éteignit, et un long cri d'angoisse monta vers le ciel.

Les eaux bouillonnèrent, on ne vit plus rien que la galiote allégée revenant vers le rivage ; mais bientôt les noyés reparurent ; on vit poindre des visages effarés ; des mains s'agitèrent ; plus d'un malheureux sachant nager tenta d'échapper au sort affreux qui le menaçait. Des doigts crispés s'attachaient au rebord des barques couvrant la Loire. Une nuée de batelets donna bientôt la chasse aux malheureux qui gardaient une dernière espérance. Debout dans chacun de ces batelets des misérables armés d'avirons et de gourdins brisaient les crânes de ceux qui tentaient de se sauver; d'autres coupaient les poignets aux suppliciés qui parvenaient à saisir le rebord des bateaux.

Sur les deux rives les fossoyeurs attendaient que le fleuve leur rejetât les cadavres.

Par un effort surhumain, Gaël était parvenu à rompre la corde qui le liait à Loïse de Matignon; confiant dans son habileté de nageur, il comptait se glisser entre deux eaux jusqu'à ce qu'il trouvât un endroit désert pour y aborder. L'amour de la vie doublait ses forces; il allait, avançant toujours, et déjà il se croyait sûr du succès, quand il sentit soudain ses jambes enlacées par un monstre énorme, gluant, visqueux, dont le poids l'entraînait au fond du fleuve, et dont il croyait déjà sentir les morsures. Un dernier râle lui échappa, la lamproie qui venait de le saisir commençait à le dévorer vivant.

Il n'avait pu entendre le suprême avertissement de Loïse de Matignon :

— Repens-toi, Gaël, repens-toi !

Alors l'eau du fleuve cessa de bouillonner, elle redevint assez calme pour refléter le ciel, et rien ne flotta plus sur l'eau transparente, ni le pan d'une robe, ni le pli d'un voile, ni même les cheveux d'or d'Aliette et d'Havoïse ensevelies ensemble dans l'humide linceul.

XVII

LES RUINES DU GUILDO

En conseillant au marquis de Coëtquen de gagner seul avec son fils les ruines du Guildo, Patira lui donnait un sage avis.. Le Fignoleur était trop connu, trop populaire dans le pays, la beauté de l'Enfant-Bleu trop remarquable pour que dans ces temps de troubles on ne s'inquiétât point de la présence d'un inconnu ; d'ailleurs Patira avait besoin d'aller à Dinan, et il eût été fort imprudent à Tanguy d'y pénétrer en dépit des changements survenus dans sa personne. Le marquis, après avoir dit adieu à l'adolescent qui s'était fait depuis cinq ans le protecteur de sa famille, s'achemina avec une lenteur exigée par la faiblesse d'Hervé vers Corseul, but de sa première étape. Il devait pour cela parcourir deux lieues et demie. Bien des fois déjà il avait fait ce trajet, mais c'était alors à cheval en compagnie de ses frères ou en carrosse pendant les premiers mois de son mariage, tandis qu'il se faisait une joie de montrer à Blanche les beautés sévères et les ruines grandioses de cette partie de la Bretagne qui lui était inconnue. Il comprenait alors seulement le côté artistique de ces débris si complétement en accord avec le ciel gris, les chemins rocheux, les champs encadrés de grands chênes surmontant des talus envahis par les touffes violet-pâle des bruyères. Mais la situation d'esprit dans laquelle se trouvait Tanguy à l'heure où il fuyait avec son fils vers la mer qui peut-être, comme elle faisait jadis pour nos aïeux bretons, le «repousserait vers les barbares», se trouvait alors bien différente. Il se sentait l'âme envahie par la mélancolie à mesure qu'il foulait la poussière de l'Herculanum de la Bretagne, dont les débris servent de clôture à des jardins, ou qu'il reconnaissait des sculptures antiques encastrées dans les murailles des fermes et la margelle des puits où les femmes vont le matin puiser l'eau dans des cruches élégantes comme les vases retirés des fouilles de Pompéï. De temps à autre, il reconnaissait sur la route des bornes milliaires, souvenir de l'occupation romaine, ou découvrait des restes de murs à fleur de terre, vestiges des habitations d'une vaste et florissante cité ! Sur la hauteur où se pressaient les maisons d'un pauvre village s'était dressée jadis, forte de sa situation et de ses richesses, une des villes contre lesquelles César dut lutter longtemps avant de les soumettre. Saccagée par les vainqueurs, la capitale des Curiosolites devint cité romaine; elle ressuscita de ses cendres, et vécut dans une prospérité au moins égale à celle qui marqua l'ère de sa première fortune jusqu'au jour où la guerre éclatant entre Clotaire et Chramme son fils, cette portion de la Bretagne fut tour à tour dévastée par le fer et par le feu. A partir de ce jour, Corseul fut vraiment une cité morte. Néanmoins, l'instinct de la conservation qui existe pour les villes, comme pour les individus, donna lieu à des tentatives hardies. On essaya de relever les murailles deux fois abattues, de rééditier les monuments. On éventra le sol pour lui demander le secret de ses fortifications et en faire germer des édifices construits sur le plan des anciens : on ne put galvaniser le cadavre de la cité détruite. De loin en loin, en avare, la vieille capitale des Curiosolites livrait une part de ses secrets : un laboureur en creusant son sillon trouvait des poteries émaillées, des faïences, des vases de terre d'une forme élégante, des monnaies d'or, des statuettes précieuses, des dalles de mosaïque, des colliers ; ailleurs des vestiges de bains, des voies abandonnées ; le nivellement des routes découvrait brusquement des cercueils remplis d'ossements, d'armes curieuses et de ces vases antiques que les anciens appelaient lacrymatoires ! Hélas ! si petits qu'ils fussent, un seul fut-il jamais rempli par les larmes versées sur celui que l'on descendait au cercueil ?

En parcourant la route qui le séparait de Corseul, Tanguy songeait que sa chère Bretagne allait une fois encore se couvrir de ruines et de deuil, et peut-être eût-il désespéré de sa renaissance si le sentiment de la foi n'eût soutenu son esprit.

— Le temple de Mars érigé jadis dans la ville des Curiosolites a bien pu ne jamais être rebâti, pensait le marquis de Coëtquen ; le christianisme devait anéantir tous les vestiges païens des vieux âges, mais les églises abattues ne resteront point dans la poudre. L'épreuve sera dure, terrible ; mais elle passera.

Le jour baissait. Plus d'une fois Tanguy avait été obligé de prendre Hervé dans ses bras. L'enfant lui demandait quel serait le but de cette longue marche, il s'inquiétait de Patira, il commençait à s'effrayer des ténèbres grandissantes.

Tout à coup une grande lueur illumina l'horizon. On eut dit l'embrasement d'une fournaise. Hervé battit des mains, il crut voir un de ces merveilleux couchers de soleil qui remplissent d'admiration les peintres et les poëtes, et devant lesquels restent silencieux les pâtres rêveurs.

— Père ! père, regarde ! dit Hervé.

Le marquis de Coëtquen regarda et comprit.

— C'est le château de Montafilan qui brûle, murmura-t-il.

Le manoir situé à une demi-lieue de Corseul, et qui 'avance sur un cap de roches au milieu d'un océan de verdure, venait d'être envahi par une horde révolutionnaire. Les sans-culottes, après s'être vautrés dans une orgie sans nom, la terminaient comme Néron par les flammes de l'incendie.

Le marquis pressa le pas.

Ces lueurs rouges le troublaient, le poursuivaient, il lui semblait qu'un moment encore elles l'envelopperaient et qu'il ne pourrait pas même défendre Hervé contre leurs morsures.

Il serra si fort Hervé contre sa poitrine que celui-ci dit tout en baisant la joue de son père :

— Tu me fais mal, père, tu me fais mal !

Tanguy desserra ses bras, mais il doubla ses baisers. C'est qu'il aimait ardemment ce fils qu'on venait de lui rendre d'une façon miraculeuse. L'amour paternel s'était éveillé en lui subitement, brusquement. Il retrouvait dans Hervé non-seulement une chère créature qu'il avait douée de la vie, mais encore le vivant souvenir de la compagne perdue.

Hervé gardait les grands yeux bleus et doux de la marquise, et parfois une inflexion de voix rappelait à Tanguy ce timbre harmonieux de celle dont la rapide tendresse illumina sa vie.

Le marquis de Coëtquen n'avait pas eu besoin de s'accoutumer à cette paternité, elle avait subitement atteint chez lui toute sa force. Hervé s'était emparé de sa vie, sans effort, en murmurant seulement le mot « père ». Il créait à Tanguy des devoirs nouveaux, il lui interdisait de s'exposer sans motif ; il l'obligeait à veiller sur sa vie comme sur un trésor dont il n'était pas le maître. Et Tanguy dont l'existence semblait la veille circonscrite dans les murs d'un cloître, et qui devait ne quitter Léhon que pour la tombe, s'enfuyait à travers les chemins déserts pour arracher l'Enfant-Bleu aux bourreaux.

L'incendie de Montafilan continuait à inonder de ses lueurs rougeâtres le paysage qui se profilait en vives arêtes. Les maisons formaient des trous noirs, les arbres prenaient de fantastiques apparences et, tout sentier disparaissant, le triple étage des cités ensevelies des Curiosolites des Romains et des Franks se perdait dans la brume.

Tanguy reçut l'hospitalité dans une chaumière délabrée habitée par une vieille femme. Lorsque le lendemain matin, le marquis voulut lui laisser une pièce d'argent, elle refusa de l'accepter.

— Je ne demande point votre secret, dit-elle, mais je comprends que vous fuyez du côté de l'Angleterre... Je ne suis qu'une pauvre femme, mais je reste pour le Roi contre la révolution, pour l'autel contre les démolisseurs d'églises... J'ignore où vous comptez vous arrêter, acceptez toujours ces galettes de sarrazin, avec mes souhaits pour votre bonheur... Mon fils a pris sa faux, et il se bat là-bas dans les landes avec Jean Charette. Dieu le garde et fasse triompher la bonne cause !

Le marquis accepta les galettes de sarrazin et se remit en marche. Cette fois la route lui parut moins longue, peut-être était-ce seulement parce qu'il la savait moins dangereuse. Il se donna, à Créhen, où il entra dans une auberge, comme un marchand de Nantes venu afin d'acheter des grains dans le pays. Dans les villages, un homme isolé n'effrayait point ; les révolutionnaires marchaient par bandes. On offrit donc un asile au marquis dans une écurie remplie de paille fraîche, et il venait de s'endormir, quand un grand fracas retentit dans la salle basse : un détachement de soldats faisait halte dans le village ; il avait pour mission de visiter la cure de Créhen, occupant les anciens bâtiments d'un prieuré dépendant de l'abbaye de Marmoutiers, et de chercher les maîtres du château de la Menandais et de Lambaudais.

Tanguy comprit que les soldats ne manqueraient point de venir dans l'écurie chercher un abri, et tremblant pour son fils, il crut prudent de ne point attendre la visite des sans-culottes. Grâce à quelques instruments de labour entassés près d'une fenêtre, il parvint jusqu'à une ouverture suffisante pour lui livrer passage ; mais alors commença son inquiétude. Il n'osait sauter dans la cour en tenant Hervé dans ses bras. Heureusement il trouva sous sa main une large sangle, la noua autour de la taille de l'enfant, et après lui avoir recommandé de n'avoir aucune crainte, il fit passer Hervé par la croisée, le descendit doucement à terre et sauta à son tour. Au moment où il s'évadait, la porte de l'écurie s'ouvrit, et les soldats munis d'une lanterne virent se dessiner la silhouette d'un homme qui s'enfuyait. C'en fut assez pour donner l'alarme ; en un instant les soldats s'élancèrent à la poursuite du marquis Tanguy et une véritable chasse à l'homme commença.

Le marquis avait de l'avance, mais les soldats étaient nombreux. Tanguy, après avoir franchi le mur de la cour, se jeta à tout hasard dans un chemin creux, puis arrivé à l'angle d'un sentier, il gravit un talus et laissa un moment après passer au-dessous de lui la meute lancée à sa poursuite. Les soldats munis de lanternes, armés de sabres et de fusils, fouillèrent la campagne pendant plus d'une heure, cherchant le fugitif avec l'obstination de la haine à qui vient d'échapper une vengeance. Ils tirèrent au hasard quelques coups de fusil, puis irrités de leur échec, ils remontèrent vers Créhen, tandis que Tanguy abandonnant les broussailles du champ qui lui servait d'asile courut sans repos, jusqu'à ce qu'il se trouvât en face d'un monument ancien sur l'origine duquel les archéologues sont loin d'être d'accord, mais qui fut élevé sans aucun doute sur l'emplacement d'une tombe. Le marquis acheva dans ce monument écroulé une nuit troublée par mille angoisses, et dès que le jour fut venu, il l'abandonna. Il descendit rapidement la route déclive conduisant au Guildo. A sa droite s'étendaient des champs frimatés par la gelée, à sa gauche le sol se creusait ; quand il passa au-dessous des roches aux goëlands, un grand bruit d'ailes se fit entendre, le marquis et Hervé se trouvèrent enveloppés dans le vol circulaire d'une multitude d'oiseaux criant et annonçant la tempête. Ils regagnèrent bientôt leurs trous dans les roches, et Tanguy put voir tout en bas l'Arguenon courir entre ses rives étroites qui devaient brusquement s'élargir jusqu'à prendre les proportions d'un lac.

Un soupir de soulagement souleva la poitrine du marquis.

Il arrivait au terme du voyage, et dans les ruines qui s'étendaient à sa droite, il trouverait sans peine un asile jusqu'à l'arrivée de Patira.

Le soleil se levait. Les brumes de l'Arguenon se repliaient comme un voile ; les petits clochers de Notre-Dame de l'Arguenon et de Notre-Dame du Guildo se dressaient dans le ciel bleu ; sur la droite le couvent des Carmes attestait suffisamment le passage des révolutionnaires. Quelques pauvres masures se groupaient non loin de là, tandis qu'à un quart de lieue à peine les tours du château du Guildo baignées par la mer s'avançaient pareilles à un cap. Là était l'asile, le salut. En face s'étendait le bras de mer qui, retiré en ce moment, aurait permis de passer à gué, mais Tanguy ne s'arrêta pas au village, et coupant à travers champs, il gagna au bout d'un quart d'heure l'enceinte de l'antique forteresse. L'herbe et les ronces remplissaient les cours ; les éboulements de pierres obstruaient les bas des portes, le pied tremblait en se posant sur chaque débris. Les tours avaient pour la plupart perdu leur couronnement de créneaux, de chaque meurtrière tombaient des tiges ligneuses ; les racines des grands lierres étayaient les murailles croulantes, chaque guerre nouvelle avait ajouté à la dévastation du manoir que jadis l'infortuné Gilles de Bretagne remplissait du bruit de ses fêtes. Quelque misérable que fut ce lieu de refuge, le marquis de Coëtquen se réjouit à la pensée que nul n'aurait l'idée de l'y poursuivre. Des serpents cachés dans les trous et des oiseaux de nuit nichés dans les meurtrières le partageraient seuls avec lui. Cependant, en avançant dans ses recherches, Tanguy pénétra dans une tour conservant encore un fragment de toiture ; en outre, la profondeur du *retrait* ménagé en avant de l'embrasure de la croisée atteignait presque les dimensions d'une petite chambre, et un étroit cabinet placé au fond d'un couloir permettait encore de se mettre à l'abri.

Le premier soin de Tanguy fut d'ôter la veste chaude que Servan lui avait donnée, d'en envelopper Hervé et de coucher le cher petit dans la partie de la tour qui se trouvait le mieux abritée contre ce vent. A l'aide de pierres qu'il ramassa le marquis parvint à boucher plusieurs ouvertures, des fagots de broussailles comblèrent des interstices, et vers la fin de la journée il jeta un regard satisfait sur les dispositions prises en se disant que Patira dut-il se faire attendre huit jours la position serait encore tenable.

Hervé eut faim, Tanguy s'estima alors heureux d'avoir accepté les galettes de sarrazin de la pauvre femme de Corseul, et songeant qu'il serait peut-être longtemps avant de pouvoir se procurer des vivres, il s'étendit sur son lit de broussailles et ne soupa pas ce soir-là.

Vers le milieu de la nuit Hervé s'éveilla ; un bruit sourd, continu, venait de l'arracher au sommeil ; l'enfant ignorant la cause de ce fracas grandissant se pressa contre son père ; Tanguy le serra dans ses bras.

— C'est la mer, dit-il, la mer qui va nous bercer tous deux, ne crains rien, chéri, nous lui devrons d'abord nos songes et plus tard le salut.

L'enfant posa sa tête sur l'épaule de Tanguy et retomba dans ses rêves.

La mer arrivait lentement, par vagues successives, se déroulant avec des bruits doux et de molles caresses sur un lit de sable fin ; à mesure qu'elle s'avançait le lit du petit fleuve allait s'élargissant, l'eau montait, le passage que l'on aurait pu dans la soirée traverser à pied sec se trouvait alors envahi. Les barques renflouées par le flot se balançaient sur la vague ; la langue de terre couverte d'ajoncs qui s'étendait au pied des tours du château disparaissait à son tour, et le ressac, monotone et régulier, battait la base du vieux manoir avec une tristesse qui à cette heure correspondait d'une façon absolue avec la situation d'esprit et de cœur du marquis de Coëtquen.

Il était déjà un exilé, à demi séparé du monde ; nul ne pouvait le soupçonner dans cette cachette, et il y resterait tant qu'il plairait à Dieu. Sans souci pour lui-même il s'inquiétait pour son fils. Jusqu'à cette heure Hervé avait vécu d'une vie paisible que chacun s'était plu à rendre heureuse. Les moines lui témoignaient mille tendresses, et l'affection de Patira plus vive et plus joyeuse charmait ses heures de loisir dans les cloîtres et dans le verger du couvent. Mais au Guildo le vent, le froid, la faim, allaient assiéger les proscrits, et Dieu sait combien il faudrait de temps au Pignoleur pour accomplir son œuvre.

Tandis que le père s'abandonnait à de cruelles préoccupations, Hervé voyait passer dans son rêve le fils de Rivanone, le barde aveugle patron des pauvres chanteurs.

Quand il s'éveilla, le jour grandissait. Il ne se souvint pas d'abord de ce qui s'était passé la veille, et tourna autour de lui des regards inquiets ; la vue des ruines au milieu desquelles il se trouvait n'était guère propre à le rassurer, et les lointains grondements de la mer ajoutaient à sa terreur. Quelques baisers le ranimèrent, et la mobilité, qui fait le charme du caractère des enfants, le porta bientôt à regarder curieusement autour de lui. Les deux fenêtres lui permettaient d'embrasser une partie de la campagne, les clochers du Guildo et de Notre-Dame de l'Arguenon se dressaient au milieu des toits de chaume ; la mer en se retirant laissait presque à sec le rivage, et l'Arguenon réduit à sa faible puissance gardait l'aspect d'un ruisseau. En face la futaie du Val conservait à ses branches mortes quelques feuilles desséchées et rougeâtres ; le long de la falaise s'étendaient de lourdes pierres noires pareilles à des monstres marins immobiles sur une plage désolée ! Les barques échouées, la quille enfoncée dans le sable, prenaient un morne aspect ; de rares oiseaux fendaient l'air avec des cris aigus ; c'étaient tantôt des goélands messagers de tempête, tantôt des corbeaux messagers de mort. Quelques pâtres guidant leurs chèvres s'en allaient en sifflant, une vieille femme conduisait sa vache brouter une herbe rare ; le pays paraissait plongé dans la stupeur. Outre la crainte d'être rançonnés et pillés, les paysans éprouvaient mainte terreur d'un autre genre. Plus d'un possédait une

« cache » et dans cette cache s'abritait un prêtre ; tour à tour les braves gens gardaient sous leur toit le ministre du Seigneur ; ils bravaient le danger dans l'espérance d'entendre la messe pendant une nuit convenue et de se sentir encore protégés par le ciel ; mais plus d'une fois un misérable les avait trahis, et le prêtre était tombé à côté de son hôte. La tour des Ébihens occupée par les soldats de la Révolution paraissait une menace perpétuelle et le couvent de Saint-Jacut se trouvait métamorphosé en caserne. En outre des bandes de sans-culottes passaient et repassaient dans le pays, pillant les bourgeois après avoir pillé les nobles. Sous le manteau du civisme, chacun exerçait à loisir et avec la sûreté de l'impunité ses vengeances particulières. Le marquis de Coëtquen était donc loin de se sentir rassuré. Il n'osait sous aucun prétexte abandonner les ruines, et cependant le pauvre Hervé avait grand besoin d'une nourriture plus substantielle que la galette de sarrazin conservée par le marquis. Heureusement Tanguy errant autour du Guildo aperçut à quelque distance un petit pâtre assis à côté d'un feu de bruyère. L'enfant chantait une complainte, tout en surveillant la cuisson de quelques pommes de terre cachées sous la cendre.

Tanguy s'approcha du chévrier, en faisant un long détour, puis tirant de sa poche une pièce de monnaie il l'offrit au jeune garçon en échange d'un peu de lait et de la moitié de ses pommes de terre.

Le petit Louis accepta, et un moment après Hervé trempait ses lèvres dans une tasse de lait écumant.

Le marquis employa sa journée à chercher de la mousse pour le lit de l'enfant, et à consolider dans certains endroits la muraille croûlante à l'aide de blocs de pierre qu'il roulait à grand'peine.

— Est-ce que Patira ne viendra pas bientôt ? demanda Hervé.

— Dieu seul le sait, mon chéri.

Hervé s'endormit, mais Tanguy ne ferma pas les yeux. Il pensait que Patira arriverait la nuit dans les ruines, afin de ne pas courir le risque d'éveiller des curiosités inquiétantes.

Pendant sa longue veille, il se reportait par la pensée en plein quinzième siècle, à l'époque où Gilles de Bretagne venait d'être mis par son frère François Ier en possession des maigres seigneuries auxquelles se réduisait son apanage de « juvénieur », et où tout fier d'avoir pour femme cette Françoise de Dinan dont la beauté causa plus d'un crime, il réunissait au château princier du Guildo l'élite de la noblesse de Bretagne et d'Angleterre. Il reconstituait ces tours robustes, garnies de leurs créneaux. Sur le donjon flottait la bannière de Bretagne, et les guetteurs se promenaient sur les plates-formes, prêts à signaler une cavalcade arrivant par la grande porte du château-fort, ou un navire amenant quelques-uns de ces archers anglais avec lesquels le prince Gilles se plaisait à faire assaut d'adresse. Quelle pompe alors dans le manoir, quels fastueux repas dans les immenses salles, quelles fêtes charmantes pendant lesquelles les successeurs des bardes chantaient la légende du *roi Arthur*, ou les *cantiques* de saint Hervé ! Combien de fois dans ces espaces abandonnés et déserts on monta pour le plaisir de Gilles, de Françoise et de leurs invités, le beau *mystère de sainte Nonne* joué par les plus habiles *Frères de la Passion* de l'évêché de Tréguier. Le prince Gilles, traîné de cachot en cachot, était mort de faim dans le souterrain de la Hardouinaye, et le manoir du Guildo avait grossi les possessions du fratricide qui suivant l'adjuration mystérieuse du moine du mont Saint-Michel expirait quarante jours après l'infortuné Gilles.

Cent cinquante ans plus tard c'était le bruit de la mousqueterie qui retentissait autour du manoir. Le duc de Mercœur y avait laissé, en qualité de capitaine de la garnison, Jacques le Roy dont les hommes ne purent tenir contre les soldats de Henri IV; mais au mois de mai 1597, les reîtres du duc prirent leur revanche de la défaite de 1590, et un corps d'armée composé de deux mille Espagnols et autres étrangers se rendit maître du château. Démoli et démantelé, en dépit des quinze pieds d'épaisseur de ses murailles, le château de Gilles de Bretagne fut condamné par Louis XIII à ne jamais être rebâti.

Jean d'Avaugour, seigneur du Bois-de-la-Motte, n'essaya même pas de faire revenir Louis XIII sur sa décision, il se contenta de fonder à côté des débris de son manoir une collégiale de Carmes chargés de prier pour l'apaisement des partis.

Depuis, chaque année avait enlevé quelque chose à la couronne croulante du château dont tant de pierres gardaient des trous de balles ou des traces de sang mal lavées par la pluie. Les vipères nichaient sous les monceaux de débris, les hiboux se cachaient dans les trous des murailles, et les gens du pays affirmaient que l'on voyait la nuit l'ombre de Françoise de Dinan lavant dans l'eau de l'Arguenon des linges ensanglantés, et poussant de grands cris en appelant Gilles de Bretagne.

Tandis qu'il se souvenait des événements divers dont le château du Guildo avait été le théâtre, le jour parut. Tanguy crut pouvoir imiter les pâtres et allumer un peu de feu pour réchauffer les membres de son enfant. Hervé ne se plaignait pas, mais le marquis n'en pouvait douter, il souffrait d'une façon cruelle ; ses yeux bleus se cernaient ; il tournait sans cesse ses regards vers la croisée à demi close de la tour, comme s'il espérait voir Patira sous la figure d'un ange libérateur.

Tanguy commençait à concevoir de grandes inquiétudes. Il se demandait si le Fignoleur avait échoué au moment de réaliser le plan dont il attendait le salut.

Cette journée parut interminable au marquis de Coëtquen. Le petit pâtre ne vint pas dans le champ voisin, et Tanguy dut quitter les ruines en y laissant Hervé, afin de courir à Languenan chercher quelques misérables vivres.

La nuit venait quand il rentra au Guildo ; il s'y trouvait depuis une demi-heure à peine, quand des cris de rage, des vociférations, parvinrent jusqu'à lui. En se penchant à la croisée il vit de l'autre côté de Languenan un homme courant à perdre haleine, et qui, après avoir franchi le gué, se retourna comme une bête forcée afin de s'assurer si les chasseurs avaient perdu sa trace.

Deux minutes après le malheureux franchissait la rivière et rassemblant ses forces il accourait du côté des ruines. Presque aussitôt les sans-culottes qui le poursuivaient débouchèrent à leur tour, et ne voyant personne sur la berge unie ils comprirent vite de quel côté avait dû fuir le proscrit.

Celui-ci épuisé, souffrant d'une chute faite sur un amas de décombres, arriva brusquement au milieu d'une des anciennes salles du château, puis il courut vers la tour qui lui sembla devoir offrir un asile plus propice.

Mais au moment où il s'y glissait un homme se dressa devant lui :

— Qui êtes-vous ? que voulez-vous ? demanda une voix palpitante.

Tanguy de Coëtquen se trouvait en face du fugitif.

Aux clartés mourantes du jour, le marquis examina

le nouveau venu, et soudain un cri s'échappa de ses lèvres.

— Le comte de Châteaubriand !

— C'est moi.

— On vous poursuit ?

— Et sans doute on va m'atteindre.

Le marquis frémit de tout son corps.

— Sous cet habit, reprit-il, et sous les cicatrices qui labourent mon visage, vous ne reconnaissez pas Tanguy de Coëtquen ?

— Je vous croyais mort, répondit M. de Châteaubriand.

— Dans quelques instants nous aurons tous deux cessé de vivre.

En effet les misérables qui s'acharnaient à la poursuite du comte devinèrent vite qu'il chercherait un refuge dans les ruines, et, coupant à travers les champs, ils prirent la route du château.

Les deux fugitifs entendaient, avec une croissante angoisse, se rapprocher le bruit des pas et des vociférations.

Un gémissement faible et doux parvint à l'oreille de Tanguy.

Il bondit vers la cachette où il avait couché son fils, et se penchant vers Hervé, l'entourant de ses bras, le couvrant de baisers, il lui dit :

— Ne pleure pas, ne crains rien, mon bien-aimé, quelque tumulte que tu entendes dans les ruines, ne quitte pas cet abri... Si tu ne me voyais pas rentrer, aie patience... Hervé, ton ami Patira doit venir, tu le suivras, et tu seras sauvé... Dieu garde les anges !

En se relevant du sol sur lequel il s'était agenouillé, le marquis de Coëtquen se trouva près du comte de Châteaubriand.

— Un enfant ! dit-il, un pauvre et bel enfant!

— Mon fils, répondit Tanguy d'une voix altérée.

Il ajoute en prenant le bras du comte :

— Je vous en supplie, franchissons le seuil de la tour et cherchons le salut dans les débris de la grande salle.

— Si l'on vous trouve ? dit le comte de Châteaubriand.

— C'est que le ciel m'aura condamné !

— Vous êtes ici depuis longtemps ?

— Depuis trois jours... Venez, les misérables s'approchent... ils fouilleraient la tour, ils assassineraient mon enfant.

Les cris se rapprochaient de plus en plus.

— Courage, les gars !

— Nous sommes sur la piste !

— Le renard est caché dans la tanière du Guildo.

— Vous entendez ? demanda le comte en serrant le bras de Tanguy.

Les deux gentilshommes, abrités par un pan de muraille, voyaient à la lueur de quelques lanternes s'avancer les sans-culottes qui donnaient la chasse à M. de Châteaubriand. Tanguy jeta son chapeau à terre, se recueillit, puis il étendit la main dans la direction d'Hervé pour le bénir une dernière fois.

Encore une minute et les révolutionnaires allaient pénétrer dans les ruines, le comte redressa le front, serra fortement les mains de Tanguy, puis il lui dit d'une voix résolue :

— Je suis perdu... si je demeure ici, je vous entraîne avec moi.. Nul ne soupçonne votre présence au Guildo, restez-y pour l'enfant qui pleure là-bas... Adieu, marquis de Coëtquen, je meurs fidèle à l'amitié, à mon Roi, comme mon Dieu.

Et avant que Tanguy essayât de le retenir, M. de

Châteaubriand regagna l'enceinte de la salle d'armes.

Une immense clameur salua son apparition.

Les hyènes retrouvaient leur proie.

— A mort ! à mort ! répétèrent les assassins.

— Feu ! commanda le chef de la bande.

Le comte était resté debout, les bras croisés, calme devant la mort, comme il était tranquille devant sa conscience.

Quatre coups de feu retentirent, il tomba.

Alors la troupe des sans-culottes entoura le cadavre afin de se repaître de la vue de cet homme couché à terre, et dont la poitrine saignait par quatre blessures; puis, ajoutant l'insulte à la cruauté, chacun le heurta du pied et le frappa de sa fourche ou de sa faux. Puis après avoir prodigué l'outrage à ce cadavre, ils s'éloignèrent tandis que le chef de la colonne ajoutait en riant :

— Le reste est l'affaire des corbeaux.

La troupe redescendit les champs et s'en alla par la route de Créhen.

Tant que dura cette horrible scène Tanguy étouffa sous ses caresses les cris de terreur du petit Hervé.

— Mon Dieu ! pensait le marquis, le salut n'est plus pour nous dans les ruines du Guildo ; signalées à la défiance des révolutionnaires, elles seront sans cesse visitées, comme un lieu d'asile pour les proscrits... Nous partirons demain, oui, demain nous les abandonnerons, et nous irons à la grâce de Dieu.

L'enfant se rendormit dans les bras de Tanguy.

Alors le marquis s'éloigna, gagna le champ sur lequel se projetait la clarté de la lune et se pencha sur le corps du comte de Châteaubriand. A côté du cadavre il aperçut un sabre ébréché.

— Allons, dit-il en le relevant, j'ai un dernier devoir à remplir.

Tanguy de Coëtquen commença à creuser la terre durcie. Il s'arrêta plus d'une fois ; la faiblesse l'obligeait à suspendre sa tâche. Il avait pris si peu d'aliments depuis quelques jours qu'il se soutenait à peine. Il acheva cependant la fosse, coucha dans son lit de terre le jeune gentilhomme obscurément frappé par les balles révolutionnaires, puis ramassant des pierres écroulées de la tour voisine, il forma sur la tombe la figure d'une croix.

Quand il revint auprès d'Hervé qui continuait à dormir paisiblement, Tanguy tomba dans une prostration voisine d'un évanouissement complet.

Il en fut tiré par un bruit étrange, doux, harmonieux, prolongé ; et ce bruit il le prit pour la suite d'un rêve. Quelle apparence, en effet, qu'au milieu de la nuit s'élevât le son des cloches !

Et cependant, c'était bien le retentissement du lourd battant contre les parois d'airain des cloches bénites. On eût dit que dans les clochers du couvent des Carmes, de Notre-Dame du Guildo, de Notre-Dame de l'Arguenon, s'élançaient les notes de l'*Angelus*. Elles se parlaient, s'appelaient, se répondaient à travers l'espace, ces cloches argentines.

Leur joie s'éparpillait en phrases sonores ; elles ne tintaient pas, elles chantaient.

Tanguy se dressa sur sa rude couche.

— Je rêve ! répéta-t-il, je rêve ! On a décapité les clochers, et on a fondu les cloches pour en faire des canons.

Mais comme si elles comprenaient les doutes de Tanguy, les cloches babillaient davantage ; elles paraissaient entonner un chœur de triomphe et se faire des messagères ailées d'une nouvelle de salut.

Hervé s'éveilla en poussant un léger cri de joie.

— Les cloches de Lôhon! dit-il.

Ce n'étaient point les cloches de Lôhon, mais elles n'en sonnaient pas moins, si douces, si proches, si caressantes que le marquis s'agenouilla pour prier.

Tout à coup une pensée illumina son cerveau.

— Les pierres sonnantes! s'écria-t-il avec une joie dont Hervé s'offraya; les pierres sonnantes!

Et pressant son fils sur sa poitrine, le marquis Tanguy quitta le retrait au fond duquel il se cachait depuis trois jours, et gagna la tour voisine qui dominait un espace de terre aride disputé par les galets, et au milieu desquels croissaient de maigres taillées de joncs.

XVIII

LA HAUTE MER

Au moment où Patira se sépara du marquis de Coëtquen, le Fignoleur ne savait pas d'une façon bien précise comment il achèverait l'œuvre de salut qui semblait le couronnement de sa vie.

Il marchait lentement vers Dinan, la tête penchée, répétant d'une voix inquiète :

— S'il est ingrat, tout est perdu...

Cependant comme la pensée du mal gardait peu de prise sur cette âme généreuse, Patira retrouva bientôt son courage, et gagnant le faubourg du Jersual, il frappa à une porte basse qu'une femme entr'ouvrit craintivement.

— Je voudrais parler à Jobineau, dit Patira.

— Il n'est point encore rentré, répondit la femme.

— Pensez-vous qu'il tarde beaucoup ?

— Je ne sais pas, vous savez, le poisson a des lubies, il mord ou il ne mord pas... il y a des jours de chance et des jours de déveine... Mais si vous voulez attendre mon homme, prenez place sur le banc de la cheminée... le temps est dur, peut-être Jobineau a-t-il de la peine à manœuvrer.

Josette essuya le banc avec une politesse empressée, puis tranquillement, elle continua les apprêts du souper. De temps en temps elle s'approchait d'un berceau, le balançait de la main, puis adressait quelques mots à une fillette fort attentive à repriser le linge du ménage. Dans l'angle de la salle enfumée un jeune garçon faisait un filet de pêche.

Patira trouvait une sorte de repos à contempler cet humble intérieur si calme au milieu de la tourmente révolutionnaire. Lui qui venait d'assister aux horribles spectacles des massacres et des incendies, savourait une joie intime en présence des scènes paisibles qui le réjouissaient jadis aux *Forges de Saint-Éloi*, tandis qu'il vivait au milieu de la famille de Mathéo.

Tout à coup le jeune garçon se leva en laissant tomber sa navette, et courut à la porte.

— Voici le père ! dit-il.

En effet Jobineau rentrait, le visage souriant, il tira deux écus de sa poche, et les posa sur la table.

Josette s'approcha du pêcheur et lui désignant Patira :

— Ce jeune homme t'attend depuis plus d'une heure, dit-elle.

A peine eut-il entrevu le visiteur que Jobineau le reconnaissant courut à lui les mains tendues :

— Je suis heureux de vous voir, dit-il, bien heureux ! Comme il est loin le temps où j'allais pêcher sur la Rance, et où vous me faisiez signe d'entrer à la forge boire le verre de cidre frais tiré par Mathéo... Et les moines de Léhon, si bons, si généreux ! Ils se gardaient bien de marchander mon poisson, et songeant à ma petite famille ils payaient sans compter... Maintenant...

— Maintenant les moines de Léhon dorment sur les bords de la Rance, et l'abbaye est à jamais ruinée.

— Les misérables ! les misérables ! dit Jobineau entre ses dents.

— Tais-toi, mon homme ! murmura la femme, si les murs ont jamais eu des oreilles, c'est bien de ce temps... Les pauvres gens comme nous ne doivent point s'occuper des affaires politiques.

Jobineau frappa la table de son poing.

— Il ne s'agit point de politique ici ! mais de la tranquillité et de la prospérité de tous, du bonheur de notre existence et du salut de nos âmes. Nous étions heureux autrefois dans notre petit pays de Dinan, le commerce prospérait, nous gagnions de l'argent en approvisionnant les châteaux ; les gens riches nous venaient en aide quand soufflait le vent de la misère, et la grande fortune de quelques-uns se répandait sur tous comme la rosée fertilise les champs. Aujourd'hui on traque, on guillotine les nobles, on déclare leurs propriétés biens nationaux, et on les vend à d'indignes gredins, à la porte de qui il ne serait pas bon frapper... Il y a deux ans nous vivions dans l'aisance, on ne parlait pas encore des « droits de l'homme »... Avec le règne de la liberté tout a changé pour nous... plus d'argent, tout le monde est pauvre... plus de dimanche, nous avons la décade... plus d'églises, on place sur l'autel du bon Dieu une pas grand'chose qu'on appelle la « déesse Raison » et on veut que ça nous suffise ! Malheur de malheur ! qui m'aurait dit que je verrais de pareils jours.

— Les enfants écoutent, dit la femme, c'est jeune, ça peut parler.

— Tant mieux ! dit Jobineau d'une voix ferme... Ils doivent grandir en gardant au cœur le sentiment de la justice... Approche Suliac, et retiens ceci : avant la République nous étions presque riches, et j'aurais tiré dix écus de ma pêche ; j'en apporte deux à ta mère ce soir... Ce n'est pas tout, souviens-toi que si ton père est encore en vie, il le doit à un de ces nobles que l'on guillotiné aujourd'hui... le chagrin amenant la maladie, j'aurais peut-être perdu courage, quand le bon Dieu envoya sur ma route le marquis de Coëtquen... Il me demanda la cause de ma tristesse et quand j'eus avoué que faute d'une grande barque je ne pouvais aller en mer comme mes camarades, il me donna une bourse remplie de pièces d'or, et je pus acheter *Blanche-la-Sainte*, une belle et bonne barque fine de coque, douce à la mer, et dont la voile fend l'air comme une aile d'oiseau...

— Ainsi, demanda Patira, vous vous souvenez du marquis Tanguy ?

— Dieu ait son âme ! fit le pêcheur en se découvrant... Le jour où il me demanda mon vieux bâteau, pour faire une promenade sur la Rance, je me sentais le cœur serré sans savoir pourquoi... Trois jours plus tard, j'appris qu'il était mort... Il n'avait pu se consoler de la perte de la marquise, et il s'était noyé... Les enfants peuvent le dire, nous prions chaque soir pour celui à qui nous devons notre pain de la journée.

— La dette de la reconnaissance ne vous pèse pas ?

— J'aurais donné dix ans de ma vie pour l'acquitter.

— Et si l'occasion s'en présentait ?...

— Je la saisirais en remerciant le bon Dieu.

— Cependant, vous le savez, aujourd'hui toutes les vertus sont dangereuses.

— Je crois à la Providence, Patira.

Le Fignoleur regarda tour à tour Jobineau et sa femme, le jeune garçon qui écoutait gravement son père, et la petite fille qui berçait l'enfant endormi et paraissait absorbée dans ce soin maternel.

— Jobineau, dit Patira, le marquis de Coëtquen n'est pas mort.

— Il n'est pas mort ? en êtes-vous sûr ?

— Je l'ai quitté il y a deux heures.

— Dieu en soit loué, le Fignoleur; voilà pour moi la meilleure nouvelle que l'on put m'annoncer. Et vous disiez qu'il est en mon pouvoir de lui payer ma dette ?

— Oui.

— Parlez, mais parlez vite.

Encore une fois Patira regarda le jeune garçon.

Jobineau posa sa large main sur la tête de l'enfant.

— J'en ferai un homme, dit-il.

Il ajouta en plongeant son regard dans les yeux de Suliac:

— On remplit son devoir à tout âge, tu commences ce soir à apprendre la vie... écoute, et souviens-toi qu'il faudrait te faire tuer avant de répéter ce que tu vas entendre.

— Vous pouvez parler, père, dit Suliac tranquillement.

La vérité ressemble parfois à un conte inventé à plaisir, dit Patira, tandis que ses frères Florent et Gaël se partageaient son héritage, le marquis Tanguy se cachait sous une robe de bure au milieu des religieux de Léon... et son fils Hervé que j'y avais porté grandissait près de lui, sans qu'il soupçonnât quels liens l'attachaient à l'Enfant-Bleu.

— Comment ! dit Josette, ce bel enfant blond ?

— Est le fils du marquis et de madame Blanche... Je les ai soustraits tous deux au massacre des moines et à l'incendie de l'abbaye... Il faut aujourd'hui davantage... S'ils ne passent pas en Angleterre, ils seront pris avant huit jours et emprisonnés au château de Dinan, comme leurs amis les Prémorvan, les Matignon... et vous le savez qui dit prison dit échafaud...

— Eh bien ? demanda Jobineau.

— Voulez-vous sauver le marquis ?

— Au prix de ma tête s'il le faut.

— J'espère que son salut ne vous coûtera pas si cher.

— Disposez de moi, Patira.

— Vous monterez la *Blanche-la-Sainte* comme si vous partiez pour la pêche, je vous accompagne, le marquis passe à votre bord, et vous naviguez vers l'Angleterre.

— Mon homme ! mon homme ! dit Josette en s'avançant, songe que les gabeloux de Saint-Malo peuvent te prendre pour un contrebandier et te faire courir de gros risques.

— Mais puisque je n'aurai ni tabac, ni eau-de-vie...

— N'importe, la route d'Angleterre est surveillée ; les bateaux de la douane te donneront la chasse... tu ne pourras affirmer que tu vas à la pêche, on te demandera des renseignements sur le passager et sur l'enfant, tu seras compromis, arrêté peut-être comme traître à la patrie, accusé d'avoir des relations avec l'Angleterre, et de protéger les émigrés.

— Soit ! dit Jobineau, et après...

— Après ! s'écria la femme avec un geste désespéré, après je serai veuve et tes enfants seront orphelins.

— Ils seraient déjà morts de misère sans l'aide du marquis... Sois tranquille, Patira, ajouta le pêcheur, ce que tu veux sera fait...

— Réfléchis ! réfléchis encore ! dit Josette.

— C'est le devoir, ajouta froidement Jobineau.

Suliac leva sur son père des yeux brillants.

— Emmène-moi, dit-il.

Jobineau rapprocha de lui son fils avec un mouvement de fierté joyeuse, et répéta d'une voix qui s'attendrissait :

— J'en ferai un homme ! oui, j'en ferai un homme !

La femme se pencha sur le berceau pour cacher ses larmes.

— Quand partirons-nous ? demanda Patira.

— Le vent est mauvais cette nuit, nous attendrons à demain.

— Soit, répondit le Fignoleur.

— Et d'ici là, vous ne nous quitterez pas... mets le couvert, ma Josette, et garde-toi de t'affliger.... les femmes qui doivent pleurer des larmes de sang sont celles qui comme la Claudie sont liées à des misérables... Si par malheur je périssais dans cette expédition, tu pourrais raconter ma mort à nos enfants et parler de moi aux amis, quand la paix sera rétablie. Et puis, vois-tu, il y a un Dieu pour les honnêtes gens, et cela console de bien des choses !

Le souper fut animé seulement par la verve de Jobineau ; Suliac gardait le silence pour ne point ajouter à la tristesse de sa mère, mais le courageux garçon regardait son père avec une tendresse inaccoutumée comme pour le remercier de l'associer à la périlleuse expédition du lendemain. Patira dormit sur un tas de filets.

Le lendemain, le Fignoleur et Jobineau allèrent sur le quai de la Rance où la *Blanche-la-Sainte* se trouvait amarrée. Quand il y descendit, le pêcheur s'aperçut qu'une planche mal jointe laissait passer un mince filet d'eau !

— Faut réparer ça, dit-il, ne rions pas avec la plus petite avarie, la Manche est bien assez mauvaise, sans ajouter au danger de la traversée.

Il fallut un jour entier pour réparer la barque. Patira s'inquiétait, s'impatientait ; plein d'angoisse au sujet d'Hervé et du marquis, il pressait Jobineau dont la prudence et le bon sens résistaient à l'impatience de l'adolescent.

— Mon ami, dit Jobineau en secouant la tête, je l'ai

dit hier, en aidant à sauver le marquis de Coëtquen, je remplis un devoir, j'acquitte une dette sacrée, rien ne m'empêchera de vous aider dans votre généreux dessein, mais la femme n'en a pas moins raison, les côtes sont diablement surveillées, et les bateaux de la douane peuvent nous jouer un mauvais tour... Ce n'est pas seulement pour ma barque que je crains, car vous le savez, on brise en deux le bateau du fraudeur afin de servir d'exemple aux autres, mais pour ma vie, pour celle de Suliac, pour le marquis et pour vous... J'aimerais mieux un chargement d'eau-de-vie ou de tabac qu'un émigré par le vent de république qui souffle... Voir le danger n'est pas s'y soustraire.... Cela ne sert à rien de nier l'évidence, pas vrai? Mettons dans notre jeu le plus de bonnes cartes que nous pourrons, et fions-nous à la Providence pour le reste.

Enfin l'heure du départ arriva, le Fignoleur sauta dans la barque, et Suliac, bien fier ce jour-là de son emploi de mousse, se tint prêt à exécuter les ordres paternels, tandis que Jobineau se mettait au gouvernail. Josette se tenait sur le quai, son dernier enfant dans ses bras. Quand la barque eut disparu, elle remonta en pleurant le faubourg escarpé du Jersual.

Les rives de la Rance étaient bien loin à cette époque de garder le riant aspect qu'elles présentaient le jour où Tanguy de Coëtquen, navré de désespoir, gagnait avec des pensées de mort la *Potence des Dinnamas*. Les arbres dépouillés dressaient leurs troncs noirs et leurs branches noueuses sur un horizon gris; le ciel terne semblait s'abaisser vers l'eau jaunâtre. Une tristesse poignante envahissait l'esprit, tandis que le regard parcourait la campagne assombrie.

Il fallut quatre heures à Jobineau pour gagner la mer. Lorsqu'il aperçut la tour Solidor, il dit à Patira :

— De quel côté virer, maintenant ?

— Mettez le cap sur Saint-Jacut, répondit le Fignoleur.

— Ce ne serait pas absolument prudent, si nous ne feignions de pêcher sur cette partie de la côte. Un peu de retard n'est rien pour le marquis, en assurant notre tranquillité nous travaillons à la sienne. Un jour employé à la pêche nous permettra d'explorer les environs.

— Faites, dit Patira, je m'en remets à vous.

Jobineau avait raison d'agir de la sorte ; la douane le lui prouva pendant cette même nuit, et les bateaux des gabeloux s'approchèrent assez près de *Blanche-la-Sainte* pour s'assurer qu'elle n'était remplie que de poisson.

On vendit le produit de la pêche aux Bas-Sablons, puis Jobineau tourna sa voile du côté de Saint-Jacut.

La vieille abbaye se trouvait occupée militairement, et il fallait prendre des précautions en approchant de cette caserne de révolutionnaires.

Jobineau, renseigné par un de ses amis, dit le soir à Patira :

— Nous avons besoin de la marée pour porter notre bateau ; eh bien ! cette nuit elle ne nous serait pas favorable. Attendons à demain, nous gagnerons une heure, et de plus une obscurité complète ; le marquis étant abrité par les murailles du Guildo ne court pas grand risque pour le moment.

Patira attendit. Tout le jour dévoré de la tentation d'aller aux ruines, il résista dans la crainte d'être reconnu et de donner l'éveil.

Les heures lui parurent d'une longueur mortelle ; enfin la nuit vint, une nuit presque complète ; de rares étoiles brillaient seulement au ciel. Patira refusa de monter dans la barque.

— Il faut que je marche, dit-il, mon sang bout, et j'ai

la fièvre ; d'ailleurs, j'ai promis au marquis de lui apprendre mon arrivée par un signal convenu entre nous. Quand vous entendrez sonner les pierres du Val, approchez votre bateau de la grève, je ne tarderai pas à y sauter, et nous traverserons la Rance pour gagner les tours du Guildo.

Tandis que Jobineau et Suliac attendaient la marée, Patira prit donc seul à travers les champs. Il ne marchait pas, il courait ; la joie lui donnait des ailes. Enfin, il allait revoir le marquis de Coëtquen, Hervé, il achèverait l'œuvre commencée, il tiendrait à madame Blanche le serment prêté de se dévouer à tout ce qu'elle avait aimé en ce monde.

Il s'assit un moment sur le bord de l'eau, cherchant à tromper son impatience. Quand arriva le premier flot, il poussa un cri de joie ; il savait que la marée gagne le lit de la Rance avec une rapidité prodigieuse.

Il pouvait être dix heures, quand Patira s'approcha de la plus monumentale des pierres noires couchées sur le sol comme des monstres marins échoués. Alors, s'armant d'un caillou il frappa en cadence sur la pierre sonore, imitant à s'y méprendre un complet et joyeux carillon de cloches.

Le marquis de Coëtquen, brusquement arraché à son sommeil, eut un instant la pensée que les clochers chantaient encore dans la nuit les pieux offices des chrétiens et des moines.

En rassemblant ses souvenirs il se rappela cependant la promesse du Fignoleur et murmura :

— Le signal des pierres sonnantes !

Tout se tut, et pendant quelques minutes Tanguy étouffa une crainte mêlée d'espérance. Le salut venait-il à lui ?

Il quitta sans bruit le réduit dans lequel il dormait, et gagna la grosse tour qui lui faisait face. Les trous béants des fenêtres permettaient de se pencher et d'embrasser un plus large espace ; malheureusement la nuit était sombre ; mais si le marquis ne découvrit rien aux environs, il distingua un bruit léger qui ne cessa de grandir. Évidemment un bateau s'avançait dans la direction de la tour, car on percevait le clapotement de l'eau frappée par les rames.

Une minute après un pas rapide résonna sur les galets, une ombre traversa la plage couverte de tallées de joncs, les branches d'un arbre qui avait grandi au pied de la tour craquèrent, et Patira, passant à travers une embrasure, dit au marquis d'une voix émue :

— *Que mon supplice est doux !*

— Le Fignoleur ! répondit Tanguy.

— Confiez-moi Hervé pour la dernière fois, Monseigneur ; je vais le descendre si doucement que le cher ange ne se réveillera même pas…. Vous nous suivrez… les branches du chêne vous serviront d'échelons, et vous vous laisserez tout doucement glisser jusqu'au sol ; la barque vous attend.

Hervé dans les bras, le Fignoleur, qui se souvenait de son métier d'acrobate, descendit sans la moindre fatigue, puis entrant dans l'eau jusqu'aux genoux, il gagna la barque, prit un caban de pêche, en enveloppa l'Enfant-Bleu et le laissa poursuivre son rêve.

— Monseigneur, dit Jobineau d'une voix tremblante, vous êtes à bord de *Blanche-la-Sainte*, et la barque donnée à un pauvre homme vous portera cette nuit en Angleterre.

Le vent soufflait dans la voile, Suliac et Jobineau ramaient et il ne fallut pas beaucoup de temps pour gagner la pleine mer. Cependant les fugitifs n'étaient pas hors de danger. A peine nageaient-ils dans le détroit qu'un bateau de la douane héla le patron de *Blanche-la-Sainte*. Jobineau se garda bien de répondre, une fusée fut lancée en manière d'avertissement, mais comme elle n'amena point de résultat, des coups de fusil tirés à travers la distance et la nuit passèrent à côté de Tanguy et de Patira. Si le danger n'était pas imminent, grâce à l'obscurité favorisant la fuite du marquis de Coëtquen, la poursuite des bateaux douaniers prouvait du moins que les gabeloux ne s'endormaient pas.

Suliac et Jobineau firent force de rames et parvinrent à distancer les assaillants, mais à peine se trouvaient-ils délivrés de ce péril que la mer devint subitement mauvaise, le grain qui menaçait se changea en tempête, et la *Blanche-la-Sainte* lancée au milieu des vagues se trouva tantôt au sommet d'une montagne d'eau, et tantôt au fond d'un gouffre dans lequel il semblait qu'elle dut disparaître sans retour.

Un coup de vent emporta la voile qui flotta quelque temps dans l'air comme un oiseau gigantesque, puis retomba pareille à l'épave d'un bateau naufragé.

— Y a-t-il du danger? demanda le marquis.

— Oui, Monseigneur, répondit Jobineau.

— Sauvez mon fils, mon Dieu! sauvez mon fils! s'écria Tanguy.

Une lame passa sur la barque et l'emplit d'eau à moitié.

Patira et le marquis saisirent chacun une écope, tandis que Suliac et son père s'occupaient de manœuvrer la barque.

— Encore une embardée comme celle-là, dit Jobineau, et nous coulons.

Le marquis bondit vers Hervé et le prit dans ses bras.

Une minute après le vent s'apaisa et la mer devint plus calme, mais cette embellie dura peu, les vagues reprirent une course folle, échevelée, firent tournoyer le bateau comme si un remous terrible l'attirait dans sa spirale, et les quatre malheureux poussèrent à la fois un cri de terreur.

Jobineau courut au marquis.

— Laissez-moi vous lier au mât, dit-il, quoi qu'il arrive, vous et l'enfant, vous aurez peut-être la chance de vous sauver.

Au même moment Patira poussa un cri de joie.

— Un navire ! dit-il, un navire ! je vois les feux… regardez, Jobineau.

— Le Fignoleur a raison… en avant l'écope, et crions merci à Dieu et pitié aux hommes.

— Ohé ! du vaisseau ! appelèrent les malheureux.

Les feux du navire changèrent de place, et on répondit au moyen d'un porte-voix :

— Ohé ! de la barque !

La voix de Jobineau guida le navire, un canot fut descendu, et bientôt les naufragés entendirent des avirons battre l'eau à quelque distance.

Après trois minutes d'une terrible angoisse, le bordage du canot frôla la *Blanche-la-Sainte*, et les mains de quatre matelots se tendirent vers les passagers en détresse.

Quand le marquis, Hervé et Patira se trouvèrent en sûreté, Jobineau dit en souriant :

— Arrive le grain, maintenant, je suis paré !

— Vous ne nous suivez pas ? demanda le Fignoleur.

— Ma tâche est accomplie… Dieu vous garde… Monsieur le marquis, je prierai pour le bonheur de votre enfant ; toi, Patira, si tu reviens jamais à Dinan, souviens-toi que tu as un ami dans le pêcheur Jobineau.

Suliac saisit la main du marquis et la porta à ses lèvres,

puis le pêcheur dit à Sullac : — « Nage, garçon ! » — Les marins ramèrent de plus en plus rapidement ; sur le pont du navire on voyait à la lueur des fanaux se grouper le personnel de l'équipage. Une corde fut jetée aux fugitifs dont le pied novice hésitait en se posant sur les échelons étroits dispersés sur les flancs du navire.

Patira s'élança le premier, puis se penchant, il reçut Hervé des mains de son père qui ne tarda pas à se trouver sur le pont à côté du Fignoleur.

— Merci, merci à vous tous ! dit le marquis de Coëtquen en s'adressant aux matelots, puis-je témoigner ma reconnaissance au capitaine du navire ?

Un homme de haute stature, aux membres robustes, à la peau bistrée par les températures équinoxiales, s'avança rapidement.

Le reflet d'un fanal illumina son visage, et Tanguy recula de deux pas, en murmurant :

— Mon Dieu ! mon Dieu !

Le capitaine tendit les mains au naufragé.

— Soyez le bienvenu à bord de l'*Espérance*, dit-il au marquis.

Celui-ci saisit les mains du capitaine, et d'un accent étranglé par l'émotion, il lui demanda :

— Halgan ! mon père ! ne me reconnaissez-vous pas ?

— Cette voix... Non, ce n'est pas possible ! dit le capitaine, vous ne seriez pas seul... Blanche ? Blanche ? Si vous êtes Tanguy de Coëtquen, répondez-moi, qu'est devenue ma fille ?

Tanguy montra le ciel de la main, puis soulevant Hervé il le plaça dans les bras de son grand-père.

Une demi-heure après, Tanguy, Hervé et Halgan le caboteur nantais se trouvaient réunis dans la cabine du capitaine.

Le marquis avait cru devoir dissimuler au vieillard

dans quelles horribles circonstances était morte sa fille adorée, tous deux mêlèrent leurs regrets et leurs pleurs. Ensuite Halgan s'enquit de ce qui se passait en France. Quand il apprit l'emprisonnement du roi, le massacre des nobles et des prêtres, un frémissement d'indignation parcourut tout son corps.

— Ainsi, vous fuyiez ? demanda le capitaine.

— J'espérais sauver mon fils. Et vous, mon père, où comptiez-vous jeter l'ancre ?

— A Nantes, afin de reprendre un chargement.

— Et maintenant ?

— Maintenant ? Je vendrai ma cargaison en Angleterre, nous ferons voile pour le Canada, et nous y resterons jusqu'à ce qu'on nous rende nos manoirs démantelés et nos églises profanées.

— Et Patira ? demanda doucement Hervé.

La pâle et intelligente physionomie du Fignoleur s'encadrait en ce moment entre les tentures de la cabine.

— A partir de ce jour, dit le marquis, tu peux l'appeler ton frère.

Patira s'avança vers le marquis de Coëtquen.

— Tu vois, dit celui-ci, je continue le legs de Blanche, si je viens à manquer à l'enfant, tu me remplaceras.

Une heure après, l'*Espérance* faisait voile vers l'Amérique.

FIN.

TABLE DES MATIÈRES.

Chapitres.		Pages
I.	Les loups de Coëtquen	1
II.	Le Fignoleur	16
III.	Les souterrains de Lébon	33
IV.	L'Enfant-Bleu	51
V.	Dans la fournaise	74
VI.	Une nuit sanglante	91
VII.	Le citoyen Brutus	111
VIII.	Face à face	133
IX.	Le mystère de la mort	150
X.	L'heure de la lutte	167
XI.	Les vœux	187
XII.	Le gardien du trésor	205
XIII.	Les fugitifs	227
XIV.	L'idée fixe de Gaël	253
XV.	Le château de Dinan	270
XVI.	Les bateaux de la Loire	288
XVII.	Les ruines du Guildo	302
XVIII.	La haute mer	321

FIN DE LA TABLE.

Abbeville. — Typ. et stér Gustave Retaux.

BLÉRIOT et GAUTIER, LIBRAIRES-ÉDITEURS
69, QUAI DES GRANDS-AUGUSTINS, PARIS.

CATALOGUE

Des principales Publications de la Librairie
BLÉRIOT et GAUTIER

VEILLÉES DES CHAUMIÈRES
Collection des années parues; chaque année se vend
    séparément, brochée......................... 5 »
    reliée............................. 6 25

MOIGNO (l'abbé)
Les Splendeurs de la Foi. 4 beaux vol. in-8...... 32 »
Résumé complet des Splendeurs de la Foi. 1 fort vol.
    in-8................................ 8 »
Le Retour à la Foi par ses Splendeurs. 1 vol. in-12. 3 »
Les Droits de tous. 1 vol. in-12................... 1 50
Le Pêcheur d'hommes. 1 vol. in-12................ 2 »
Le Latin pour tous. 1 vol. in-12................... 1 50
La Poésie pour tous. 1 vol. in-12................ 2 »
La Mémoire de tous. Manuel de Mnémotechnie. 1 vol.
    in-12.............................. 3 »

LAMOTHE (A. de)
Les Camisards, suivis des Cadets de la Croix. 3 vol. in-12,
    illustrés.............................. 6 »
Les Faucheurs de la Mort. 2 vol. in-12.......... 4 »
— Idem. 1 vol. gr. in-8, superbes illustrations....... 4 50

Les Martyrs de la Sibérie. 4 vol. in-12, illustrés... 8 »
Marpha. 2 vol. in-12.................... 4 »
Histoire d'une Pipe. 2 vol. in-12, illustrés...... 4 »
Les Soirées de Constantinople. 1 vol. in-12...... 2 50
Histoire populaire de la Prusse. 1 vol. in-12..... 1 50
Les Mystères de Machecoul. 1 vol. in-12........ 2 »
Le Gaillard d'arrière de la Galathée. 1 vol. in-12... 2 »
Légendes de tous Pays. Les Animaux. 1 vol. in-12, illustré de 100 gravures.................... 3 »
Mémoires d'un déporté à la Guyane française. 1 vol. in-18.. » 60
L'Orpheline de Jaumont. 1 vol. in-12........... 3 »
Le Taureau des Vosges. 1 vol. in-12............ 2 50
Aventures d'un Alsacien prisonnier en Allemagne. 1 vol. in-12.. 2 »
Journal de l'Orpheline de Jaumont. 1 vol. in-12... 1 50
L'Auberge de la Mort. 1 vol. in-12.............. 2 50
La Reine des Brumes et l'Emeraude des Mers. 1 vol. in-12.. 3 »
Les Métiers infâmes. 1 vol. in-12................ 3 »
Le Roi de la Nuit. 2 vol. in-12.................. 5 »
Les Compagnons du Désespoir. 3 vol. in-12...... 6 »
Pia la San Pietrina. 2 vol. in-12................. 5 »
Les Fils du Martyr. 1 vol. in-12.................. 2 50
Les Deux Romes. 1 vol. in-12.................... 3 »
Le Proscrit de Camargue. 1 vol. in-12............ 3 »
La Fille du Bandit. 1 vol. gr. in-8 de 800 pages, illustré de 500 gravures......................... 10 »
Le Secret du Pôle. 1 vol. in-12.................. 3 »
Le Cap aux Ours. 1 vol. in-12................... 3 »
Le Fou du Vésuve. 1 vol. in-12.................. 3 »
Les Secrets de l'Océan.
    1re partie : Le Capitaine Ferragus. 1 vol. in-12. 3 »
    2e — Fleur des Eaux. 1 vol. in-12....... 3 »
A travers l'Orient : de Marseille à Jérusalem. 1 vol. in-12.. 3 »
Fœdora la Nihiliste. 1 vol. in-12................ 3 »
Nadiège, roman sur le Nihilisme. 1 vol. in-12..... 3 »
Le Puits sanglant. 1 vol. in-12.................. 3 »

LOYSEAU (Jean)

Bas les Masques. 1 vol. in-12.................... 2
Rose Jourdain. 2 vol. in-12.....................

Les bons Apôtres. 1 vol. in-12.................... 2 »
Les Noces d'or de Jupiter. 1 vol. in-12........... 1 »

ANROSAY (Paul d')
Les Montrépan. 1 vol. in-12...................... 3 »

CROLLALANZA (G. de)
Les Compagnons de la Chausse. 1 vol. in-12....... 3 »

GUERRIER DE HAUPT (Mlle Marie)
Un Châtelain au XIXe siècle. 1 vol. in-12.......... 3 »

J. PROTCHE DE VIVILLE
(Mathieu Witche)
L'École des Espions. 1 vol. in-12................ 3 »
Une Conspiration Nihiliste. 1 vol. in-12......... 3 »
Les Prisonniers de Guerre. 1 vol. in-12.......... 3 »

FLEURIOT (Mlle Zénaïde)
Aigle et Colombe. 1 vol. in-12................... 3 »
Histoires pour tous. 1 vol. in-12................ 2 »
Les Mauvais jours. 1 vol. in-12.................. 2 »

FÉVAL (Paul)
Contes de Bretagne. 1 vol. in-12................. 3 »

MAISTRE (Xavier de)
Le Lépreux de la Cité d'Aoste. — La jeune Sibérienne. — Les Prisonniers du Caucase. 1 vol. in-18....... » 75

MANZONI (Alexandre)
Les Fiancés, édition Max Desnoyers. 1 vol. in-12.. 2 »

MARCEL (Etienne)
Triomphes de Femmes (Les Anges du Foyer). 1 vol. in-12.. 3 »
Jeanne d'Aurelles. 1 vol. in-12.................. 2 »
Les Jours sanglants. 1 vol. in-12................ 2 »
L'Héritage de madame Hervette. 1 vol. in-12...... 2 »

MARCHAL (Charles)

Les Philosophes convertis. 1 vol. in-12............ 3 »

MARÉCHAL (Mlle Marie)

Béatrix. 1 vol. in-12........................... 3 »
Une Institutrice à Berlin. 1 vol. in-12............ 3 »
La Fin d'un Roman (Suite de l'Institutrice à Berlin). 1 vol. in-12............................. 3 »
Le Journal d'une Âme en peine. 1 vol. in-12...... 3 »
Le Mariage de Nancy. 1 vol. in-12.............. 2 50
La Famille Tolozan. 1 vol. in-12................. 3 »
Les Aventures de Jean-Paul Riquet. 1 vol. in-12... 3 »
Le Parrain d'Antoinette. 1 vol. in-12............. 3 »
La Pupille d'Hilarion. 1 vol. in-12............... 3 »
La Cousine de Lionel. 1 vol. in-12............... 3 »
Sabine de Rivas. 1 vol. in-12.................... 3 »
Mademoiselle de Charmeilles. 1 vol. in-12....... 3 »
Marcelle Dayre. 1 vol. in-12.................... 3 »

POSTEL (l'abbé)

L'Ange consolateur dans les peines de la vie. 1 vol. in-18.. 1 »

QUINTON

Maîtresse et servante. 1 vol. in-12............... 3 »

RÉGEL (Maurice de)

Hugues de Rathsamhausen. 1 vol. in-12......... 3 »

NAVERY (Raoul de)

Les Idoles. 1 vol. in-12......................... 3 »
Les Drames de la Misère. 2 vol. in-12............ 6 »
Patira. 1 vol. in-12............................. 3 »
Le Trésor de l'Abbaye (suite de Patira). 1 vol. in-12. 3 »
Jean Canada (suite du Trésor de l'Abbaye). 1 vol. in-12. 3 »
Le Pardon du Moine. 1 vol. in-12................ 3 »
Zacharie le Maître d'École. 1 vol. in-12.......... 2 »
Les Chevaliers de l'Ecritoire. 1 vol. in-12........ 3 »
Les Parias de Paris. 2 vol. in-12................. 6 »
Les Héritiers de Judas. 1 vol. in-12.............. 3 »

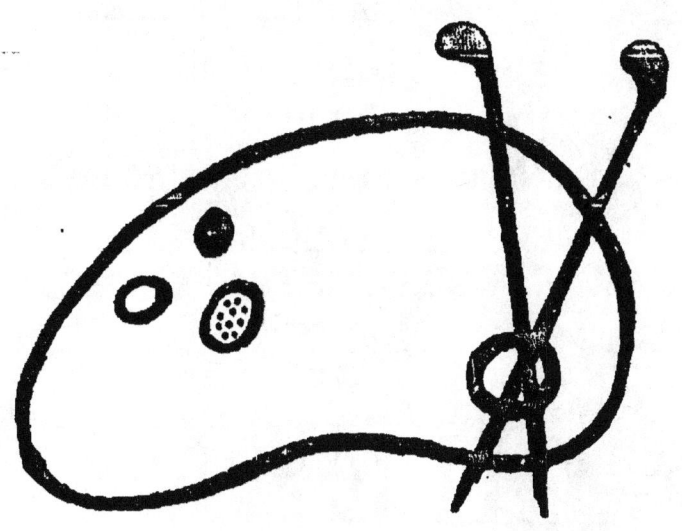

Original en couleur

NF Z 43-120-8

ENSEIGNEMENT SUPÉRIEUR LIBRE
UNIVERSITÉ CATHOLIQUE DE PARIS. — FACULTÉ DE DROIT

THÈSE

POUR

LA LICENCE

PARIS
L. LAROSE, LIBRAIRE-ÉDITEUR

www.ingramcontent.com/pod-product-compliance
Lightning Source LLC
Chambersburg PA
CBHW060058190426
43202CB00030B/2638